LE

PROBLÈME MONÉTAIRE

PAR

M. FOURNIER DE FLAIX

(Extraits du *Journal de la Société de statistique de Paris*, 1886-1887.)

PARIS

GUILLAUMIN ET Cⁱᵉ, LIBRAIRES-ÉDITEURS

14, RUE RICHELIEU, 14

1887

LE PROBLÈME MONÉTAIRE

AVANT-PROPOS.

L'or et l'argent sont constitués par la nature les choses monnaie et monnaie universelle, indépendamment de toute convention et de toute loi.

TURGOT.

Les questions monétaires appartiennent à la partie de l'économie politique où se montre, avec le plus d'évidence, la nécessité du concours de la statistique : sans le concours de la statistique, comment vérifier la réalité des théories monétaires ? comment procéder aux applications ? Les hypothèses, les raisonnements de la méthode déductive ne peuvent suffire en fait de monnaie ; les chiffres, les quantités, les qualités physiques des éléments monétaires sont les bases mêmes des inductions sur lesquelles la science est assise.

La plupart des peuples civilisés traversent une crise difficile à nettement caractériser à raison de sa complexité, mais qui, sous certains rapports, est monétaire. Les producteurs, agriculteurs, manufacturiers, commerçants, dont les profits ont diminué, sont portés à exagérer la part des faits monétaires dans cette crise : sera-ce avec des théories, anciennes ou nouvelles, qu'il sera possible de ramener les esprits, de les éclairer, de les accommoder à un état de choses qui peut durer longtemps, ou à l'aide d'observations nombreuses, précises, transformées en chiffres ou en graphiques par la statistique ?

La situation monétaire actuelle remonte à plus d'un tiers de notre siècle ; elle a débuté en 1848 avec la découverte des placers d'or de la Californie. Elle a été immédiatement l'objet de nombreuses discussions, la plupart prématurées. Les raisonnements ont pris de l'avant sur les faits. Aujourd'hui, les théories monétaires ont perdu de leur nouveauté et de leur intérêt ; c'est que le moment de les contrôler par les faits est arrivé. Depuis 1848, si on a beaucoup disserté, on a aussi beaucoup accumulé de chiffres. Reste à les employer, à les mettre en œuvre. L'heure des théories est écoulée ; nous sommes dans celle des faits.

Le problème monétaire est l'un des plus étendus et des plus délicats de la fin de notre siècle. Les métaux précieux sont produits inégalement dans les régions appartenant aux divers continents. Leur consommation est non moins inégale. Ces deux inégalités donnent naissance à des oppositions d'intérêt très compliquées. Intermédiaire entre la production et la consommation, marchandise produite, marchandise consommée, mesure des prix, des profits et des pertes, instrument dans lequel la valeur se fixe, se gage et se transmet, la monnaie subit toutes les influences qui agissent inégalement sur la production et la consommation ; elle en subit d'autres provenant ou des conditions physiques de la distribution des couches minéralogiques sur le globe, ou des conditions politiques qui altèrent sa fonction ordinaire, telles que le lien de vassalité entre l'Inde et l'Angleterre ; par suite la monnaie est soumise à des phases de transformation, de révolution ; nous assistons à l'une de ces transformations : c'est ce qui explique pourquoi, dans la crise économique actuelle, beaucoup de bons esprits exagèrent l'influence des faits monétaires. Il y a concomitance entre un changement considérable dans la situation monétaire et la crise économique : mais celle-ci aura depuis longtemps disparu que la transformation monétaire continuera son action.

Je me propose dans cette étude de caractériser cette transformation, de la suivre dans son développement progressif, et d'indiquer, autant que les faits peuvent le permettre, la part d'influence qu'il faut lui attribuer dans la crise économique actuelle. La première partie sera entièrement employée à élucider les faits, à analyser les éléments monétaires eux-mêmes : la production et la consommation des métaux précieux, leur stock, les besoins monétaires, représentés par la population, le mouvement général de la production et le niveau moyen de la richesse. Dans la seconde je montrerai les transformations de valeur des deux métaux précieux et, dans la troisième, les effets de ces transformations sur l'état économique. La quatrième sera consacrée à la critique des théories et des solutions que cette transformation a suscitées.

J'ai mis a profit la plupart des travaux qui, dans ces dernières années, ont été publiés sur la question monétaire, notamment les statistiques dressées par MM. Soetbeer et Neumann-Spallart en Allemagne et en Autriche ; Mulhall, Giffen, Bourne, Seyd, père et fils, en Angleterre ; Alex. Mardle, Horton, Knox, Burchard, Kimball aux États-Unis ; D' Broch en France ; les procès-verbaux des conférences ou enquêtes de 1867, 1870, 1878, 1881, les ouvrages, discours et articles divers de MM. Stanley Jevons, Goschen, Barclay, Barbour, Gibbs, Frewen, Clarmont Daniell en Angleterre, ceux de MM. Michel Chevalier, Roswag, Landrin, Laur, V. Bonnet, de Parieu, Leroy-Beaulieu, Levasseur, de Foville, Juglar, Frédéric Passy, Cernuschi, Walras, Ottomar Haupt en France ; ceux de M. E. de Laveleye et Pirmez en Belgique ; ceux de MM. Lampertico, Messedaglia, Luzzatti, Stringker en Italie, ainsi qu'un grand nombre de documents ou articles qui ont paru dans l'*Economist*, les principales revues anglaises, l'*Économiste français*, et les revues françaises les plus importantes : le *Journal des Économistes*, la *Nouvelle Revue* et la *Revue des Deux-Mondes*. La littérature monétaire est considérable, mais les statistiques autorisées sont récentes. Parmi ces documents, il faut mettre au premier rang les statistiques de MM. Soetbeer, A. Burchard, les procès-verbaux des conférences de 1870 et 1881, les *Statistical abstracts* pour l'Inde avec le nouveau volume publié par le ministère du commerce en France (*Mouvement général du commerce des principaux pays*. Paris, 1886) et le compte rendu si remarquable par les tableaux qui l'accompagnent de la conférence de 1878 (Washington, 1879).

La monnaie intervient dans la plupart des faits de la production et de la consommation ; elle est l'instrument nécessaire du commerce intérieur et du commerce international, mais elle revêt plusieurs formes. Le numéraire, l'or, l'argent et les autres métaux, soumis à la frappe, ne constituent qu'un des éléments monétaires.

C'est ce qui explique pourquoi une place considérable a dû être faite, dans cette étude, aux autres éléments monétaires. Ainsi la poste, le télégraphe sont devenus des instruments monétaires. Le chèque est plus important que la lettre de change, les valeurs au porteur font fonction de monnaie. Je ne parle ni des billets de banque au porteur, ni des bons d'État au porteur, quoique ces instruments monétaires soient, en Europe, d'un usage relativement récent.

Enfin, pour expliquer les quantités, les emplois, les actions réciproques d'instruments monétaires si variés, il a fallu indiquer les besoins auxquels ils font face ; ce qui a nécessité la confection de tableaux multipliés sur la population, la production et la richesse des principaux États.

Cette étude a pour point de départ un mémoire qui a été lu à la Société de statistique de Paris au mois de mars dernier. L'accueil bienveillant fait à ce mémoire m'a engagé à le revoir et à le compléter. Il est ainsi devenu un livre où j'ai essayé de soumettre les théories à l'épreuve des chiffres. De là le grand nombre de tableaux que le lecteur rencontrera. En fait de monnaie, on ne saurait trop accumuler les chiffres, afin d'aborder, pièces en mains, la critique des théories. Nulle part, les théories n'ont été plus abondantes ; nulle part, elles ne sont plus dangereuses.

L'idée mère de ce travail, c'est que, depuis 1848, nous sommes les témoins, témoins mieux avertis que nos devanciers, d'une importante transformation dans la monnaie ; mais que cette transformation, qui est caractérisée par l'invention et l'emploi d'instruments monétaires nouveaux et qui se traduit par un moindre usage des métaux précieux, — d'où la baisse fatale de valeur de l'argent — se rattache historiquement aux diverses phases de la monnaie, qu'elle nous surprend par sa grandeur et sa rapidité, puisqu'en moins de 40 ans, elle a produit des changements plus considérables que ceux accomplis en 350 ans, de 1500 à 1848, mais qu'elle est du même ordre, bien que plus complexe et plus intense, que toutes les transformations précédentes et qu'elle se résume et se chiffre par un fait décisif, la baisse irrémédiable de valeur de l'argent.

Pendant l'impression de ce volume, la nouvelle est parvenue en Europe que des placers d'une grande richesse avaient été découverts dans l'Australie occidentale (district de Kimberley, sur les rives des golfes de Cambridge et de Kingsound). La nouvelle est fondée ; un exode a commencé. En quelques semaines plus de 4,000 mineurs, chercheurs d'or, se sont trouvés réunis à Derby, centre des gisements. Il est de même dans la Mantchourie et à la terre de Feu. La révolution monétaire, ouverte en 1848, est donc loin d'être à son terme.

PREMIÈRE PARTIE.

De la condition présente des éléments monétaires.

CHAPITRE PREMIER.

Du stock des métaux précieux en 1880.

Depuis le xvie siècle, le stock des métaux précieux a été très approximativement évalué aux quantités comparatives suivantes :

ÉPOQUES.	OR.	ARGENT.	TOTAUX.
	francs.	francs.	francs.
1600.	500,000,000	1,000,000,000	1,500,000,000
1700.	5,675,000,000	13,000,000,000	18,675,000,000
1800.	11,000,000,000	25,650,000,000	36,650,000,000
1850.	14,000,000,000	33,050,000,000	47,050,000,000

Ces chiffres, surtout jusqu'en 1800, présentent beaucoup d'incertitude. Ils sont, à peu près, conformes à ceux acceptés par M. Mulhall qui élève (1), pour 1850, le stock des métaux précieux à 1,980,000,000 liv. st., soit 48,500 millions dont 12,875 millions seulement monnayés.

M. Soetbeer évalue la production de l'or, de 1495 à 1850, à 16,368 millions de francs et celle de l'argent à 33,292 millions de francs, tandis que M. Alex. Mardle, de Washington, ne porte celle de l'or qu'à 14 milliards et celle de l'argent qu'à 26,600 millions. D'après M. de Humboldt et Jacob, Michel Chevalier avait évalué, durant la même période, la production de l'or à 14,426 millions et celle de l'argent à 30,152 millions. Il calculait le stock antérieur à 1 milliard dont 300 millions or. M. Newmarck admettait, en 1848, un stock de 19,400 millions argent et 13,500 millions or.

De 1848 à 1880 les relevés des produits des mines ont été faits avec le plus grand soin (2). Voici les résultats comparés des évaluations dues à M. Soetbeer et à M. Mulhall.

Évaluations de M. Soetbeer : production en 1,000,000 fr.

	ANNUELLE. MOYENNE.		ENSEMBLE DES ANNÉES.		TOTAL.
Périodes.	Or.	Argent.	Or.	Argent.	
1848-1850 . .	350	225	1,050	675	1,725
1851-1860 . .	563	161,7	5,630	1,617	7,247
1861-1870 . .	525,9	219,6	5,259	2,196	7,455
1871-1880 . .	471,5	402,3	4,713	4,023	8,728
Totaux . . .			16,654	8,511	25,165

(1) *History of prices*, 1885, p. 11.

(2) Consulter : 1° Soetbeer (Berlin, 1885), *Materialien zur Erläuterung und Beurtheilung der wirthschaftlichen Edelmetallverhältnisse* (Recueil complet de chiffres et de documents); — 2° Dr Broch, *Statistique*, conférence, 1881, 1er volume; — 3° Ottomar Haupt, *Histoire monétaire de notre temps*, 1886; ouvrage tout à fait à jour, dû à un écrivain compétent; — 4° Mulhall, *History of prices*; — 5° Neumann Spallart, *Uebersichten*; Stuttgart, 1883-1884.

Évaluations de M. Mulhall : production en 1,000,000 fr.

	MOYENNE.		ENSEMBLE DES ANNÉES.		TOTAL.
ANNUELLE.					
Périodes.	Or.	Argent.	Or.	Argent.	—
1848-1851 . .	350	225	1,400	900	2,300
1852-1861 . .	675	200	6,750	2,000	8,750
1862-1871 . .	525	250	5,250	2,500	7,750
1870-1880 . .	400	300	3,600	2,700	6,300
			17,000	8,100	25,100

Les quantités sont sensiblement les mêmes.

D'après ces relevés, M. Mulhall a porté le stock monétaire en 1880 à 30,500,000,000 or et à 40,300,000,000 argent, soit 70,800,000,000 francs, sauf les pertes et les transformations de la consommation.

CHAPITRE SECOND.

Du stock des métaux précieux en 1884.

Bien que les résultats qui suivent concernent les années qui nous touchent de plus près, ils offrent encore quelques incertitudes. Je reproduis d'abord les quantités et les évaluations d'après M. Soetbeer (1).

	OR.		ARGENT.		TOTAL.
ANNÉES.	Quantité en kilogrammes.	Valeur en 1,000,000 fr.	Quantité en kilogrammes.	Valeur en 1,000,000 fr.	Valeur en 1,000,000 fr.
1881	157,900	550,6	2,592.639	583,3	1,133,9
1882	146,900	512,3	2,769.065	623,0	1,135,3
1883	143,940	501,8	2,895.520	651,5	1,153,3
1884	110.000	488,2	2,860.000	653,5	1,141,3
Ensemble . .	588,740	2,052,9	11.117.224	2,511.3	4,563,8

En 1885, la production a été, aux États-Unis, plus considérable qu'en 1884; elle s'est élevée à 14,516,599 liv. st. pour l'or, au lieu de 13,529,925 liv. st., et à 26,393,756 liv. st. pour l'argent, au lieu de 25,183,667.

Les chiffres donnés par MM. Burchard et Kimball (2) sont un peu moins élevés.

	OR (1,000,000 fr.).				ARGENT (1,000,000 fr.).			
	1881.	1882.	1883.	1884.	1881.	1882.	1883.	1884.
Soetbeer	550	512	501,8	488,2	588,3	623	651,5	653,5
Burchard . . .	535,7	513	482,9	»	531,2	550,6	573,3	»
Kimball	»	514,3	489,3	495,5	»	581,3	607,8	598,7

M. Soetbeer a lui-même relevé ces différences. Il a dressé des statistiques aussi complètes que possible, tenant compte de l'or ou de l'argent extraits de certaines roches ou provenant des sables de divers coars d'eau dans la Chine, la Mantchourie et l'Inde.

D'après ces données, qui ne présentent une certitude scientifique que depuis 1850, on peut constituer le stock métallique actuel, tout en indiquant les divergences qui existent entre les principales autorités.

(1) *Materialien*, pages 7 et suiv.
(2) *Annual Reports of the Director of the mint* Washington, 1884 and 1885.

Le tableau ci-après résume les divers stocks, de siècle en siècle, depuis 1500 :

	Neumann Spallart.	Soetbeer.	Mulhall.	De Mardle.	Michel Chevalier.	
	1,000,000 fr.	1,000,000 fr.	1,000,000 fr.	1,000,000 fr.	1,000,000 fr.	
Or. . . .	»	»	»	»	300	stock en 1500.
Dito . . .	16,355	16,368	14,000	14,100	14,426	production : 1500-1850.
					14,726	stock en 1850.
Dito . . .	»	16,304	17,000	16,700	»	production : 1850-1880.
		32,670	31,000	30,800	»	stock en 1880.
Dito . . .	»	2,052,9	»	»	»	production : 1881-1884.
		35,722,9	»	»	»	stock en 1884.
	37,013	»	»	»	»	stock en 1882.
Argent. .	»	»	»	»	700	stock en 1500.
Dito . . .	33,636	33,292	33,050	26,600	30,152	production : 1500-1850.
					30,852(1)	stock en 1850.
Dito . . .	»	8,286	8,100	7,320	»	production : 1850-1880.
		41,578	41,150	33,920	»	stock en 1880.
Dito . . .	»	2,511,3	»	»	»	production : 1881-1884.
		44,089,3	»	»	»	stock en 1884.
	44,585	»	»	»	»	stock en 1882.

Malgré quelques divergences, les chiffres ci-dessus (2) présentent un grand intérêt. Il en résulte, en effet :

1° Que depuis 1848, c'est-à-dire en 37 ans, le stock d'or a doublé ;

2° Qu'ainsi nous avons assisté à une accumulation d'or, pour le moins aussi grande que celle qui a eu lieu de 1500 à 1848, soit pendant trois siècles et demi ;

3° Que la production depuis 1881 de l'or est encore très considérable ; la moyenne a été de 521 millions contre 531 millions de 1848 à 1880 ;

4° Que la production de l'argent a pris un accroissement énorme. La moyenne des 4 dernières années a été de 602.9 millions contre 253 de 1848 à 1880 ;

5° Que la production annuelle des deux métaux a représenté, dans les 4 dernières années, une moyenne de plus de 1,100 millions de francs par an ; tandis que de 1848 à 1880 la moyenne n'avait été que de 680 millions ;

6° Que tout l'excédent, entre les moyennes de ces deux périodes, provient du développement de la production de l'argent ;

7° Que de 1850 à 1884 la production d'or a représenté 18,359.9 millions contre 10,797.3 millions argent.

Cette production continuera-t-elle ? Jamais la recherche de l'or et de l'argent n'a été plus active. L'historien anglais M. Froude, visitant en 1884 (3) les mines d'or de Ballarat, près Melbourne, a constaté que les terrains aurifères à laver présentaient encore une masse qu'on ne pouvait calculer. Il est certain que des gisements considérables de terrains aurifères ont été rencontrés sur le bord de l'Amour. Des mil-

---

(1) M. Landrin (*Traité de l'or*) a donné des chiffres qui diffèrent de ceux de Michel Chevalier.

(2) Sur le stock métallique des divers États du globe consulter, en outre des livres spéciaux : *Bulletin de statistique*, septembre 1885 ; *Economist*, 11 novembre 1885 ; *Journal of chamber of commerce of London*, mars 1885.

(3) Froude, *Oceana*, 1886, chap. VIII. Livre des plus curieux sur l'Australasie.

liers de Russes et de Chinois s'y sont déjà établis. Dans l'Inde et en Afrique, de nombreuses sociétés anglaises multiplient les travaux (1).

Quant à l'argent, la richesse de certaines mines est telle que la baisse de l'argent n'a pas encore compromis leurs bénéfices.

CHAPITRE TROISIÈME.

Répartition de la production.

Comment se distribue cette production? Sur quels territoires a-t-elle lieu? A quels peuples profite-t-elle? C'est ce que vont nous dire les deux tableaux suivants dressés par le bureau des monnaies de Washington :

1° *Or.*

ÉTATS.	1881.		1882.		1883.		1884.	
	Quantité.	Valeur.	Quantité.	Valeur.	Quantité.	Valeur.	Quantité.	Valeur.
	kilogr.	francs.	kilogr.	francs.	kilogr.	francs.	kilogr.	francs.
États-Unis	52,212	180,100,000	48,302	169,000,000	45,110	156,000,000	46,313	160,200,000
Australie	46,178	159,600,000	43,550	150,500,000	39,873	137,800,000	42,560	148,200,000
Russie	36,671	128,300,000	35,913	123,700,000	35,913	123,700,000	32,829	113,300,000
Colombie	6,019	"	5,892	"	5,892	"	5,892	"
Vénézuela	3,124	"	3,004	"	5,022	"	5,022	"
Afrique	3,000	"	3,040	"	3,000	"	3,000	"
Mexique	1,292	"	1,469	"	1,438	"	1,780	"
Autriche Hongrie	1,847	"	1,580	"	1,658	"	1,658	"
Canada	1,618	"	1,618	"	1,435	"	1,435	"
Brésil	1,116	"	1,116	"	952	"	952	"
Allemagne	350	"	376	"	457	"	555	"
Japon	702	"	702	"	181	"	256	"
Chili	194	"	215	"	215	"	215	"
France	"	"	"	"	"	"	"	"
République Argentine . .	118	"	118	"	118	"	118	"
Italie	109	"	109	"	109	"	109	"
Bolivie	109	"	109	"	109	"	109	"
Suède	1	"	17	"	37	"	19	"
Turquie	7	"	19	"	19	"	10	"
Pérou	"	"	"	"	"	"	179	"
Ensemble	155,016	585,720,005	148,510	513,037,957	141,179	152,947,085	143,381	195,521,358

2° *Argent.*

ÉTATS.	1881.		1882.		1883.		1884.	
	Quantité.	Valeur.	Quantité.	Valeur.	Quantité.	Valeur.	Quantité.	Valeur.
	kilogr.	francs.	kilogr.	francs.	kilogr.	francs.	kilogr.	francs.
États-Unis	1,031,613	223,600,000	1,125,085	243,360,000	1,111,457	240,240,000	1,171,205	253,700,000
Mexique	655,918	143,500,000	703,598	150,800,000	711,317	153,400,000	655,868	141,800,000
Bolivie	264,677	57,200,000	264,677	57,200,000	384,923	83,200,000	384,985	83,200,000
Allemagne	185,930	40,000	211,982	46,200,000	230,631	13,100,000	248,415	53,500,000
Chili	122,275	25,400	128,196	23,500,000	128,196	23,500,000	128,101	26,500,000
Pérou	"	"	"	"	"	"	45,900	"
Autriche Hongrie	51,359	"	47,118	"	48,708	"	49,124	"
Espagne	71,500	"	71,530	"	74,500	"	3,562	"
Japon	22,046	"	22,013	"	8,188	"	21,121	"
Colombie	21,057	"	18,283	"	18,283	"	18,283	"
République Argentine . .	10,109	"	10,109	"	10,109	"	10,109	"
France	"	"	11,294	"	6,453	"	6,356	"
Norvège	4,842	"	5,893	"	5,613	"	6,387	"
Russie	7,892	"	7,781	"	7,781	"	9,356	"
Turquie	1,719	"	2,164	"	2,164	"	2,164	"
Australie	3,970	"	2,475	"	1,924	"	2,788	"
Suède	1,176	"	1,504	"	1,583	"	1,816	"
Canada	1,611	"	1,611	"	1,611	"	1,611	"
Italie	132	"	132	"	432	"	432	"
Ensemble	2,458,322	541,275,110	2,615,583	565,381,793	2,747,785	573,312,931	2,773,613	598,768,305

(1) Et dans la vallée de l'Oussour. La Chine et la Russie ont dû occuper les territoires exploités.

Ces tableaux établissent :

1° Que la production de l'or n'a d'importance relativement que dans trois États, les États-Unis, l'Australie, la Russie, et que celle de l'argent n'en a que dans deux, les États-Unis et le Mexique ;

2° Que la production des métaux précieux est actuellement pour les États-Unis une source considérable de richesse. En effet de 1881 à 1884 la production de l'or et celle de l'argent est représentée aux États-Unis :

	OR.	ARGENT.
	millions de francs.	millions de francs.
1881. . . .	180.4	223.5
1882. . . .	169.0	243.3
1883. . . .	156.0	240.2
1884. . . .	160.2	253.7
	665.6	960.7
		665.6
Moyenne . .	406.5	1,626.3

De 1845 à 1880, cette production avait été :

	Millions de francs.	
Or.	7,934	
Argent. . .	10,037	
	17,971	 17,971,0
Moyenne. . 447 millions.	Ensemble. .	19,597,3
	Moyenne. . 444 millions.	

CHAPITRE QUATRIÈME.

De la consommation des métaux précieux.

Cette consommation a lieu sous des formes diverses : les emplois industriels, le monnayage, le frai de la monnaie et de tous les objets en or et en argent, la perte de l'or et de l'argent (naufrages, incendies, enfouissements), enfin les importations dans des parties du globe d'où le retour s'opère avec une telle lenteur que les quantités exportées sur ces territoires sont soustraites, en fait, aux mouvements du marché des métaux précieux.

§ 1. — *Emplois industriels.*

L'évaluation des quantités d'or et d'argent absorbées par les emplois industriels présente de sérieuses difficultés. D'après MM. Soetbeer, Mulhall, Burchard et Kimball, ces quantités seraient très considérables. M. Soetbeer les porte, pour la période de 1831 à 1880, or et argent, à 32 p. 100 de la production.

Voici les chiffres de M. Mulhall pour la période 1850-1884 (1).

PÉRIODES.	OR.		ARGENT.		ENSEMBLE.	
	1,000 liv. st.	1,000 fr.	1,000 liv. st.	1,000 fr.	1,000 liv. st.	1,000 fr.
1851-1860. . . .	54,050	1,350,000	21,000	525,000	75,000	1,875,000
1861-1870. . . .	122,000	3,050,000	40,000	1,000,000	162,000	4,050,000
1871-1884. . . .	156,000	3,900,000	190,000	4,750,000	346,000	8,650,000
Ensemble . .	332,050	8,300,000	251,000	6,275,000	583,000	14,575,000

(1) *History of prices.* p. 13 et 14.

Pendant cette période (1851-1884) la production de l'or s'est élevée à 18,040 millions et celle de l'argent à 10,285 millions. Les emplois industriels auraient donc représenté 46 p. 100 de la production pour l'or et plus de 60 p. 100 de celle de l'argent.

Ces résultats diffèrent sensiblement de ceux accusés par les autres statisticiens. M. Soetbeer lui-même a présenté deux évaluations. Voici la première :

ÉTATS.	OR.		ARGENT.		ENSEMBLE.
	kilogr.	1,000 fr.	kilogr.	1,000 fr.	1,000 fr.
États-Unis . . .	13,500	45,900	102,000	20,400	66,300
Royaume-Uni . .	17,000	57,800	72,000	14,400	72,200
France.	16,900	57,460	85,000	17,000	74,460
Allemagne . . .	11,760	39,950	75,000	15,000	54,950
Suisse	11,250	38,250	24,000	4,800	43,050
Autres pays. . .	13,590	46.206	123,000	24,600	70,806
Totaux	84,000	285,566	481,000	96,200	381,766

La seconde évaluation de M. Soetbeer est plus élevée et plus détaillée (1) :

ÉTATS.	OR.		ARGENT.	
	Quantités.	Valeur.	Quantités.	Valeur.
	kilogr.	francs.	kilogr.	francs.
États-Unis.	19,500	»	115,000	»
France	16,800	»	75,000	»
Angleterre.	17,000	»	72,000	»
Allemagne.	12,000	»	82,000	»
Suisse	10,500	»	24,000	»
Italie.	4,500	»	19,000	»
Belgique-Hollande . . .	2,900	»	24,000	»
Autriche-Hongrie. . . .	2,000	»	32,000	»
Russie	2,400	»	32,000	»
Autres pays	2,000	»	40,000	»
Ensemble	90,000	316,000,000	515,000	95,000,000

Si on compare ces chiffres à ceux de la production en 1884, on trouve que la consommation industrielle de l'or aurait absorbé 65 p. 100 de la production et que celle de l'argent n'aurait été que de 15 p. 100 de la production.

M. Ottomar Haupt (2) a réuni sur ce point très important diverses évaluations qu'il est utile de connaître et de comparer.

ÉTATS.	OR.		ARGENT.	
	kilogr.	francs.	kilogr.	francs.
Angleterre (moyenne)	17,000	58,000,000	»	»
Dito, d'après M. Giffen.	»	»	81,000	15,000,000
France, d'après M. Dumas	12,500	43,000,000	75,000	14,000,000
Allemagne, d'après M. Soetbeer. . .	12,000	41,000,000	82,000	15,000,000
États-Unis, d'après M. Burchard . . .	19,500	66,000,000	115,000	21,000,000
Suisse, d'après M. Lardy	10,000	34,000,000	26,000	5,000,000
Autriche, d'après M. Niebauer. . . .	»	»	26,000	5,000,000
Autres pays, d'après M. Soetbeer. . .	14,000	48,000,000	115,000	21,000,000
Totaux	85,000	290,000,000	520,000	96,000,000

---

(1) *Materialien*. p. 40.
(2) *Histoire monétaire*. p. 21.

Dans les évaluations ci-dessus ne sont compris que l'or et l'argent n'ayant subi aucune transformation antérieure. D'après M. Soetbeer les quantités d'or et d'argent employées en moyenne par année actuellement, mais provenant d'emplois précédents, représenteraient 20,000 kilogr. or et 137,000 kilogr. argent.

Ces évaluations, qui peuvent être quelque peu arbitraires, sont confirmées par différentes vérifications (1).

Une enquête a été faite aux États-Unis par les soins de la Direction des monnaies en 1883-1884. Il a été constaté par les réponses de 5,418 personnes et de 7,969 maisons de commerce que 2,734 maisons de commerce avaient employé, aux États-Unis, pour les usages industriels 22,000 kilogr. d'or valant 14,459,464 dollars ou 73 millions de francs, soit à peu près 15 p. 100 de la production totale de l'or sur le globe en 1884. Quant à l'argent, l'emploi aurait été de 120,000 kilogr. d'une valeur de 5,556,530 dollars (2). Cette enquête a permis, en outre, à M. Burchard de dresser un tableau curieux des emplois et de la provenance de l'or et de l'argent mis en œuvre.

EMPLOIS.	OR.	ARGENT.	PROVENANCE.	OR.	ARGENT.
	dollars.	dollars.		dollars.	dollars.
Montres.	3,598,306	1,845,599	Monnaie.	4,875,587	216,637
Chaines. . . .	827,000	23,544	Lingots	7,137,761	4,552.172
Bijoux	7,984,390	1,116,551	Vieux objets. . .	876,641	221,951
Table (Services) .	528,868	2,066,294	Monnaies étrang^res.	194,400	154,273
Lorgnettes. . . .	215,428	23,782	Pépites	702,387	71,557
Dentistes	37,912	6,738	Vaisselle	672,688	339,940
Plumes.	145,924	6,730	»	»	»
Instruments. . .	5,199	13,990	»	»	»
Feuilles.	1,084,824	1,131,707	»	»	»
Pharmaciens. . .	31,611	416,419	»	»	»
	14,459,464	5,556,530		14,459,464	5,556,530

Ce tableau est la justification d'une observation faite et maintenue, depuis longtemps, par M. Soetbeer (3), c'est que la consommation industrielle des métaux précieux obéit au même mouvement de transformation que la frappe monétaire. L'emploi industriel de l'or augmente, celui de l'argent diminue. De 1830 à 1880 la proportion de cette consommation à la production était de 25 p. 100 ; elle ne serait plus actuellement que de 16.6 p. 100. Les chiffres de M. Mulhall diffèrent, il est vrai, mais l'enquête américaine est un document péremptoire. Elle constate qu'aux États-Unis la consommation industrielle de l'or représente en moyenne (1884 pris pour type) 47.5 p. 100 de la production annuelle et que celle de l'argent ne repré-

---

(1) M. Jevons a discuté la question de la consommation industrielle (*Investigations in Currency*, 67). Il se plaçait au point de vue de la baisse de valeur de l'or, eu égard à l'excès de la production ; il se laissait influencer par la préoccupation de restreindre les emplois de l'or. Michel Chevalier admettait que sur 17,850,000 liv. st., montant de la production, 4,900,000 liv. st. seulement étaient absorbés par les emplois industriels. Mac-Culloch élevait la proportion à 12,000,000 liv. st. sur 29,500,000 liv. st. M. Jevons repoussait ces évaluations. Il argumentait *à priori*.

En général, il règne dans les esprits beaucoup d'idées erronées sur la consommation industrielle de l'or. M. Chapman (*Procès-verbaux de la conférence* de 1881, 1er vol., p. 177), délégué de l'Inde, malgré sa compétence, et le chiffre de la consommation traditionnelle de l'Inde, la considérait comme insignifiante eu égard à la masse.

(2) *Report*, 1884, p. 62.

(3) *Vierteljahrschrift für Volkswirthschaftspolitik*, 1885.

sente que 11 p. 100 à peine. Ces différences suffiraient pour accuser un changement profond dans la valeur relative des deux métaux précieux.

Selon M. le Dr Broch l'emploi industriel de l'argent en Norwège aurait légèrement augmenté depuis 1870; 1,694 kilogr. au lieu de 1,430. Quant à l'emploi de l'or, il serait stationnaire à 22 kilogr.; mais l'industrie de la bijouterie, de l'horlogerie et autres qui manipulent l'or est très restreinte en Norwège (1).

La déposition de M. Lardy, délégué de la Suisse à la conférence monétaire de 1881, évalue à 30 millions de francs au moins la valeur des emplois industriels de l'or en Suisse par année. M. Soetbeer a admis pour la Suisse un emploi de 11,250 kilogr. d'or, représentant une valeur de 38 millions (2). Il y a une certaine concordance qui, en égard aux vérifications faites pour les États-Unis, doit faire accepter, sauf contrôle, les chiffres de M. Soetbeer.

La consommation annuelle moyenne des métaux précieux peut donc être approximativement estimée à 411 millions de francs, dont 316 or, sans tenir compte des objets transformés, et, en tout, à 503 millions, dont 384 millions or. Ce dernier total diffère encore beaucoup de celui accepté par M. Mulhall, 617 millions. Cette différence provient, sans doute, de ce que les évaluations de M. Mulhall ont dû porter sur tous les États du globe, tandis que celles de M. Soetbeer ne concernent que les peuples de la civilisation occidentale. Quelle que soit l'évaluation à laquelle on s'arrête, il n'en est pas moins établi que la consommation industrielle est considérable; elle se développe nécessairement avec la richesse elle-même; c'est ce qui explique ses progrès notables aux États-Unis, où elle est passée de 1880 à 1884 de 1,500 kilogr. or à 22,000. Il est vrai que, par contre, la consommation industrielle de l'argent y est tombée en 2 ans de 168,000 à 120,000 kilogr. Ces deux mouvements, en sens opposé, correspondent à la condition, de plus en plus inégale, des deux métaux précieux.

En constatant toute l'importance de la consommation industrielle des métaux précieux, il ne faut pas oublier que les emplois industriels n'enlèvent pas complètement l'or et l'argent aux besoins monétaires. Les objets d'or et d'argent peuvent toujours être convertis en monnaie ou en lingots. Ils constituent, à quelques égards, des caisses d'épargne. De temps immémorial, les populations de l'Inde se pourvoient d'objets d'or et d'argent, comme des provisions, des réserves en cas de disette. Les hommes, les femmes portent des bijoux moins pour se parer que pour les vendre, car la disette est périodique dans l'Inde. Les bracelets font fonctions de lingots. Et les Hindous ne sont pas les seules populations à placer ainsi leurs épargnes. Il en est de même des Arabes et des Persans.

§ 2. — *Le monnayage.*

J'emprunte au dernier ouvrage de M. Soetbeer la statistique du monnayage depuis 1851 dans les principaux États de la civilisation occidentale, en y ajoutant le monnayage de l'Inde. Il n'est pas possible de distinguer, dans les masses métalliques frappées, la part de métal fournie par les anciennes monnaies ou les monnaies étrangères. Il n'y a de comparaison à établir qu'indirectement avec la production même.

(1) *Procès-verbaux*, 2e vol., p. 162.
(2) *Procès-verbaux*, 2e vol., p. 164.

ÉTATS.	ÉPOQUES.	OR.	ARGENT.	PROPORTION.	
				Or.	Argent.
		1,000,000 marcs.	1,000,000 marcs.		
France	1851-1884	5,988,325	914,240	86.8	13.2
États-Unis	dito.	5,240,716	1,377,332	79.2	20.8
Angleterre (Australie).	dito.	4,727,477	345,257	93.2	6.8
Russie	dito.	2,625,991	582,000	81.9	18.1
Allemagne	1857-1884	1,951,732	1,161,304	62.7	37.3
Espagne	1876-1884	736,363	481,844	60.4	39.6
Belgique	1851-1884	473,037	358,382	56.9	43.1
Italie	dito.	383,129	456,760	45.6	54.4
Autriche-Hongrie . .	1857-1884	330,239	1,008,574	24.7	75.8
Hollande	1851-1884	129,671	576,236	18.4	81.6
États scandinaves . .	1873-1884	106,130	42,062	71.6	28.4
Portugal	1854-1884	29,244	36,372	44.6	55.4
Inde	1835-1883	»	3,900,000	»	»

Ainsi le monnayage de l'or a été supérieur à la production totale, quoique le tableau ci-dessus ne contienne pas tous les États; 28,402 millions de francs d'or ont été frappés, et 17,692 millions ont été produits. Pour l'argent, la différence est bien moindre, 10,247 millions ont été produits, 14,050 millions de francs d'argent ont été frappés. On a d'autant moins frappé d'argent qu'on frappait plus d'or. C'est un fait indicateur de grande importance (1).

En restreignant la comparaison aux dernières années, on peut obtenir des termes moins incertains. D'après les statistiques du bureau de Washington, je rapproche, pendant les années 1881-1884, les résultats de la frappe de ceux de la production.

ANNÉES.	OR.		ARGENT.	
	Frappe.	Production.	Frappe.	Production.
	1,000,000 fr.	1,000,000 fr.	1,000,000 fr.	1,000,000 fr.
1881	735	535,7	540,0	531,2
1882	495	513,0	548,5	550,6
1883	506	482,9	568,5	573,3
1884	494	495,5	450,0	598,7
Ensemble . .	2,230	2,027,1	2,107,0	2,253,8
1885	359	»	388	»

Les chiffres ci-dessus accusent les mêmes faits : 1° la frappe porte tous les ans sur une certaine quantité de métal monnayé; cette quantité est importante pour l'or, eu égard au prélèvement annuel des emplois industriels ; 2° la tendance générale est à accroître la frappe de l'or et à diminuer celle de l'argent (2).

§ 3. — Du frai.

Quelle est l'importance du frai, c'est-à-dire de l'usure des monnaies ? Les avis sont très partagés à cet égard. Mac-Culloch l'évaluait à 1/2 p. 100 et Tooke à 1/4 p. 100 de la circulation monétaire totale par an. Mac-Culloch admettait pour le frai et les pertes de monnaie un déficit annuel de 7,500,000 liv. st. ou

(1) *Materialien*. p. 7 à 9. Dans les chiffres de production, page 284, l'année 1850 est comprise pour l'or et l'argent; elle ne l'est pas dans les chiffres 17,692 millions or et 10,247 millions argent.

(2) Sur le rôle de la refonte dans le monnayage consulter Roswag, *Bulletin de la Société de statistique*. 1866. En 1885, pour une frappe de 13,068,830 liv. st. or, il y a eu, en outre, une refonte de 1,310,371 liv. st., et une refonte argent de 397,346 liv. st. pour 15,169,801 liv. st. frappées.

187,500,000 fr.; Stanley Jevons avait estimé à 22,000 liv. st. et à 13,000 liv. st., par an, le frai de la circulation, en Angleterre, sur 44 millions de liv. st. en souverains et sur 11 millions de liv. st. en demi-souverains, soit 450,000 fr. par an pour 1,100 millions de francs et 325,000 fr. par an pour 275 millions; ce qui donne 0.40 p. 1000 et 1.50 p. 1000. M. Soetbeer évalue le frai pour l'or à un déficit annuel de 7 à 800 kilogr. d'or sur 11 à 12 milliards de marcs qu'il attribue aux États de la civilisation occidentale, et le frai de l'argent à 50,000 kilogr., ce qui ne représente pas 2 p. 100 de la production annuelle de l'argent. Quant à l'or, sur 150,000 kilogr. de production annuelle, 800 kilogr. équivalent à un peu plus de 1/2 p. 100.

D'après un document récent, publié par le gouvernement français, la commission *ad hoc* de la conférence monétaire de 1881 a fait faire, par la Direction des monnaies, une série d'expériences sur le frai des monnaies d'or et d'argent, françaises et étrangères, circulant en France. En représentant pour chaque pièce, le poids droit par 1,000, les poids moyens des pièces qui ont été, en grand nombre, pesées à la Monnaie, peuvent être exprimés comme suit :

	PIÈCES FRANÇAISES. poids moyen en millièmes du poids droit	PIÈCES ÉTRANGÈRES. poids moyen en millièmes du poids droit.
Monnaies d'or :		
Pièce de 20 fr.	997,1	998,7
— de 10 fr.	992,9	996,3
— de 5 fr.	988,9	993,2
Monnaies d'argent :		
Pièce de 5 fr.	993,7	997,5
— de 2 fr.	988,8	987,2
— de 1 fr.	981,2	979,4
— de 50 cent.	964,4	963,3

Ces expériences ont vérifié ce que l'on savait des conditions du frai. Le frai dépend : 1° du titre ou des conditions de l'alliage; 2° de l'importance ou du poids des pièces. Il est proportionnel à la qualité de l'alliage et au poids. Il est toujours plus élevé pour les pièces légères ou d'un titre inférieur. Les pièces étrangères, notamment les pièces anglaises, ayant un meilleur titre que les pièces françaises, perdent moins par le frai.

Il résulte encore de ces expériences que si le frai peut avoir une certaine influence sur la valeur intrinsèque et échangeable des monnaies, il n'en exerce qu'une insensible sur les mouvements et la consommation des métaux précieux.

Le gouvernement anglais attachait, en 1885, une réelle importance à un projet préparé par M. Childers, alors chancelier de l'Échiquier, pour retirer de la circulation les souverains altérés par le frai. L'opinion publique n'a pas adhéré au projet. J'indiquerai plus loin que ce retrait sert de fondement à un plan de réforme monétaire en Angleterre par lord Grey.

§ 4. *Les pertes.*

Il faut également faire la part à la perte d'or et d'argent qui a lieu incessamment et dont l'élément principal est le frai des emplois industriels. Les naufrages, les enfouissements sont encore des causes de pertes. M. Soetbeer et M. Neumann-Spallart en ont ajouté le prorata à leur évaluation du frai. Je renvoie, à ce sujet, au § 6, ci-après.

Jacob et Mac-Culloch ont fait de curieux calculs, discutés par Michel Chevalier, sur l'importance du frai et des pertes dans les modifications des stocks des métaux précieux. Mac-Culloch évaluait les pertes de toute sorte à 1 p. 100 par an, Jacob à 1/200 ou 1/2 p. 100 pour l'argent et 1/950 ou 1/9 1/2 p. 100 pour l'or. D'après les supputations de Jacob, ramenées à une moyenne de 1/360 ou à peu près 1/4 p. 100, un milliard serait réduit à 755 millions au bout d'un siècle, à 240 millions après 500 ans et à 60 millions après mille ans. Cinq milliards sous Constantin n'auraient plus représenté que 300 millions sous Philippe le Bel (1).

Les évaluations de Mac-Culloch étaient tout à fait exagérées.

L'avantage des circulations d'or sur celles d'argent au point de vue de la perte est considérable; une circulation de 1 milliard d'or a une durée égale à celle de 4,500 millions d'argent.

§ 5. — *Des importations de métaux précieux dans les États de l'Extrême-Orient.*

Les relations commerciales et métalliques de l'Europe avec l'Extrême-Orient ont pris un accroissement notable au XVIe siècle; depuis, elles n'ont cessé de se développer. Berceau de la civilisation, l'Extrême-Orient compte encore les États et surtout les accumulations humaines les plus puissantes du globe. La Chine et le Japon, l'Inde et l'Indo-Chine renferment 700 millions d'habitants, c'est-à-dire la moitié de l'humanité. Ces populations sont arrivées, depuis longtemps, à un degré de prospérité et de civilisation, auquel nous sommes tenus aujourd'hui de rendre hommage. Elles ont joué autrefois un rôle historique de premier ordre; tout indique qu'elles en rempliront plus tard un autre. En tous cas, elles sont devenues un facteur économique considérable, tant par l'importance de leurs productions (soie, opium, thé, indigo, riz, blé, sucre, textiles) que par leurs consommateurs.

Les relations métalliques de l'Europe avec l'Extrême-Orient furent d'abord marquées par un mouvement d'importation d'or en Europe; ce mouvement avait pour causes les bénéfices réalisés sur la vente de l'or et les progrès rapides accomplis à cette époque par les États européens. Pendant la décadence de l'empire romain et les siècles du moyen âge l'or avait reflué vers l'Orient. Aussi bien en Asie-Mineure et en Perse que pour l'Inde et la Chine, cette époque est une période de prospérité et de richesse. L'or, qui est toujours commandé par la richesse et qui la caractérise toujours, se dirigea de nouveau vers l'Orient et s'y accumula, de même qu'il s'était dirigé vers l'Europe depuis les conquêtes d'Alexandre jusqu'à l'ère des Antonins.

La situation s'est modifiée au XIXe siècle sous l'influence de la conquête de l'Inde par l'Angleterre, des progrès des colonies hollandaises, des achats de plus en plus importants des nations riches de l'Europe sur les marchés de l'Inde, de la Chine, de l'Indo-Chine et du Japon. Les courants ont changé; un mouvement inverse s'est produit; il dure encore et bien que présentant des alternatives de recul ou d'élan, il semble appelé à s'accroître. De nouveaux facteurs sont intervenus ou vont intervenir, en effet, sur ce vaste théâtre; les États-Unis, depuis 25 ans, ont noué des

_____

(1) *Revue des Deux-Mondes*, 1er avril 1847.

relations commerciales et monétaires considérables avec la Chine et le Japon, même avec l'Inde ; infailliblement les États australasiens participeront bientôt à ces relations ; l'Extrême-Orient est destiné à jouir de leur puissante clientèle.

De 1831 à 1880 les États de l'Orient ont absorbé 558,000 kilogr. d'or valant 1,946 millions et 39 millions de kilogrammes d'argent valant 7 milliards, ensemble près de 10 milliards. L'Extrême-Orient a donc fait fonction d'un déversoir pour l'argent. Il faut, il est vrai, tenir compte du mouvement de retour, car il existe un va-et-vient perpétuel de métaux précieux entre l'Europe et l'Extrême-Orient. Les deux courants auxquels j'ai fait allusion se sont, en quelque sorte, juxtaposés et fonctionnent actuellement à côté l'un de l'autre. Ainsi de 1874 à 1883, les ports d'Angleterre et de la Méditerranée ont constaté les mouvements suivants :

	OR.	ARGENT.
	francs.	francs.
Expéditions. . . .	792,500,000	2,017,500,000
Réceptions. . . .	365,000,000	61,000,000
Net	427,500,000	1,956,500,000

Ainsi 46 p. 100 de l'or sont rentrés et 3 p. 100 seulement de l'argent.

Selon M. Mulhall l'Inde et la Chine auraient absorbé, de 1861 à 1884, 9,500 millions d'argent, soit par année 412,500,000 fr. ou 42,000 tonnes ; tandis que, pendant le même laps de temps, la production n'était que de 44,000 tonnes. Ainsi, en tenant compte de l'usure du métal lui-même, toute la production a été prise par l'Extrême-Orient.

M. Soetbeer a donné sur ce grand mouvement de flux et de reflux d'or et surtout d'argent les détails les plus complets et les plus intéressants. Je n'en résume, dans ce chapitre, que les résultats généraux, ayant à les utiliser plus particulièrement dans la seconde partie de cette étude.

1° *Mouvement des métaux précieux dans l'Inde.*

	PÉRIODES.	MOYENNE PAR ANNÉE DES		EXCÉDENTS
		importations en 1,000 marcs.	exportations en 1,000 marcs.	en 1,000 marcs.
Métal.	1851-1860	44,073	1,119	42,954
—	1861-1870	123,425	3,704	119,721
Or.	1871-1880	42,178	12,735	29,443
—	1881-1884	95,465	998	94,467
. . . . .	1851-1860	140,480	17,910	122,570
Argent	1861-1870	218,863	24,889	193,974
—	1871-1880	134,448	33,251	101,197
—	1880-1884	137,745	21,955	115,790

Dans l'ensemble, d'après M. Soetbeer, l'excédent des importations dans l'Inde de 1851 à 1884 aurait été de 2,875 millions de francs pour l'or et de 5,800 millions pour l'argent.

2° *Mouvement des métaux précieux dans les Indes hollandaises.* — M. Soetbeer estime que de 1842 à 1880 la Hollande a expédié dans ses colonies de l'Inde 3,141,583 kilogr. d'argent, valant 831,105,000 fr., et que le reflux n'a été que de 110,000 kilogr.

3° *Mouvement des métaux précieux en Chine.* — M. Soetbeer estime que de 1872 à 1883, l'importation de l'or de la Russie en Chine s'est élevée, année moyenne, à 900 kilogr. et celle de l'argent à 21,000 kilogr.; il estime que de 1861 à 1870 l'importation d'argent des États-Unis en Chine a été, par année moyenne, de 88,000 kilogr. par an et de 1871 à 1880 de 215,000 kilogr.

4° *Mouvement général d'exportation des métaux précieux en Asie et en Afrique.* — M. Soetbeer pense que, d'après l'ensemble des documents, on peut évaluer, en moyenne, par année, à 30,000 kilogr. d'or et 1,500,000 kilogr. d'argent l'ensemble des métaux précieux que les États de l'Europe et d'Amérique doivent exporter en Asie et en Afrique, nets de retour.

Or en 1883 la production a été de 141,479 kilogr. d'or et de 2,747,785 kilogr. d'argent.

§ 6. — *Influence comparée des diverses causes de consommation des métaux précieux.*

Dans le dernier volume de ses *Uebersichten der Weltwirthschaft* [1] (1884), M. Neumann-Spallart a indiqué la proportion selon laquelle chacun des éléments ci-dessus contribuait à la consommation des métaux précieux :

	OR.	ARGENT.
Monnayage	59.0 p. 100.	1.2 p. 100.
Emplois industriels.	32.0 —	25.3 —
Exportations en Orient	8.0 —	68.1 —
Frai et pertes	0.9 —	4.2 —

Ces calculs sont établis pour la période qui s'étend de 1831 à 1880.

Cette évaluation participe à l'incertitude des éléments auxquels elle se rapporte (2). Ces résultats n'en ont pas moins beaucoup d'intérêt au point de vue général de la condition respective des deux métaux précieux; ils donnent une indication précise sur les emplois de l'or et de l'argent.

§ 7. — *Statistique comparée de la production et de la consommation des métaux précieux dans les États de la civilisation occidentale.*

M. Soetbeer a dressé deux tableaux (3) qui permettent de vérifier les évaluations ci-dessus. Il les a intitulés Coup d'œil sur les changements probables qui ont eu lieu de 1851 à 1884 dans le stock d'or et d'argent des États de la civilisation occidentale. Je reproduis ces deux tableaux, à raison de leur importance.

TABLEAU.

---

(1) Page 365.

(2) M. Du Puynode a évalué la fabrication industrielle moyenne à 200 millions de francs, le frai à 35 millions et les pertes à 7 millions.

M. V. Bonnet (*Études monétaires*, p. 9 et 11) ne paraît pas avoir tenu assez compte de l'importance des diverses formes de consommation des métaux précieux.

(3) *Materialien*, p. 49.

Production et consommation de l'or.

PÉRIODE.	PRODUC-TION.	CONSOMMATION NON MONÉTAIRE.				MONÉ-TAIRE et réserves.	STOCK PROBABLE à la fin de chaque période.	
		Frai et pertes.	Industrie.	Exportation en Orient.	Ensemble.		Kilo-grammes.	Millions de francs.
	kilogr.	kilogr.	kilogr.	kilogr.	kilogr.	kilogr.		
1850	"	"	"	"	"	"	1,200,000	4,185,0
1851-1860	2,018,000	5,000	280,000	100,000	385,000	1,633,000	2,853,000	9,884,0
1861-1870	1,885,000	7,000	570,000	300,000	877,600	1,008,000	3,811,000	13,385,0
1871-1880	1,705,000	8,000	810,000	120,000	938,000	735,000	4,576,000	15,958,7
1881-1884	589,000	3,000	351,000	120,000	173,000	116,000	1,692,000	16,383,7

Production et consommation de l'argent.

PÉRIODE.	PRODUC-TION.	Frai et pertes.	Industrie.	Exportation en Orient.	Ensemble.	MONÉTAIRE et réserves.	Kilo-grammes.	Millions de francs.
1850	"	"	"	"	"	"	58,501,000	12,037,5
1851-1860	8,955,500	510,000	2,790,000	11,330,000	11,510,000	4,500,000	19,000,000	11,025,0
1861-1870	12,201,000	470,000	3,190,000	12,360,000	15,570,000	3,500,000	15,500,000	10,247,5
1871-1880	22,315,000	460,000	1,500,000	10,830,000	15,760,000	1,200,000	16,700,000	10,507,5
1881-1884	11,117,000	185,000	2,600,000	6,415,000	9,200,000	1,917,000	18,717,000	10,348,7

Ces deux tableaux modifient les résultats auxquels M. Neumann-Spallart est
arrivé pour la période 1851 à 1880.

PÉRIODE 1851-1884.	EMPLOI.	
	Or.	Argent.
Consommation industrielle . .	33.00 p. 100.	20.5 p. 100.
Frappe	56.14 —	5.0 —
Exportations en Orient	10.50 —	64.5 —
Frai et pertes	0.36 —	2.6 —

Il est essentiel de faire observer, en ce qui concerne l'argent, que les calculs
ont été établis sur la masse produite 54,618,500 kilogr. augmentée de la masse
démonétisée 8,000,000 de kilogr.; entre les deux masses produite (62,818,500 kilogr.)
et employée 58,457,000 kilogr., il y a une différence de 4,361,500 kilogr. correspondant aux stocks métalliques d'argent non employés; stocks appelés à s'augmenter.

Ces constatations ont une grande importance, comme il sera établi pendant le
cours de cette étude. Les différences à signaler entre les résultats accusés par
MM. Soetbeer et Neumann-Spallart proviennent des faits monétaires mêmes, elles
attestent le développement de l'évolution monétaire à laquelle nous assistons. Elles
indiquent que parallèlement à l'accroissement du stock d'or, accroissement égal
à 400 p. 100, le stock de l'argent employé s'est affaibli malgré une production
croissante; elles indiquent que la consommation de l'argent n'a cessé de diminuer,
sous tous les rapports, et qu'il y a certainement une production d'argent supérieure,
quant à présent, aux besoins. D'où la baisse de la valeur de l'argent et le changement dans son rapport avec l'or.

CHAPITRE CINQUIEME.

Du stock monétaire.

Dans son livre, l'*Histoire des prix*, M. Mulhall a dressé le tableau du stock monnayé et non monnayé des métaux précieux depuis 1850. Je reproduis ce tableau,
sauf à comparer ses résultats à ceux accusés par M. Soetbeer et M. O. Haupt.

ANNÉES.	OR (1,000,000 liv. st.).			ARGENT (1,000,000 liv. st.).			EN-SEMBLE.
	Monnayé.	Non monnayé.	Total.	Monnayé.	Non monnayé.	Total.	
1850.	205	425	630	310	1,040	1,350	1,980
1860.	433	478	911	370	1,060	1,430	2,341
1870.	575	600	1,175	440	1,100	1,540	2,715
1885.	736	768	1,504	520	1,030	1,550	3,054

Ces divers résultats suggèrent de nombreuses réflexions :

1° En 35 ans, l'accroissement du monnayage de l'or a été de 531 millions de liv. st., soit 13,375 millions ou 3 fois et demie (351 p. 100) la quantité monnayée en 1850.

2° Néanmoins l'accroissement du stock non monnayé d'or représente encore une somme énorme : 8,575 millions.

3° On remarque, en effet, que si, en 1850, la proportion de l'or monnayé à l'or non monnayé est de 48 p. 100, elle s'est élevée en 1860 à 90 p. 100 1/2; en 1870 à 96 p. 100; en 1885 à 95,5 p. 100.

4° L'accroissement du monnayage de l'argent n'a pas été aussi important, il représente toutefois 210 millions de liv. st. ou 5,250 millions.

5° La proportion de l'argent monnayé à l'argent non monnayé était en 1850 de 30 p. 100; elle s'est élevée en 1885 à 50 p. 100 1/2; elle est sensiblement inférieure à celle de l'or.

6° L'augmentation du stock monnayé en 35 ans a été de 13,375 or et de 5,250 argent, soit 18,585 millions.

7° En 1850, l'or et l'argent monnayés formaient un ensemble de 515 millions de liv. st. ou 12,875 millions qui est devenu en 1885 31,500 millions.

8° En 1850, à côté de la masse monnayée existait une masse non monnayée de 36,625 millions et en 1885 de 44,850 millions.

9° En 1850 la masse non monnayée (36,625 millions) représentait 3 fois la masse monnayée, en 1885 la masse non monnayée (44,850 millions) n'excédait que de 3/10e la masse monnayée.

Ces résultats confirment ceux indiqués plus haut dans la comparaison de la production et de la consommation des métaux précieux.

D'autres statisticiens ont dressé des tableaux récents du stock monétaire, notamment MM. Soetbeer, Neumann-Spallart, Burchard et O. Haupt. Comme ces tableaux se trouvent reproduits au chapitre suivant à propos de la répartition du stock monétaire, je ne donne ci-dessous que les sommes totales.

STOCKS MONÉTAIRES COMPARÉS.	OR.	ARGENT.
	1,000,000 fr.	1,000,000 fr.
Mulhall.	18,402	13,000
Burchard.	16,442	13,913
Neumann-Spallart	17,578	11,182
Soetbeer	16,363	10,938
O. Haupt.	18,472	19,035

La correspondance pour l'or est remarquable; MM. Mulhall et O. Haupt accusent les mêmes chiffres; si l'on ajoute au total de M. Neumann-Spallart pour l'or le produit de 1884, on atteint à 18 milliards. Toutefois il existe encore une différence de 2 milliards avec les évaluations de MM. Burchard et Soetbeer. Ces différences proviennent des éléments des tableaux qui ne sont pas tous complets. Même explication pour l'argent. M. O. Haupt seul a compris la Chine dans ses tableaux ; M. Mulhall et lui y ont seuls fait entrer l'Inde.

Il y a lieu de faire une autre remarque générale relative à la frappe de l'argent. Selon M. Neumann-Spallart, de 1831 à 1881, le stock-argent a augmenté sans que le *stock-argent monnayé* ait été accru. D'après lui, en 1831, ce stock représentait 46 millions de kilogr. valant 10,300 millions; il aurait représenté, en 1880, 46,700,000 kilogr. valant 10,500 millions. C'est une des remarques les plus importantes que nous devions à Neumann-Spallart. Il est probable que, sans garantir les chiffres, elle est fondée dans sa généralité. Elle tend à établir que, depuis longtemps, les besoins d'argent monnayé ont diminué et que la frappe d'argent s'est peu à peu amoindrie en même temps que la production augmentait. Les deux courants marchaient en sens contraire.

Tous les documents attestent que, depuis 1880, la frappe de l'argent a été, au contraire, augmentée, notamment aux États-Unis. Aussi M. Neumann-Spallart en a-t-il tenu compte par un accroissement du stock d'argent monnayé, de 1880 à 1883, de 682 millions : somme plus que double de l'accroissement d'argent monnayé de 1831 à 1880.

Au contraire, tandis que, de 1831 à 1880, la production de l'argent augmentait et que le stock monnayé n'augmentait pas, M. Neumann-Spallart admet, comme l'a admis M. Mulhall, que le stock d'or monnayé a été porté de 800,000 kilogr., d'une valeur de 2,790 millions, à 4,720,000 kilogr. d'une valeur de 16,162 millions. Ces faits suffisent pour caractériser une révolution monétaire.

On trouve, dans la situation monétaire de la France, la vérification de cette observation. De 1795 à 1883 il a été frappé, en France, pour une valeur de 5,519 millions d'argent. La moitié, au moins, de cette somme a quitté la France, car le stock argent monnayé de la France est moyennement estimé à 2,800 millions, chiffre probablement exagéré. La frappe, en France, il est vrai, a été suspendue depuis 1877, mais son fonctionnement jusqu'en 1880 n'aurait guère modifié les bases du calcul de M. Neumann-Spallart. Le fait, en 1877, du *statu quo* du stock monnayé d'argent était acquis.

Le compte rendu de M. Kimball, pour la frappe en 1884, vient compléter la démonstration. D'après ses relevés, la frappe de l'or aurait été de 99,559,240 dollars et celle de l'argent de 90,039,443 dollars. Sur cette dernière somme les pays producteurs d'argent ont frappé :

États-Unis.	28,534,866 dollars.
Mexique.	25,377,378 —
Japon.	3,688,724 —
Russie	1,020,786 —
Pérou.	1,400,749 —
	60,022,563 —

C'est-à-dire plus des 2,3 ; si on y ajoute la somme de 17,052.480 dollars frappée pour l'Inde, il ne reste pour les autres États qu'une somme insignifiante.

En 1885 la frappe s'est répartie de la manière suivante :

	OR.	ARGENT.
	liv. st.	liv. st.
États-Unis	4,972,221	5,769,792
Inde	9,723	5,790,000
Sydney-Melbourne.	4,397,547	70,459
Londres	1,702,240	522,570
Madrid.	502,613	762,344
Autriche-Hongrie	579,264	860,510
Allemagne.	407,446	121,357
Japon	468,100	1,173,900
France	11,576	31,180
Refontes : Londres, Sydney, Italie . .	1,310,371	397,336
Autres États et ensemble . . .	14,061,102	15,499,448

La production en 1885 n'est pas encore exactement connue, on sait seulement qu'elle a été au moins égale sinon supérieure à celle de 1884.

On remarque qu'en 1885 l'or et l'argent ont été principalement frappés par les États producteurs, sauf l'Inde. La quotité de la frappe d'argent au Mexique pour 1885 n'est pas encore connue.

CHAPITRE SIXIÈME.

De la répartition du stock monétaire.

Cette répartition ayant beaucoup d'importance, je crois utile de reproduire les tableaux dressés par divers statisticiens.

1° *Répartition du stock monétaire d'après M. Mulhall* (1).

ÉTATS.	1850.			1884.		
	Or.	Argent.	Total.	Or.	Argent.	Total.
	1,000 liv.st.	1,000 liv.st.	1,000 liv. st.	1,000 liv.st.	1,000 liv.st.	1,000 liv. st.
France	16,000	111,000	127,000	198,000	110,000	308,000
Grande-Bretagne	61,000	12,000	73,000	124,000	19,000	143,000
Allemagne.	10,000	40,000	50,000	75,000	45,000	120,000
Russie	6,000	10,000	16,000	30,000	12,000	42,000
Autriche	3,000	10,000	13,000	10,000	10,000	20,000
Italie.	17,000	11,000	28,000	30,000	10,000	40,000
Espagne, Portugal . . .	15,000	15,000	30,000	38,000	17,000	55,000
Belgique, Hollande . . .	6,000	16,000	22,000	26,000	25,000	51,000
États scandinaves. . . .	2,000	2,000	4,000	5,000	2,000	7,000
Autres pays	2,000	4,000	6,000	7,000	5,000	12,000
Europe	138,000	231,000	369,000	543,000	255,000	798,000
États-Unis.	34,000	6,000	40,000	130,000	50,000	180,000
Inde	4,000	55,000	59,000	63,000	215,000	278,000
Ensemble	176,000	292,000	468,000	736,000	520,000	1,258,000

(1) *History of prices*, p. 16.

2° Répartition du stock monétaire d'après M. Neumann-Spallart (1).

ÉTAT	OR-MONNAIE (1,000,000 marcs).		ARGENT-MONNAIE (1,000,000 marcs).		TOTAUX.	
	1880.	1883.	1880.	1883.	1880.	1883.
France.	3,893	3,643	2,511	2,508	6,107	6,151
États-Unis	1,576	2,600	640	1,037	2,216	3,637
Angleterre	2,503	2,200	389	380	2,892	2,580
Allemagne	1,450	1,645	881	902	2,337	2,547
Italie.	167	584	188	232	355	816
Belgique	181	288	269	266	450	554
Hollande.	84	56	243	255	327	331
Suisse	84	80	62	62	146	142
États scandinaves	83	189	47	43	130	182
Autres États d'Europe	1,540	1,200	1,600	1,700	3,140	2,900
Colonies anglaises (sauf l'Inde).	500	500	70	70	570	570
Autres États divers.	1,109	1,108	1,491	1,491	2,600	2,599
Ensemble	13,170	14,063	8,400	8,946	21,570	23,009

Les éléments de ces deux tableaux ne sont pas entièrement les mêmes. Néanmoins, ils peuvent donner lieu à de très intéressantes comparaisons (2).

1° Dans le premier, la masse monnayée or est évaluée 18,477 millions et dans le second à 17,500 millions : si on tient compte que le premier comprend en plus l'année 1884, la différence est peu importante ; quant à la masse monnayée argent elle est portée à 13 milliards dans le premier et à 11,184 millions, dans le second. Il existe, en effet, pour l'argent monnayé une assez notable différence entre les appréciations des statisticiens.

2° Le stock de la France est estimé, dans le premier : or, 4,950 millions, argent, 2,750 millions ; dans le second, or, 4,550 millions, argent, 3,135 millions, toujours avec une différence d'une année. La similitude est grande ; je ne serais pas éloigné de croire ces résultats quelque peu exagérés, surtout quant au montant de l'argent. Tels quels, ils permettent d'accorder une autorité réelle aux deux tableaux.

3° Tous les États ont accru leur stock d'or. En tête vient la France avec un accroissement énorme, 4,950 millions au lieu de 400 millions ; c'est à penser que la

---

(1) *Uebersichten*. p. 357.

(2) A la fin du xvii° siècle, Grégori a établi le stock monétaire composé des grands États. Voici ses chiffres principaux :

	Europe.	France.	Angleterre.	Hollande.
	En 1,000,000 livres sterling.			
Argent-monnaie	110	18	8,5	7
Or-monnaie	28	5	3	2
Lingots-or.	8	1,5	1	1,5
Vaisselle-plate	46	9	4	1,5
Églises.	20	3	0,2	0,1
Médailles	5	0,9	0,2	0,3
Usure	6	1,4	0,4	0,1
Divers	2	0,6	0,2	0,3
	225	39,4	17,5	12,8

Grégori évaluait la consommation annuelle à 3,154,000 liv. st.

Il portait à 45 millions de livres sterling le stock de l'Europe en 1508.

découverte des mines d'or a eu lieu spécialement pour elle ; son stock d'argent est resté le même ; son stock d'or a augmenté 12 fois, stock monnayé ; il est probable que l'accroissement des objets en or a dû être aussi très important. Au surplus, les chiffres du mouvement des métaux précieux en France (importations, exportations de 1848 à 1885) qui seront reproduits ci-après, expliquent cet accroissement.

J'insiste sur la portée de cette constatation, parce que je compte en tirer parti dans l'appréciation de la situation monétaire et la fonction monétaire de la France.

La France doit posséder 7 à 8 milliards de métaux précieux monnayés et de 9 à 10 milliards monnayés et non monnayés, dont 2/3 au moins or.

4° Après la France, c'est l'Angleterre qui possède le stock d'or le plus important, eu égard à la population, viennent ensuite les États-Unis, l'Allemagne et l'Inde. La supériorité monétaire de la France, malgré ses revers, est demeurée tout entière.

5° Pour l'ensemble des États, la crise de 1878-1882 (crise des exportations américaines) n'a pas sérieusement affecté leur condition monétaire : le stock or des États-Unis s'est accru de 1,300 millions de francs, sans que les autres États aient perdu. La France a perdu 150 millions d'or, l'Angleterre 300, divers autres États 425 millions. L'Italie, l'Allemagne, la Belgique, les États scandinaves ont regagné ces 825 millions. Il y a eu compensation.

6° Il suffit de parcourir, avec soin, ces deux tableaux pour suivre, depuis 1850, les mouvements monétaires : 1° accroissement immense de l'or ; 2° *statu quo* de l'argent en Europe ; 3° absorption par l'Inde de tout l'argent produit depuis 1850. Le tableau, dressé par M. Burchard, est plus détaillé que les précédents, mais il n'est pas comparatif. Il donne la situation la plus complète et la plus actuelle.

Cette situation a déjà été établie en analysant les résultats de la production et de la consommation depuis 1850.

3° Stock monétaire des États 1883-1884 d'après M. Burchard.

ÉTATS.	OR.	ARGENT.	TOTAL.	ÉTATS.	OR.	ARGENT.	TOTAL.
	1,000 dollars	1,000 dollars	1,000 dollars		1,000 dollars	1,000 dollars	1,000 dollars
France	815,000	694,900	1,412,900	Mexique	10,000	40,000	50,000
Inde	"	1,037,772	1,037,772	Portugal	30,000	10,000	40,000
États-Unis	610,500	262,000	872,500	Le Cap	30,000	2,100	32,100
Grande-Bretagne	584,500	95,000	678,500	Suisse	17,000	11,700	31,700
Allemagne	334,120	211,140	545,900	Cuba	28,000	"	28,000
Italie	140,000	72,000	212,000	Répub. Argentine	10,000	10,700	20,700
Espagne	134,000	70,000	200,000	Suède-Norvège	14,200	5,200	19,100
Russie	124,008	"	124,008	Danemark	13,600	5,000	18,600
Belgique	164,000	58,500	123,500	Algérie	9,300	6,000	15,300
Autriche	45,000	75,000	120,000	Canada	9,300	1,500	13,500
Hollande	28,000	57,000	85,000	Roumanie	160	11,340	11,500
Turquie	39,500	35,200	71,800	Grèce	2,700	2,700	5,400
Australie	65,000	5,000	70,000	Amérique centrale	2,300	400	2,700
	3,112,028	2,674,852	5,586,880		176,560	107,910	319,200

La prépondérance monétaire de la France ressort avec une évidence saisissante de ce tableau. Ce qui en ressort également, c'est la puissance du stock d'or monnayé dans huit États et la participation de tous les États à la circulation de l'or.

4° Répartition du stock monétaire d'après MM. Soetbeer et O. Haupt.

MM. Soetbeer et O. Haupt ont également dressé le tableau d'une répartition monétaire. Voici d'abord celui de M. Soetbeer (1) :

ÉTATS.	OR.	PROPORTION à la masse.	ARGENT.	PROPORTION à la masse.	PROPORTION des 2 métaux.
			En millions de marcs.		
Union latine	4,475	34.18	3,500	39.99	36.51
États-Unis	2,460	18.79	1,160	13.26	16.57
Angleterre	2,417	18.46	390	4.46	12.85
Colonies anglaises, sans l'Inde. .	400	3.06	60	0.69	2.11
Allemagne	1,572	12.10	892	10.19	11.28
Russie.	575	4.39	240	2.74	3.73
Autriche-Hongrie	200	1.53	300	3.43	2.29
États scandinaves	115	0.88	43	0.49	0.73
Hollande.	59	0.45	269	3.07	1.50
Autres États d'Europe et d'Amérique	818	6.25	1,827	21.68	12.43
	13,091		8,751		

Moins détaillé que les précédents, ce tableau masque la suprématie monétaire de la France.

Les résultats produits par M. O. Haupt (2) sont plus complets :

ÉTATS.	OR.	ARGENT.	APPOINT.	ÉTATS.	OR.	ARGENT.	APPOINT.
	En millions de francs.				En millions de francs.		
France.	4,450	3,500	250	Suisse	80	70	18
États-Unis.	3,240	1,135	390	Colon. hollandaises.	6	400	38
Angleterre	2,750	540	40	Canada.	80	30	»
Allemagne	2,300	560	555	Danemark	69	26	1
Inde.	»	4,000	»	Suède	63	22	1
Chine	»	3,750	»	Norvège	32	7	1
Russie	968	36	190	Cuba.	100	5	»
Espagne	470	420	180	Répub. Argentine .	75	15	»
Japon	470	220	»	Algérie.	55	40	20
Italie.	560	100	171	Finlande	22	12	1
Égypte.	675	70	17	Brésil	»	50	4
Australie.	550	37	»	Malte et Gibraltar .	40	10	»
Belgique	270	240	33	Bolivie.	»	16	»
Turquie	370	180	50	Colombie.	»	24	»
Portugal	230	50	11	Chili.	»	22	»
Autriche	200	300	70	Maurice	»	20	»
Hollande	132	315	16	Grèce	8	2	11
Straitts.	»	600	»	Haïti.	2	10	4
Mexique	20	240	»	Roumanie	15	47	30
Cap de B.-Espérance	170	12	»				
Ensemble. . . .	17,825	16,305	1,773	Ensemble. . . .	647	828	129

TABLEAU.

(1) *Materialien*, p. 80.
(2) *Histoire monétaire, in fine.*

5° *Répartitions comparées.*

ÉTATS.	O. HAUPT.		N. SPALLART.		MULHALL.		BURCHARD.	
	Or.	Argent.	Or.	Argent.	Or.	Argent.	Or.	Argent.
				En millions de francs.				
France	4,450	3,750	4,550	3,135	4,950	2,750	4,240	3,475
États-Unis.	3,240	1,525	3,150	1,391	3,250	1,250	3,052	1,310
Angleterre.	2,750	580	2,750	475	3,100	475	2,917	475
Allemagne.	2,300	1,115	2,056	1,127	1,870	1,120	1,667	1,057
Inde	»	4,000	»	»	1,575	4,375	»	5,188
Chine.	»	3,750	»	»	»	»	»	»
Russie	968	226	»	»	750	300	620	»
Italie.	560	271	730	290	750	250	700	360
Espagne.	470	600	»	»	»	»	650	350
Belgique	270	273	360	332	»	»	820	300
Japon.	470	220	»	»	»	»	»	»
Portugal.	230	61	»	»	»	»	150	50
Autriche	200	370	»	»	250	250	225	375
Australie	550	37	»	»	»	»	325	25
Hollande	132	331	70	318	»	»	140	285
Colonies hollandaises . .	6	438	»	»	»	»	»	»
Straitts	»	600	»	»	»	»	»	»
Turquie.	370	230	»	»	»	»	198	175
Égypte	675	87	»	»	»	»	»	»

Ce tableau comparatif permet de classer, dans un ordre régulier et irrécusable, les États, d'après leur fonction monétaire. La France occupe le premier rang, avec une supériorité marquée sur tous les autres peuples. Viennent ensuite les États-Unis et l'Angleterre, celle-ci n'occupant que le troisième rang que lui disputerait, au besoin, l'Allemagne.

L'Inde et la Chine tiennent le cinquième et le sixième rang. Seul, M. Mulhall a donné une approximation du stock d'or de l'Inde. L'importance monétaire de l'Inde se montre avec évidence dès que l'on tient compte de son stock d'or monnayé. Cette importance s'accroît encore si l'on considère le stock métallique d'or ou d'argent de l'Inde. Sur ce point, M. Soetbeer a donné, dans son dernier ouvrage, des renseignements d'un haut intérêt; il évalue à 2 milliards de marcs la quantité d'or monnayé et à 3 millions de marcs la quantité d'argent qui, depuis 1835, ont été thésaurisés, sous diverses formes, dans l'Inde. L'Inde possède donc un gros stock d'or; quant au stock métallique monnayé, de 1835 à 1883, il a été frappé dans l'Inde pour 5,200 millions de marcs argent (en roupies) et pour 2,300,000 mohurs d'or. Le mohur vaut 36 fr. 82 c.

Les autres États, même la Russie, n'occupent qu'une situation secondaire après les six grandes puissances monétaires.

J'aurai à reprendre l'examen et la discussion de ce tableau qui contient les éléments essentiels aux débats monétaires contemporains. Il saute aux yeux toutefois que la distribution des métaux précieux présente de grandes anomalies, telles que l'absence de l'argent dans un empire comme la Russie, l'absence de l'or en Chine, l'extrême pénurie métallique de l'Autriche. Ce sont, quant à présent, de simples remarques, quoiqu'elles aient une grande portée.

CHAPITRE SEPTIÈME.

Des besoins monétaires.

Trois éléments économiques, la population, le mouvement des importations et des exportations, la richesse générale, permettent de connaître, de mesurer et de comparer, avec une exactitude suffisante, les besoins monétaires (1). Je vais donc rechercher quels étaient, en 1850, les besoins monétaires et quels ils sont maintenant, en prenant, avec M. Mulhall l'année 1885 pour type, c'est-à-dire pendant la même période de 36 ans que j'ai déjà étudiée au point de vue monétaire, période d'une importance capitale dans l'histoire de notre siècle, exceptionnelle dans l'histoire moderne à raison précisément de ce fait que l'accroissement de la production des métaux précieux, de l'or principalement, a été aussi grand dans cette période que dans les 250 ans qui nous séparent du commencement du XVIIe siècle.

Dans les travaux comparatifs de cet ordre l'Afrique, beaucoup plus importante qu'on ne l'avait supposé, est ordinairement laissée de côté ; j'y ferai cependant entrer les États ou les territoires sur lesquels des renseignements certains ont pu être obtenus : l'Égypte, l'Algérie, le Maroc, les colonies anglaises de l'Afrique australe, Maurice et la Réunion. En ce qui concerne l'Asie, la plupart des États ou des territoires ont pu être compris.

Une division s'est imposée aux précédents statisticiens, cette division s'impose encore ; c'est le partage de tous les États, de tous les territoires en deux groupes : le groupe occidental dominé par la civilisation européenne et chrétienne, le groupe oriental, dominé par la civilisation proprement dite asiatique.

Pour chacun de ces groupes, les faits et les documents sont loin d'avoir la même précision, la même valeur ; c'est une distinction essentielle à faire, quoiqu'il n'y ait pas lieu d'en exagérer l'importance au point de vue des conclusions de cette étude.

§ 1er. — *Groupe occidental.*

I. Population, en 1,000,000 d'habitants.

ÉTATS.	1850.	1885.	ÉTATS.	1850.	1885.
Russie	59,8	88,8	Turquie	4,0	4,5
Allemagne	33,5	47,5	Suède	3,5	4,7
Autriche	30,2	39,2	Portugal	3,4	4,4
France	35,7	37,7	Hollande	3,2	4,2
Royaume-Uni	27,3	36,3	Suisse	2,4	2,9
Italie	20,2	29,3	Danemark	1,4	2,1
Espagne	14,0	16,6	Norvège	1,0	2,0
Belgique	4,3	5,7	Grèce	1,1	2,0
Roumanie	4,0	6,4	Serbie, Roumélie	2,6	4,9
Report	22,6	33,9	Monténégro, Bulgarie	»	2,2
Europe	251,6	341,4	*A reporter.*	22,6	33,9
États-Unis	23,2	57,0	Mexique	»	10,0
Canada	2,5	4,6	Autres États	»	3,0
Amérique centrale	7,0	13,0	Brésil	»	12,0
Amérique du Sud	24,1	28,3	Chili	»	2,5
Australasie	0,9	3,3	Pérou	»	3,0
Cap de Bonne-Espérance	1,0	2,0	Vénézuéla	»	2,0
Maurice et Bourbon	0,5	0,5	Cuba	»	2,0
Égypte	5,0	7,0	République Argentine	»	2,6
Alger et Tunis	4,0	4,8	Bolivie	»	2,4
Maroc	3,0	3,0	Équateur	»	1,0
	322,8	464,2	Paraguay	»	0,4
			Guyane	»	0,4
				»	41,3

(1) M. Victor Bonnet a fait, il y a vingt ans, une comparaison analogue entre les ressources et les besoins monétaires. Voir *Études monétaires*, p. 17.

Ainsi, dans le groupe occidental, la population, en 35 ans, a augmenté de 142 millions, soit 44 p. 100 ; c'est l'élément principal, surtout celui sur lequel on est le mieux fixé.

II. Mouvement commercial, en 1,000,000 de francs.

ÉTATS.	1850.	1881.	ÉTATS.	1850.	1881.
Royaume-Uni	4,825	17,150	Amérique centrale	»	»
France	2,700	9,457	Mexique	»	300
Allemagne	2,525	8,275	Colombie	»	555
Hollande	1,100	3,600	Honduras	»	20,3
Autriche	725	3,515	Costa-Rica	»	22,5
Belgique	875	2,900	Yucatan	»	»
Russie	900	2,850	San-Salvador	11	40
Italie	650	2,475	Nicaragua	»	17
Espagne et Portugal	500	1,850	Guatemala	5,5	36
Scandinavie	425	1,450	Haïti et San Domingo	»	42
Suisse	500	1,641	Porto-Rico	»	125
États danubiens	200	550	Cuba	»	300
Grèce	100	229	San-Domingo	»	27
Turquie	450	595	Antilles	»	30
Europe	16,475	56,537			1,514,8
États-Unis	1,700	7,200			
Dominion	400	1,100			
Amérique centrale	500	1,514			
	19,075	66,351	Brésil	80	730
Amérique du Sud		2,888	Guyane	»	3
Australasie		2,400	République Argentine	»	700
Cap de Bonne-Espérance		625	Uruguay	»	187
Maurice		165	Pérou	»	300
Égypte	1,275	522	Chili	60	657
Alger		405	Vénézuéla	»	187
Tunis		60	Bolivie	»	75
Maroc		38	Équateur	»	35
La Réunion		30	Paraguay	»	14
Totaux	20,300	73,484	Totaux		2,888

III. Richesse générale.

Il n'existe réellement d'évaluation directe de la richesse que pour trois États, la France, l'Angleterre et les États-Unis. Pour les autres États, avec une certaine réserve quant à l'Allemagne et l'Italie, les estimations manquent ; je n'ai pas hésité à prendre pour critérium comparatif de la richesse des États le montant des impôts qu'ils acquittent. En effet, bien qu'il y ait de notables différences entre les États relativement à la proportion de taxes que supportent les populations, bien que les unes soient plus taxées et les autres moins taxées, avec des ressources identiques, il est facile de reconnaître un rapport constant entre les ressources réelles des populations et les taxes qu'elles sont en mesure de subir ; c'est le moyen le moins imparfait à notre disposition pour évaluer la richesse comparative des États ; inutile de se dissimuler les incertitudes de ce procédé ; mais, pour la plupart des États, c'est encore l'un des moins inexacts, en dehors de la population et du mouvement commercial.

Toutefois, M. Mulhall a dressé, pour la période de 1880 à 1884, divers états comparés de la richesse des principaux peuples du groupe occidental. Plusieurs

— 29 —

éléments de ces états, notamment ceux qui concernent la France, peuvent être contestés. Leur ensemble n'en offre pas moins beaucoup d'intérêt.

Voici, d'abord, le tableau que j'ai établi des revenus et des taxes des principaux États en 1850 et 1884. Les chiffres de 1884 présentent peu d'incertitude, ceux de 1850 en offrent beaucoup, car les documents sur 1850 sont rares. Quoi qu'il en soit, ces chiffres attestent un progrès considérable de la taxation et par suite des ressources des peuples.

Revenus et taxes des principaux États en 1850 et 1884 (en millions de francs).

ÉTATS.	1850.	1884.	ÉTATS.	1850.	1884.
France	1,630	3,600	États-Unis	465	3,300
Royaume-Uni	1,650	3,100	Dominion	50	280
Allemagne	725	3,510	Mexique	46,2	143
Russie	850	2,200	Amérique centrale :		
Autriche	444	1,977	Colombie	4,5	30
Italie	650	1,850	Guatemala	3,9	29,2
Espagne	425	1,037	Costa-Rica	»	14,2
Belgique	148	340	San Salvador	»	21
Hollande	175	262	Honduras	»	32,5
Suède et Norvège	58,5	257	Nicaragua	»	9,6
Danemark	54,5	72,5	Cuba	»	156
Suisse	12,3	45,1	Porto-Rico	»	20
Portugal	82	175	San Domingo et Haïti	6	30
Grèce	20	73		14,4	342,5
États danubiens	»	84			
Roumanie	5,4	130	Amérique méridionale:		
Turquie	168	375	Brésil	85,7	370
Europe	7,087,7	19,087,6	Vénézuéla	13,7	30
Australasie	25,0	555	Équateur	»	9,1
Afrique :			Bolivie	6,5	17,5
Cap Natal	25,0	156	Pérou	54,7	250
Maurice	»	22	Chili	22	225
Égypte	75,0	191	République Argentine	20,5	162,5
Algérie	»	32,1	Uruguay	»	54,5
Tunisie	»	14,5	Paraguay	»	6,5
Ensemble	100	415,6		203,1	1,625,1
Europe	7,087,7	19,087,6	États-Unis	465	3,300
Amérique	778,7	5,690,6	Dominion	50	280
Afrique	100	415,6	Amérique centrale	11,4	342,5
Australasie	25	555	Mexique	46,2	143
	7,991,4	25,718,8		778,7	5,690,6

Très incomplet pour 1850, moins imparfait pour 1884, ce tableau présente néanmoins des résultats saisissants. L'accroissement de la taxation est considérable. Il est bien certain qu'en 1884 les divers peuples d'Europe, d'Amérique et d'Afrique ont acquitté pour plus de 25 milliards d'impôts, car dans le total accusé de 25,748 ne sont pas comprises toutes les taxes locales ou provinciales dont le relevé est des plus difficiles à obtenir. Ces taxes doivent porter le total à 28 ou 30 milliards. Sur cette masse la part de l'Europe doit être de 22 milliards, c'est un prélèvement énorme sur la production; un pareil prélèvement correspond à une très grande richesse.

M. Mulhall a résumé dans le tableau ci-après et réparti par tête, proportionnellement aux taxations de 1850 et de 1884, les résultats qui précèdent, du moins pour les principaux États du groupe occidental.

Taxations, dettes, dépenses des principaux États.

ÉTATS.	En 1,000,000 liv. st.			Schilling par tête.		En 1,000,000 liv. st.					
	Moyenne 1850-1869.	1884.	Augmentation. p. 100.	1850.	1884.	Proportion. 1850. p. 100.	1884. p. 100.	Dépenses. 1850.	1884.	Dettes. 1850.	1884.
France	78	142	82	35	74	100	211	60	141,6	182	995
Allemagne	37	103	179	17	44	»	258	28	193,1	40	334
Russie	39	92	136	13	20	»	151	42	92	90	555
Royaume-Uni	69	88	27	40	50	»	125	55	89	773	766
Autriche	38	71	87	26	39	»	150	39	71	125	508
Italie	31	62	100	31	41	»	131	31	62	86	438
Espagne et Portugal	27	42	55	20	41	»	205	18	42,8	130	437
Belgique et Hollande	15	23	53	»	»	»	»	13	22,8	30	162
Scandinavie	6	9	50	»	»	»	»	4	9,2	11	32
Europe	310	632	86	»	»	»	»	»	»	»	»
États-Unis	28	70	150	7	26	100	371	7	50,8	48	305
Australie	3	23	360	30	118	100	493	1	23	»	116
Canada	5	7	133	16	30	100	188	2	6	»	38
Mexique	»	»	»	»	»	»	»	4	4	»	»
Brésil	»	»	»	»	»	»	»	5	11,4	»	»
Colonie du Cap	»	»	»	»	»	»	»	1	5	»	»
Égypte	»	»	»	»	»	»	»	3	8,4	»	113

Ce tableau se compose d'éléments très divers. Les taxations sont incomplètes ; les impôts locaux, devenus si importants, n'y figurent pas pour tous les États, notamment pour la France, l'Angleterre ou qu'incomplètement. Tel qu'il est néanmoins, il donne une idée assez exacte de la progression de la richesse d'après celle des impôts, des dépenses et des dettes de divers peuples.

En les rapprochant du tableau suivant, dont les éléments ont été empruntés aux divers livres de M. Mulhall, notamment (*the Balance sheet of the World* et *history of prices*), on peut comparer le mouvement d'accroissement de la richesse avec l'accroissement de la frappe et de la circulation des métaux précieux.

ÉTATS.	RICHESSE.					
	1870.		1880.		1884.	
	1,000,000 liv. st.	Par tête.	1,000,000 liv. st.	Par tête.	1,000,000 liv. st.	Par tête.
Angleterre	8,510	261	8,960	260	8,720	219
France	7,122	187	7,417	201	8,060	218
Allemagne	5,350	141	6,075	135	6,323	110
Russie	3,290	41	3,510	44	4,343	53
Autriche	2,830	79	3,050	78	3,613	95
Italie	1,750	66	1,860	65	2,351	82
Hollande	1,080	303	1,130	283	987	210
Belgique	900	178	940	168	806	145
Espagne	1,210	76	1,373	82	1,503	93
Portugal	255	61	272	65	371	88
Suède et Norwège	683	115	788	113	977	148
Danemark	310	190	350	178	346	198
Turquie	750	31	760	31	»	»
États-Unis	6,320	161	7,880	158	9,195	190
Australie	316	190	490	172	590	197
Canada	501	138	636	148	650	148
Afrique du Sud	71	80	98	72	»	»
Amérique du Sud	900	36	950	37	»	»
Inde	»	»	»	»	»	»
Ensemble	42,071	112	46,519	113		
Suisse	»	»	»	»	324	118
Grèce	»	»	»	»	211	125
Mexique	»	»	»	»	638	90
Républ. Argentine	»	»	»	»	332	130
					50,750	133

ÉTATS.	STOCK MONÉTAIRE.						FRAPPE.		
	1850. 1,000,000 liv. st.			1884. 1,000,000 liv. st.			1870-1884. 1,000,000 liv. st.		
	Or.	Argent.	Total.	Or.	Argent.	Total.	Or.	Argent.	Total.
Angleterre	61	12	73	124	19	143	40	6,5	47,1
France	16	111	127	198	110	308	32,1	19,3	51,4
Allemagne	10	40	50	75	45	120	87,2	21,1	108,3
Russie	6	10	16	30	12	42	25	10	35
Autriche	3	10	13	10	18	20	5	15	20
Italie	17	11	28	30	10	40	1,5	12,5	14
Hollande	6	16	22	26	25	51	29,5	9,7	39,2
Belgique									
Espagne	15	15	30	38	17	55	»	»	»
Portugal									
Suède et Norwège	2	2	4	5	2	7	2,2	2,1	4,3
Danemark									
Turquie	»	»	»	»	»	»	»	»	»
États-Unis	34	6	40	130	50	180	80,4	31,4	111,5
Australie	»	»	»	»	»	»	27,4	»	27,4
Canada	»	»	»	»	»	»	»	»	»
Afrique du Sud	»	»	»	»	»	»	»	»	»
Amérique du Sud	»	»	»	»	»	»	»	»	»
Inde	4	55	59	63	215	278	1	35	38,1

Bien que le parallélisme soit général, il est surtout très accusé pour les États-Unis, l'Angleterre et la France, sur lesquels on possède les renseignements les plus complets.

	1850.	1850.		1881.	1881.	
	Richesse.	Or.	Argent.	Richesse.	Or.	Argent.
	1,000,000 liv. st.	1,000,000 liv. st.		1,000,000 liv. st.	1,000,000 liv. st.	
États-Unis.	1,686	34	6	9,495	130	50
Angleterre.	5,160	61	12	8,720	124	19
France	3,170	16	111	8,060	198	110
Ensemble	10,016	111	129	26,275	452	179

Ainsi la richesse a augmenté de 160 p. 100 et le stock or de plus de 300 p. 100 dans ces trois États, aussi l'argent n'a-t-il augmenté que de 60 p. 100. En France, la richesse a augmenté de 160 p. 100, et le stock or de plus de 2,000 p. 100, l'argent est resté stationnaire.

§ 2. — *Groupe oriental.*

Les faits et les renseignements laissent encore bien plus à désirer quant aux États compris dans le groupe oriental. Tels que je peux les présenter, ils offrent cependant une réelle utilité au point de vue des besoins monétaires, soit à raison des relations commerciales de plus en plus actives entre les deux groupes, soit à raison de l'influence que ces relations exercent actuellement sur la condition économique de l'Europe.

I. Population en 1,000,000 d'habitants.

ÉTATS.	1850.	1884.	ÉTATS.	1850.	1884.
Chine (1)	»	404,000	Turquie	»	17,500
Inde	110,000	254,000	Russie d'Asie	»	16,000
Indo-Chine	»	40,000	Perse	»	7,600
Japon	»	36,700			»
Colonies hollandaises.	»	20,500			»
Colonies espagnoles	»	7,000			»
Ensemble.		762,200	Ensemble.		40,100

II. Mouvement commercial.

ÉTATS.	1850.	1884.	ÉTATS.	1850.	1881.
		1,000,000 fr.			1,000,000 fr.
Chine	»	1,000	Turquie	»	700
Inde	»	4,000	Russie d'Asie	»	»
Japon	»	320	Perse	»	37
Indo-Chine	»	100			»
Straits Settlants.	»	967			»
Colonies hollandaises.	»	687			»
Colonies espagnoles	»	400			»
Ensemble.		7,474	Ensemble.		737

(1) Dans ce total sont comprises toutes les dépendances de la Chine. Quant à la Chine même, les opinions varient de près de 60 millions d'habitants en ce qui est de la population des 18 provinces proprement chinoises. (Mémoire de Sir Richard Temple, *Statistical Society of London*. mars 1885.)

III. Richesse générale.

Pour le groupe oriental, les impôts seuls peuvent donner quelque idée de la richesse générale et de sa progression.

	1850.	1884.		1850.	1884.
	1,000,000 fr.			1,000,000 fr.	
Chine	1,250	750	Turquie	»	»
Inde (1)	700	1,782	Russie d'Asie.	»	»
Japon	»	375	Perse	»	47
Indo-Chine.	»	80			»
Colonies hollandaises. .	»	317			»
Colonies espagnoles . .	»	58			»
Ensemble. . . .	»	3,362			»

Ainsi les populations de l'Extrême-Orient s'élèvent à 800 millions d'habitants qui ne supportent probablement pas au delà de 4 milliards d'impôts, avec un mouvement commercial de 7 à 8 milliards de francs ; lorsque les 340 millions d'Européens acquittent cinq fois plus d'impôts au moins quoique deux fois moins nombreux et que le mouvement commercial de l'Europe excède 56 milliards. La valeur économique d'un Européen est égale à celle de 10 Orientaux. Le mouvement commercial de 38 millions de Français dépasse de 20 p. 100 celui des 800 millions d'Orientaux. Ils acquittent autant d'impôts qu'eux ; 38 millions équivalent à 800 ; un Français a la production fiscale de 24 Orientaux.

La conséquence monétaire est claire : plus pauvres, beaucoup plus pauvres que les Européens, les Orientaux sont condamnés, par une sorte de loi fatale, à l'emploi d'instruments monétaires en rapport avec leur pauvreté, l'argent est rejeté vers l'Extrême-Orient par le même courant qui déverse l'or en Europe et, en Europe, chez les peuples les plus riches.

§ 3. — *De la progression des besoins monétaires depuis* 1850.

Il résulte des documents et des chiffres relatifs aux progrès de la population, du mouvement commercial et de la richesse générale dans le groupe occidental que, de 1850 à 1885, une augmentation considérable a eu lieu et que par conséquent les besoins monétaires sont beaucoup plus étendus.

L'augmentation de la population a été de 44 p. 100 ; celle du mouvement commercial a été de 264 p. 100 ; celle de la richesse générale, d'après l'accroissement des impôts, ne peut être évaluée, très approximativement, au-dessous de 150 p. 100.

Dans un mémoire (2) sur l'accroissement de la richesse en France, j'ai établi que cet accroissement avait été de 100 p. 100 en Angleterre de 1842 à 1882 ; de 160 p. 100 en France ; de 480 p. 100 aux États-Unis, proportions qui se rapprochent beaucoup de celles indiquées par M. Mulhall. Ces résultats concordent

---

(1) Dans un mémoire, communiqué à l'Académie des sciences morales et politiques, M. Barthélemy Saint-Hilaire a évalué l'ensemble des impôts de l'Inde à 1,900 millions de francs plus les impôts provinciaux et locaux.

(2) Fascicule du *Journal de la Société de statistique* du 31 décembre 1885.

d'assez près avec ceux de l'accroissement de l'impôt par tête : 120 p. 100 en France ; 890 p. 100 aux États-Unis, y compris les impôts locaux dont l'augmentation a été très considérable.

Il faut tenir compte également des progrès de la richesse en Russie, au Canada, en Australie. En Australie ces progrès sont encore plus grands qu'aux États-Unis.

Il est beaucoup plus difficile de présenter des conclusions quant au groupe oriental. Les chiffres comparatifs sont très incomplets ou font entièrement défaut. On ne possède des éléments sérieux que pour l'Inde.

Les chiffres que j'ai réunis suffisent néanmoins pour montrer l'énorme infériorité du groupe oriental. Le commerce entier de ce groupe, comprenant 800 millions d'habitants, est inférieur à celui de la France. Il faut tenir compte de cette infériorité quand on introduit, dans l'examen du problème monétaire, l'influence du groupe oriental.

Néanmoins, il ne semble pas téméraire d'affirmer que les besoins monétaires du groupe oriental ont plutôt augmenté que diminué, que les États formant ce groupe sont en voie de progrès à raison même de l'augmentation de leurs rapports avec le groupe occidental et que, dans l'avenir, leur influence monétaire, comme leur influence économique, semble appelée à grandir encore.

CHAPITRE HUITIÈME.

L'accroissement des besoins monétaires et l'accroissement des métaux précieux comparés.

Dans cette comparaison, afin de serrer de plus près le débat, je laisserai provisoirement de côté le groupe oriental, sauf à y revenir plus loin.

J'ai montré que les divers éléments de la circulation monétaire pouvaient être considérés comme ayant augmenté : population 44 p. 100 ; richesse 150 p. 100 ; mouvement commercial 264 p. 100. De ces trois éléments le premier est le plus important ; c'est le facteur essentiel. La richesse n'influe pas aussi directement que la population sur les besoins monétaires ; il en est de même du mouvement commercial, soit parce que ce mouvement a lieu avec plus de rapidité, soit parce que d'autres instruments que la monnaie métallique sont mis à sa disposition. Il semble qu'en adoptant la moyenne de 150 p. 100 pour le chiffre de la progression des besoins monétaires depuis 1850, on se tient dans une juste limite ; c'est le chiffre moyen des trois facteurs. Il est plutôt trop élevé qu'insuffisant.

Rapprochons de ce résultat les chiffres relatifs à l'accroissement des métaux précieux et du stock monnayé :

1° *Stock des métaux précieux ;* de 1850 à 1885, il est passé :

Or, de 15,750 millions à 37,600 millions ; accroissement 140 p. 100.

Argent, de 33,750 millions à 38,750 millions ; accroissement 14 1/2 p. 100.

2° *Stock monétaire :*

Or, il est passé de 5,125 millions à 18,400 millions ; accroissement 251 p. 100.

Argent, de 7,750 millions à 13 milliards ; accroissement 66 p. 100.

Ainsi le stock monétaire or a augmenté de 251 p. 100 tandis que la proportion d'accroissement des besoins monétaires n'a été que de 150 p. 100. Ce fait, tout à fait remarquable, explique pourquoi le stock monétaire argent n'a augmenté que de 66 p. 100, c'est que l'or suffit aux besoins. Si l'on prend comme expression de l'intensité des besoins monétaires, le prorata d'accroissement du mouvement commercial 264 p. 100, on constate que ce prorata est de très peu inférieur à celui de l'accroissement du stock d'or monnayé 251 p. 100.

Il importe, en outre, de tenir compte d'un fait important, surtout à l'égard de l'or. Non seulement le stock de l'or a augmenté de 140 p. 100, mais la proportion d'accroissement monnayé est supérieure 251 p. 100. Ce mouvement est significatif : il indique nettement que la fonction monétaire de l'or s'est accrue, en même temps que se développait la production. J'ai déjà relevé le fait, qu'en 1850, l'or monnayé représentait 48 p. 100 du stock d'or non monnayé et qu'il en représentait 95 p. 100 1/2 en 1885.

L'argent n'a pas eu la même fortune. Le stock ne s'est accru que de 14 ¹/₂ p. 100 et le stock monnayé n'a augmenté que de 66 p. 100 ; c'est que l'or satisfaisait aux besoins.

CHAPITRE NEUVIÈME.

Des instruments monétaires auxiliaires.

L'or a pu d'autant plus facilement satisfaire aux besoins monétaires, qu'il a été aidé dans cette fonction par le développement des instruments monétaires auxiliaires. Ces instruments monétaires sont de plusieurs sortes : 1° les encaisses des grandes banques ; 2° la circulation fiduciaire ; 3° les chèques ; 4° les clearing-houses ; 5° les mandats postaux et télégraphiques. Le concours que ces divers instruments monétaires apportent au mouvement général des affaires est immense. D'un côté, en ce qui concerne les encaisses des banques, la circulation fiduciaire et les mandats postaux, il a été réalisé, depuis 1850, des progrès plus grands que ceux de la production monétaire. D'un autre côté, les chèques, les clearings et les mandats télégraphiques sont de nouveaux instruments, inventés et pratiqués depuis 1850.

Il est nécessaire de les passer très rapidement en revue pour indiquer leur puissance (1).

§ 1ᵉʳ. — *Encaisses des Banques.*

Les espèces d'or et d'argent composant les encaisses des banques se confondent avec le stock d'or, monnayé ou en barres, dont il a été question ; elles ne l'aug-

---

(1) Sur la fonction et l'importance monétaires des instruments auxiliaires, consulter : Neumann-Spallart, *Uebersichten*, 1884, p. 375 et suiv. ; Stanley Jevons, *De la Monnaie*, chapitres xx, xxi, xxii et xxiii — notamment le paragraphe intitulé : *Dans quelle proportion se font les paiements en numéraire.* — Voir également une lettre de M. Knox, *Banker's american Magazine*, décembre 1885.

mentent pas, mais elles en accroissent la puissance dans une proportion difficile à déterminer. Il est clair qu'au point de vue monétaire 4 milliards disséminés sur le continent européen dans les millions de tiroirs particuliers ne sont pas aussi faciles à remuer que 4 milliards accumulés dans les banques des principaux États où ils se trouvent toujours disponibles. Ils composent une armée prête à marcher, les autres ne sont que des soldats épars. Le développement des encaisses des banques, depuis 1850, a été très considérable.

La statistique des encaisses de banques est difficile à dresser. J'ai essayé d'établir une situation aussi complète que possible de ces encaisses. A cet effet, j'ai divisé les banques en deux séries : 1° banques principales; 2° banques diverses.

I. Encaisses des banques principales et des trésors des États.

Les éléments de ce premier tableau ont été, en partie, empruntés aux travaux de MM. Soetbeer, Neumann-Spallart, Mulhall, O. Haupt, Cannon et Knox et complétés au moyen de publications officielles. Les grands États font aujourd'hui fonction de banques; ils possèdent tous des encaisses considérables comme celles du Trésor en France et de ses 20,000 dépendances. Il fallait donc leur donner une place dans ce tableau.

BANQUES.	1850.	1870.	1871.	1877.	1880.	1883.	1885.
				En millions de francs.			
Banque de France	450	1,146	1,146	2,193	1,968,7	1,964,5	2,242,8
Banque d'Angleterre . . .	400	519	557,5	634	693	540	502,8
Banque d'Allemagne . . .	»	495	930,5	677,5	768,7	903,7	782,5
Banque russe d'État. . . .	»	603,7	932,5	726,5	691,4	692,5	864,5
Banque austro-hongroise. .	»	285	350	384	430,3	498	487,5
Banques de New-York. . .	»	106,1	111,1	112,5	571,7	557,5	455
Banque néerlandaise . . .	167,7	»	288,7	267,3	297,5	245,4	287,3
Banque de Belgique. . . .	»	95,6	118,2	99,2	98,7	95,3	96,4
Banque de Norvège	11,3	33,1	25,2	27,6	43,4	46,3	40,6
Banque de Danemark . . .	20,2	39,3	67,7	52,4	77,6	72,2	65,7
Banque d'Italie.	»	245,7	201,9	149,3	174,9	319,5	207,6
Banque de Suède.	25,6	43,3	17,2	22,7	20,9	20,8	»
Banque d'Espagne	»	»	»	»	»	»	164,5
Trésors de divers États . .	»	587	496	315	981,5	1,710	1,710
Banque de Portugal. . . .	»	»	»	»	»	»	8
Banque de Roumanie . . .	»	»	»	»	»	»	34
Banque ottomane.	»	»	»	»	»	»	35,5
Banque de Java.	»	»	»	»	»	»	61
Banque de Grèce.	»	»	»	»	»	»	7
Banque du Mexique. . . .	»	»	»	»	»	»	25
Banque de l'Algérie. . . .	»	»	»	»	»	»	27

II. Encaisses des banques diverses.

Les époques auxquelles remontent les relevés de ces encaisses étant différentes, elles ont été indiquées pour chaque banque.

BANQUES.	ÉPOQUES.	ENCAISSES.
		1,000,000 fr.
Banques françaises	Décembre 1885.	246,2
Banques anglaises	Octobre 1885.	3,308
Banques des États-Unis	Décembre 1885.	»
Banques nationales	»	870
Private	»	156,2
Banques suisses	Décembre 1884.	46,8
Banques suédoises	Juin 1885.	11,1
Banques italiennes	Décembre 1884.	130
Banques allemandes . . . . •	»	104
Banques d'Australie	1884	248,5
Banques de l'Inde	1884 (Mulhall).	2,500
Banques de la République Argentine . .	1884 (dito).	250
Banques du Canada	»	32
Banques du Japon	»	»
Banques coloniales françaises	»	12,5
Banques hollandaises	»	»
Banques belges	»	26
Banques russes	»	134,9

§ 2. — *Circulation fiduciaire.*

Si, depuis 1850, la circulation fiduciaire a été limitée dans quelques États du groupe occidental, notamment en Angleterre et aux États-Unis, elle a, au contraire, pris un très grand accroissement dans les autres, surtout dans l'Europe continentale. M. Neumann-Spallart en estimait le montant, au 31 décembre 1883, à 7,090 millions de marcs ou 8,862,500,000 fr. M. Haupt a élevé ce chiffre, au 31 décembre 1884, à 9 milliards 100 millions. Ces résultats sont nets de la portion de la circulation fiduciaire, non couverte par le numéraire.

M. Burchard a dressé un tableau plus complet qui indique, pour la plus grande partie des États au 31 décembre 1883, pour les autres à diverses dates de 1884, l'ensemble de leur circulation fiduciaire et monétaire, le prorata par tête de cette double circulation, le montant du numéraire accumulé dans les banques (1). Ce tableau constate qu'au 31 décembre 1883 la circulation monétaire de la plupart des États (la Chine et la Perse exceptées) montait approximativement à 6,048,217,916 dollars, dont 3,293,606,836 or et 2,754,611,080 argent, et la circulation fiduciaire à 3,943,746,608 dollars, soit en francs au change de 5.35.

Circulation monétaire, or	17,661,545,978 fr.
Circulation monétaire, argent	14,737,169,274
	32,398,715,252
Circulation fiduciaire	21,099,044,352
Ensemble	53,497,759,604

Ainsi, d'après ce tableau, la circulation monétaire, la Chine non comprise, représenterait à peu près 41 p. 100 du stock des métaux précieux.

Ce même tableau fournit deux renseignements non moins intéressants, le prorata par tête de chaque circulation. Le prorata monétaire de la France, quant aux grands États, vient en première ligne avec une différence considérable. Il y a de nombreuses conséquences à déduire des divers prorata ; elles seront utilisées dans

(1) Comparer le mémoire de M. Biddulph Martin, publié par l'*Instilul of Bankers* de Londres, 1880 ; c'est l'un des meilleurs travaux sur la circulation fiduciaire.

Tableau de la circulation fiduciaire et monétaire comparée des divers États.

ÉTATS.	POPULATION. Années.	POPULATION. Totaux.	DATES des relevés.	CIRCULATION Dollars. fiduciaire.	CIRCULATION Dollars. monétaire.	ENSEMBLE.	PRORATA PAR TÊTE. Dollars. Papier.	PRORATA PAR TÊTE. Dollars. Monnaie.	ENCAISSES des Banques et Trésors. Dollars.
France	1881	37,672,018	18 sept. 1881	518,061,912	1,412,900,000	1,930,961,912	11,35	38,30	402,939,751
États-Unis	1880	50,155,783	1er oct. 1883	873,126,756	872,500,000	1,745,325,755	17,41	19,39	531,033,071
Inde anglaise	1881	252,541,210	31 déc. 1883	62,385,126	1,037,000,000	1,099,385,126	0,24	4,19	78,358,009
Iles Britanniques	1881	35,246,562	28 juillet 1884	197,818,169	678,500,000	876,318,169	5,61	19,25	151,182,691
Allemagne	1880	45,235,061	31 déc. 1883	279,573,023	545,900,000	825,473,023	6,18	12,06	181,706,671
Russie	1881	98,325,000	15 août 1884	522,123,611	121,008,253	643,031,794	5,31	1,26	124,068,153
Italie	1881	28,452,639	30 juin 1881	321,548,521	212,000,000	533,548,521	11,39	7,57	69,557,358
Autriche-Hongrie	1880	35,889,128	15 sept. 1884	311,616,574	120,000,000	431,616,574	8,69	3,36	98,431,401
Espagne	1877	16,825,660	30 août 1881	70,812,110	200,000,000	270,812,110	4,32	22,03	27,223,359
Japon	1883	36,700,110	31 déc. 1883	112,411,033	136,333,712	248,744,805	3,06	3,71	28,186,973
Belgique	1881	5,585,846	11 sept. 1881	62,826,515	123,500,000	186,326,515	12,11	21,0	17,591,120
Hollande	1883	4,172,921	15 sept. 1884	78,847,919	85,000,000	163,847,919	11,20	20,37	55,111,122
Brésil	1882	11,851,526	31 déc. 1883	159,871,255	—	159,871,255	11,82	—	—
Australasie	1881	2,748,808	dito	26,010,722	70,000,000	96,010,722	9,04	25,04	48,737,857
Turquie	1881	21,957,000	dito	8,515,976	71,800,000	83,315,976	0,51	3,0	11,520,040
Cuba	1877	1,391,516	dito	44,862,543	28,161,000	73,013,543	32,17	23,40	11,181,543
République Argentine	1880	2,516,000	dito	59,651,860	20,720,000	71,371,850	19,91	8,15	11,196,461
Dominion	1881	4,565,563	30 juin 1881	45,770,081	15,826,000	59,596,081	10,15	3,07	9,111,118
Suisse	1881	2,846,102	4 sept. 1884	21,180,731	31,700,000	53,180,731	7,55	7,11	11,609,618
Mexique	1880	9,787,629	30 juin 1883	2,018,529	50,000,000	52,018,529	0,21	5,23	1,763,008
Portugal	1878	4,160,690	31 déc. 1883	6,367,640	10,000,000	46,367,640	1,40	8,79	11,718,871
Suède et Norwège	1880	6,473,168	dito	23,623,292	19,135,151	43,058,443	5,65	3,0	12,710,975
Danemark	1880	2,096,400	dito	20,334,900	18,894,000	39,228,000	9,70	9,0	11,070,090
Cap de Bonne-Espérance	1884	754,747	dito	5,637,900	32,141,000	58,078,900	7,22	41,54	5,092,000
Chili	1876	2,129,500	dito	26,555,311	6,000,000	32,555,311	10,97	2,17	2,398,000
Grèce	1882	1,393,423	dito	23,739,000	5,404,000	29,143,000	12,0	2,73	1,889,000
Algérie	1877	2,867,626	dito	12,352,000	15,215,000	27,567,000	1,39	5,34	5,561,476
Roumanie	1884	5,476,000	dito	15,822,583	11,550,000	27,372,583	2,31	2,15	3,995,298
Pérou	1876	3,060,000	dito	13,098,520	1,882,000	14,980,820	4,29	0,62	1,882,018
Uruguay	1884	435,215	dito	5,986,000	5,601,000	11,587,000	13,66	12,28	4,601,000
Bolivie	1876	2,325,000	dito	1,598,533	5,104,000	6,908,533	0,65	2,32	443,597
Colombie	1884	3,900,000	dito	1,997,930	1,401,000	5,097,834	0,56	1,37	200,000
Amérique centrale	1884	2,801,000	dito	2,089,861	2,602,000	1,701,861	0,69	0,93	—
Haïti	1877	572,000	dito	—	4,780,000	4,780,000	—	8,36	—
Iles Philippines	1883	4,130,191	dito	1,293,000	2,898,000	4,198,000	0,27	0,67	3,765,677
Vénézuela	1884	2,075,115	dito	559,704	2,121,000	2,682,700	0,27	1,02	—
Ceylan	1883	2,758,166	dito	1,563,300	772,000	2,335,000	0,57	0,28	1,273,800
Hawaï îles	1882	76,335	dito	355,000	1,459,000	1,834,900	5,01	22,11	808,200
Guadeloupe	1875	182,866	dito	945,750	632,000	1,627,750	5,21	3,52	561,935
Totaux.				5,973,745,608	6,048,217,946	9,991,961,524			1,959,571,731

d'autres parties de ce mémoire. Enfin plus de 10 milliards sont accumulés en numéraire dans les banques ou les caisses publiques, soit près du tiers de la circulation monétaire. Ce renseignement confirme ce qui a été établi plus haut sur les encaisses des banques; une enquête, accomplie en mai 1885, par les soins de M. de Foville, sur les ordres du ministre des finances, a attesté l'importance de la fonction de la circulation fiduciaire à l'égard de la circulation monétaire. Les caisses de l'État, vérifiées le même jour, au nombre de 20,000, contenaient 17,108,315 espèces et 35,737,720 billets de banque. La proportion est très élevée; elle est un indice dont il faut tenir compte. Le rôle de la monnaie fiduciaire est considérable. La nécessité de la monnaie métallique en est, par suite, amoindrie.

Dans le *Dictionnaire de statistique*, M. Mulhall évalue à 18,525 millions la circulation fiduciaire des banques et à 8,125 millions le montant de leurs encaisses; ces chiffres ne s'éloignent pas sensiblement de ceux de M. Burchard, M. Burchard ayant compris dans la circulation fiduciaire les sommes afférentes au papier-monnaie des divers États.

M. Mulhall, relativement à la force de concentration d'influence des banques (*Banking power*), a produit quelques autres chiffres comparatifs d'un haut intérêt.

BANQUES.	CAPITAL ET DÉPOTS (1,000,000 liv. st.).		CAISSES D'ÉPARGNE.	DÉPOTS (1,000,000 liv. st.).	
	1850.	1885.		1850.	1885.
Angleterre	260	840	Angleterre	30	90
Autres peuples de l'Europe.	330	1,052	Allemagne	5	110
			France	3	74
États-Unis	212	530	Autriche	19	88
Colonies d'Europe . .	20	175	Divers	11	91
	822	2,597	Europe	68	453

Sans doute, en France, les caisses d'épargne n'ont pas d'action économique et monétaire ; mais il n'en est pas de même dans les autres États, surtout en Allemagne, en Autriche, en Italie et aux États-Unis.

§ 3. — *Mandats postaux.*

La poste tend, de plus en plus, à devenir un instrument monétaire; elle change de caractère; les services qu'elle rend aux affaires, à toutes les branches de la production, se développent dans tous les États. Ses bureaux sont des caravansérails : on y fait sa correspondance, on y traite des affaires. Les sommes qu'elle expédie et celles qu'elle reçoit s'augmentent; elle prend les caractères d'une banque, elle est devenue une caisse d'épargne considérable, dans la plupart des États. Elle délivre des mandats qui sont des chèques; elle en délivre même qui sont des billets de banque. Plusieurs capitalistes s'étaient réunis à Londres pour fonder une banque de chèques : *the cheque Bank*. La concurrence des *Postal orders* leur a enlevé la plus grande partie de leurs bénéfices. Le bon de poste tend à prendre une grande importance. « Le bon de poste ouvert qui s'obtient, sans de lentes formalités, s'en« caisse de même à tous les bureaux de poste, répond à tous les besoins du public « en ce qui est de la facilité de transmettre de petites sommes d'un bout du pays à « l'autre. Non seulement l'administration des postes anglaises a créé un nombre « suffisant de coupures pour qu'on puisse composer facilement le montant qu'on

« désire envoyer, mais, en outre, en autorisant l'apposition des timbres-poste sur le
« bon même, elle a tranché la difficulté des montants rompus et des appoints (1). »
En 1869, les mandats postaux, délivrés en France, étaient au nombre de 5,659,090
représentant une valeur de 164,435,061 ; en 1884, ils se sont élevés à 18,505,886,
d'une valeur de 576,262,659 (2).

A côté des mandats territoriaux, il faut placer les mandats internationaux qui ont
passé du chiffre de 165,505 pour 8,114,269 de francs à 1,327,010, en 1883, pour
71,220,798 ; 1884, 1,333,565 pour 69,713,096.

Même accroissement en Angleterre. Les *Postal orders* qui, en 1881, étaient au
nombre de 646,989 pour 292,151 liv. st., ont représenté, en 1885, 7,885,347 liv. st.
avec 18,831,164 orders.

§ 4. — *Les chèques.*

Le chèque est un véritable instrument monétaire. Il ne peut être délivré qu'avec
provision ; il est entouré de garanties particulières. Il a considérablement facilité
les affaires, réduit les besoins de la circulation fiduciaire comme ceux de la circulation monétaire. D'après M. Mulhall, les chèques, payables par mois à Londres et à
New-York, dépasseraient en importance 31,750 millions. La proportion des affaires
traitées à Londres par chèque serait de 93.2 contre 6.8 ; notes et espèces (3).

Les valeurs proprement dites de commerce, effets et lettres de change, ne remplissent pas la même fonction (4), je retiens néanmoins le fait constaté par M. Neumann-Spallart que, de 1868 à 1883, le montant des valeurs escomptées par les
principales banques (Angleterre, France, Allemagne, Belgique, Hollande, États-
Unis, Autriche) avait progressé de 5,240 millions à 10,200 millions.

§ 5. — *Les Clearing-Houses.*

Des instruments monétaires nouveaux, le clearing-house ou chambre de compensation est le plus brillant, mais le moins connu en France (5). Les services qu'il
rend aux États-Unis et en Angleterre sont immenses, aussi les clearings tendent-ils à
se propager partout.

États-Unis. Le premier clearing a été établi aux États-Unis en 1853 ; on en
compte actuellement 31. Leurs opérations ont représenté 305 milliards en 1882,

---

(1) *Économiste français*, 1885, n° 14. Sur la *Banque de chèques*, voir Stanley Jevans, *De la Monnaie*, chap. xxii.

(2) Les actes et tarifs du Congrès de Lisbonne, appliqués depuis le 1ᵉʳ avril 1886, ont encore augmenté
l'usage des mandats internationaux. Les sommes transmises et garanties peuvent s'élever à 10,000 fr.
par envoi.

En Belgique, la poste accepte de faire les encaissements de coupons et des titres amortis.

(3) *Dictionnaire de statistique*. p. 80. — Voir Stanley Jevons, *la Banque des chèques. De la Monnaie*, chapitre xxii.

(4) Le *Journal des Économistes* a publié (avril 1852) une traduction d'un mémoire de M. Newmarck,
sur la circulation des lettres de change en Angleterre. Cette circulation aurait, en moyenne, représenté
91,985,000 liv. st. de 1828 à 1831 et 132,021,000 liv. st. en 1847 ; un quart concernait le commerce
extérieur.

(5) Sur le développement des *clearing-houses*, consulter un remarquable mémoire de M. H. Rauchberg,
Bulletin de statistique internationale. Rome, 1886.

260 milliards en 1883, 220 milliards en 1884. Depuis leur fondation, les clearings américains ont chiffré leurs opérations par 48 billions 53 milliards 279 millions de francs.

Mais il importe de montrer comment ces établissements pourvoient directement aux besoins monétaires. En 1884, le clearing de New-York a eu un mouvement de 156 milliards de francs; ce mouvement s'est borné aux échanges suivants :

1° Legal tenders (papier-monnaie officiel) . .	660 millions.	
2° Certificats de legal tenders.	265	—
3° Certificats de rente ou emprunts	352	—
4° Certificats d'or.	2,819	—
5° Monnaie d'or.	3,442	—
	7,538	—

En 1883, le montant des opérations des clearings de New-York a été de 37,434 millions de dollars ou 192 milliards de francs; ce mouvement a abouti à une balance de 4,564 millions de dollars. Dans le règlement de cette balance, les espèces n'ont figuré que pour 7,965,096 dollars ou 2 p. 100.

Si on se reporte au chiffre ci-dessus indiqué de 4,573,859,852,098 fr. pour l'ensemble des opérations des clearings américains depuis 1883, on trouve que cette immense liquidation a pu avoir lieu au moyen d'un mouvement de 208 millions d'espèces en 30 ans, ou 7 millions par an, ou 70,000 fr. par jour.

Angleterre. Il existe trois clearings en Angleterre : Londres, Manchester et Newcastle. En 1884, leurs opérations se sont élevées à 148,787 millions.

France. Paris possède deux clearings; leurs opérations représentent à peu près 9 à 10 milliards par an.

Allemagne. L'Allemagne compte 9 clearings qui ont liquidé, en 1884, pour 15 milliards d'opérations.

Autriche. En 1884, le montant des opérations du clearing de Vienne a été de 1,560 millions de francs.

Italie. Six clearings; opérations de 1884 : 5,200 millions.

§ 6. — *Virements.*

Le virement est une opération du même genre que celle des clearings. Il a lieu entre les comptes de la même banque. Quand la banque possède des succursales nombreuses, c'est un mode de paiement très important. En 1884, sur un ensemble de mouvements de fonds de 48 milliards à la Banque de France, 30 milliards ont eu lieu par virements.

§ 7. — *Télégraphes.*

Enfin le télégraphe est devenu un instrument monétaire. La statistique télégraphique ne nous fournit pas encore les sommes dont le télégraphe assure la transmission; elles doivent être considérables. La dépêche évite, sur une grande échelle, les mouvements et les voyages des métaux précieux; c'est un agent du même ordre que les encaisses des banques. Il fonctionne de la même manière; il est aussi un précieux auxiliaire des encaisses, il en augmente la puissance dans une proportion très sensible. Dix milliards d'espèces ont plus de rapidité de mouvement, concentrés que dispersés ; cette concentration est bien plus utilisée avec un agent comme le télégraphe qu'avec la vapeur elle-même, quoique les chemins de fer et les lignes transatlantiques aient déjà singulièrement facilité les transports d'espèces. En 1872, les mandats télégraphiques, en France, au nombre de 5,984, ont transmis des ordres pour 1,610,574 fr. ; 276,268 mandats, en 1883, ont fait mouvoir 50,470,898 fr.

L'un des emplois monétaires les plus curieux du télégraphe électrique se montre dans les relations monétaires de l'Angleterre et de l'Inde, à propos du mouvement des ventes et des achats des *Council India Bills*. Ces mandats sont distribués, chaque semaine, par la Banque d'Angleterre, sur les trois présidences : Calcutta, Bombay, Madras. La roupie par télégraphe se cote plus haut que par billet ordinaire. Les cours dans chaque présidence varient, c'est un véritable trafic.

Voici les chiffres d'une distribution, faite dans la première semaine de mars 1886(1) :

Billets	11,000 liv. st.	sur Calcutta.	}	Taux : 1 sch. 5,31/32.
—	37,420 —	sur Bombay.		
Mandats	310,000 —	sur Calcutta.		
—	120,000 —	sur Bombay.	}	Taux : 1 sch. 6.
—	35,000 —	sur Madras.		

Ce qui se fait, chaque semaine, entre l'Angleterre et l'Inde, se produit pour tous les pays où l'organisation du crédit permet l'emploi d'un instrument aussi perfectionné que le télégraphe électrique. En moyenne, le mouvement des *Money orders* entre l'Europe et les États-Unis dépasse 75 millions de francs.

On peut prévoir que le téléphone, appelé à de si grands développements et à faire de si grands changements, deviendra un instrument monétaire important.

Ces divers instruments auxiliaires ont changé les conditions monétaires générales des transactions. Tout ce qui était difficile s'est simplifié ; on a pu faire beaucoup de paiements et de très gros paiements avec peu de monnaie métallique et même sans numéraire, de sorte que, dans la même période de notre siècle, est venue se joindre à une abondance extraordinaire de métaux précieux l'action plus énergique d'instruments monétaires anciens ou celle d'instruments monétaires nouveaux.

§ 8. — *Valeurs au porteur.*

Il y a lieu également de faire entrer en ligne de compte l'influence monétaire des valeurs au porteur ; cette influence est très grande. Non seulement les valeurs au porteur s'échangent les unes contre les autres, mais elles servent aux échanges généraux qui ont lieu entre les peuples à chaque fin de mois, de saison ou d'année ; elles remplissent alors exactement la fonction d'agents monétaires. Les valeurs *au porteur* qui se négocient sur les grands marchés de l'Europe représentent plus de cent milliards de francs. Celles, nominatives ou au porteur, qui se traitent particulièrement au *stock-exchange* de Londres, sont évaluées à plus de 140 milliards (2).

---

(1) Le total des billets et mandats télégraphiques vendus du 1er avril 1885 au 31 mars 1886 a été de 138.408.969 roupies ayant produit 10.523.505 liv. st.. au cours de 1 sh. 6.21.

(2) Consulter le *Fenn's Compendium* et la brochure de M. Neymarck sur les marchés étrangers.

CHAPITRE DIXIÈME.

De la proportion entre le numéraire et les instruments auxiliaires dans les paiements.

L'accroissement des instruments auxiliaires a complètement changé les conditions des paiements, et ce changement a eu lieu précisément à l'époque même où l'or se substituait à l'argent. La difficulté d'employer l'argent dans les paiements importants était réelle. Les billets de banque, les lettres de change, les chèques, les clearings avaient à l'égard de l'argent une manifeste supériorité. Il n'en est pas de même pour l'or. Néanmoins la substitution des instruments auxiliaires à l'or a été concomitante avec la substitution de l'or à l'argent. Cette substitution n'a pas été seulement l'effet de la nécessité, elle est résultée d'une amélioration progressive, quoique rapide, dans les moyens de crédit. Quels ont été ses résultats ?

M. Stanley Jevons a répondu à cette question dans le chapitre XXI de son livre sur la monnaie. Il cite deux enquêtes sur les opérations de la banque de sir L. Lubbock en 1864 et de la banque Manchester Salford en 1872.

Il a été constaté, quant à la maison Lubbock, que 575 millions de francs payés dans les derniers jours de 1864 avaient été réglés : 70.8 p. 100 en chèques et billets admis au clearing-house, 23.3 p. 100 en chèques et billets non admis, 5 p. 100 en billets de la Banque d'Angleterre, 0.06 p. 100 en espèces et 0.3 en billets de banques provinciales ; réciproquement, 475 millions de francs reçus par la Banque lui avaient été remis : 96.8 p. 100 en chèques et billets, 2.2 p. 100 en Notes de la Banque d'Angleterre, 0.1 en billets des banques provinciales et 0.06 p. 100 en espèces.

Quant à la banque Manchester Salford, les sommes à elles payées dans le courant de 1872 ont été réglées : 68 p. 100 en chèques, 26 p. 100 en billets de banque et 5 p. 100 en espèces.

M. Knox a donné deux indications analogues relativement aux banques des États-Unis, pour les sommes encaissées les 30 juin et 17 septembre 1881 (1).

Le 30 octobre, 1,966 banques ont encaissé 284,714,014 dollars : 95.23 p. 100 en chèques et billets, 4.06 p. 100 en billets de banque, 0.65 en or et 0.16 p. 100 en argent.

Le 17 septembre, 2,132 banques ont encaissé 295,233,719 dollars : 94.09 p. 100 en chèques et billets, 4.36 p. 100 en billets de banque, 1.38 p. 100 en or et 0.17 en argent.

Les mouvements généraux des fonds à la Banque de France se sont élevés à 49,597,873,000 pour 1883 et à 48,236,238,900 pour 1884. En 1883, ces sommes ont été liquidées par : virements, 31,130,797,400, billets de banque, 17,312,184,800 espèces, 1,154,890,800, soit 2 1/2 p. 100. En 1884, par virements : 30,074,378,900 billets de banque, 16,940,652,400 espèces, 1,227,207,600, soit 2 1/2 p. 100.

Cet amoindrissement si notable de l'emploi de l'argent dans les paiements s'était, au surplus, déjà révélé par un fait mémorable et décisif, c'est le règlement de l'indemnité de guerre imposée à la France en 1871. Cette indemnité a été réglée :

(1) *Report*, 1881, 13-17.

1° En compensations diverses . . . . . .   325,098,400 fr.
2° En billets de banque   225,039,145
3° En espèces françaises   512,294,933
4° En lettres de change allemandes. . . .   2,799,514,183
5° En valeurs diverses de change.   1,448,812,190

Dans ces valeurs de change, le numéraire, les marchandises, les capitaux de placement ont eu le rôle principal; mais les titres mobiliers étrangers possédés et vendus par la France, ont tenu aussi une place. M. Léon Say a fait dresser la statistique des rentes et valeurs étrangères livrées sur le marché de Paris du 1ᵉʳ juillet 1871 au 31 décembre 1873; elles ont représenté 391 millions dont une partie a certainement servi au règlement de l'indemnité.

CHAPITRE ONZIÈME.

Du mouvement commercial des métaux précieux.

L'influence de ces diverses causes a eu pour effet de diminuer les échanges internationaux de métaux précieux. « Malgré l'immense accroissement du commerce, « dit M. Mulhall, la quantité de métaux précieux expédiée par mer en échange des « marchandises diminue chaque année; elle n'est plus que de 5 p. 100. C'est le « résultat des services rendus par les chèques, les télégraphes. La moyenne, qui « avait été de 96 millions liv. st. de 1867 à 1870, était tombée à 88 millions de « 1871 à 1883; elle n'est plus que de 80 millions liv. st. (1). »

M. Soetbeer a réuni sur ce point très important une grande abondance de preuves et de chiffres, j'en reproduis quelques-uns.

I. Échanges de numéraire entre la France et l'Angleterre de 1871 à 1883.
(Moyenne.)

PÉRIODES.	OR.		ARGENT.	
	Importation en Angleterre.	Exportation de France.	Importation en Angleterre.	Exportation de France.
	liv. st.	francs.	liv. st.	francs.
1871-1875	2,019,421	50,014,148	1,184,313	9,193,251
1876-1880	2,646,252	35,478,742	1,803,601	17,396,320
1881-1883	1,752,196	30,407,312	2,057,266	12,789,042

PÉRIODES.	EXPORTATION d'Angleterre.	IMPORTATION en France.	EXPORTATION d'Angleterre.	IMPORTATION en France.
	liv. st.	francs.	liv. st.	francs.
1871-1875	2,785,418	88,615,600	1,889,304	57,319,019
1876-1880	3,246,685	90,892,896	1,137,500	25,834,187
1881-1883	1,193,375	38,678,581	414,406	11,194,825

II. Échanges de numéraire entre l'Angleterre et les États-Unis. (Moyenne.)

PÉRIODES.	OR ET ARGENT RÉUNIS.			
	Importation aux États-Unis.	Exportation d'Angleterre.	Importation en Angleterre.	Exportation des États-Unis.
	dollars.	liv. st.	liv. st.	dollars.
1871-1875	3,293,320	808,350	10,726,800	57,994,610
1876-1880	15,164,856	4,077,724	3,681,640	18,573,616
1881-1883	19,561,145	2,841,961	4,185,698	20,074,164

(1) *Materialien*, p. 43. — Consulter sur le commerce des métaux précieux les articles de Michel Chevalier (*Dictionnaire d'économie politique*, *Métaux précieux* et *Monnaie*, et son livre sur la *Monnaie*, et un travail de M. Legoyt, *Journal de statistique de Paris*, septembre 1866.

III. Échanges de numéraire entre la France et les États-Unis. (Moyenne.)

OR ET ARGENT RÉUNIS.

PÉRIODES.	Importation aux États-Unis.	Exportation de France.	Importation en France.	Exportation des États-Unis.
	dollars.	francs.	francs.	dollars.
1871-1875	735,363	5,472,320	62,749,081	5,130,138
1876-1880	7,779,606	60,665,048	15,756,598	2,426,656
1881-1883	6,613,776	22,520,400	13,021,247	1,619,321

IV. Échanges de numéraire entre Hambourg et l'Angleterre. (Moyenne.)

OR ET ARGENT RÉUNIS.

PÉRIODES.	Importation à Hambourg.	Exportation de Hambourg.
	marcs.	marcs.
1872-1875	131,529,975	32,488,327
1876-1880	32,861,430	12,398,000
1884	7,073,160	10,083,000

V. Entrée et sortie des métaux précieux en Angleterre. (Moyenne.)

PÉRIODES.	OR.		ARGENT.	
	Entrée.	Sortie.	Entrée.	Sortie.
	liv. st.	liv. st.	liv. st.	liv. st.
1858-1860 . . .	19,225,169	15,429,919	10,622,611	11,520,897
1861-1870 . . .	17,162,034	11,615,330	9,192,190	9,023,367
1871-1880 . . .	18,453,429	17,006,162	12,749,718	11,683,899
1883	7,755,800	7,091,365	9,468,002	9,322,846
1884	10,744,408	12,012,839	9,633,195	9,986,383

VI. Entrée et sortie des métaux précieux en France. (Moyenne.)

PÉRIODES.	OR.		ARGENT.	
	Entrée.	Sortie.	Entrée.	Sortie.
	francs.	francs.	francs.	francs.
1851-1860 . . .	413,994,000	318,435,000	140,474,000	279,139,000
1861-1870 . . .	456,431,000	191,014,000	196,492,000	166,027,000
1871-1880 . . .	347,261,000	215,123,000	225,949,000	93,429,000
1883	64,570,000	134,864,000	81,440,000	95,944,000
1884	127,454,000	81,792,000	101,232,000	46,315,000

VII. Entrée et sortie des métaux précieux aux États-Unis. (Moyenne.)

PÉRIODES.	OR.		ARGENT.	
	Entrée.	Sortie.	Entrée.	Sortie.
	dollars.	dollars.	dollars.	dollars.
1864-1870 . . .	11,517,584	58,757,487	5,469,798	16,818,279
1871-1875 . . .	11,496,479	52,423,016	9,673,373	31,915,412
1876-1880 . . .	26,799,500	45,039,703	13,182,043	22,670,101
1881-1884 . . .	43,743,445	21,958,964	10,967,440	19,985,521

VIII. Entrée et sortie des métaux précieux en Allemagne.

ANNÉES.	OR.		ARGENT.	
	Entrée.	Sortie.	Entrée.	Sortie.
	marcs.	marcs.	marcs.	marcs.
1872	35,280,000	101,880,000	171,000,000	72,690,000
1875	15,400,000	28,000,000	30,320,000	38,880,000
1880	20,850,000	45,645,000	18,346,000	21,084,000
1884	18,424,000	33,083,000	5,701,000	31,379,000

IX. Entrée et sortie des métaux précieux en Autriche et en Russie.

ANNÉES.	AUTRICHE.		RUSSIE.	
	Entrée.	Sortie.	Entrée.	Sortie.
	florins.	florins.	roubles.	roubles.
1871	59,383,000	55,488,000	7,121,000	17,675,000
1875	16,123,000	18,683,000	6,441,000	28,035,000
1880	32,199,000	22,537,000	14,770,000	10,188,000
1883	21,741,000	4,154,000	9,774,000	80,518,000

X. Entrée et sortie des métaux précieux en Belgique et en Hollande. (Moyenne.)

PÉRIODES.	BELGIQUE.		HOLLANDE.	
	Entrée.	Sortie.	Entrée.	Sortie.
	francs.	francs.	florins.	florins.
1851-1855. . .	41,834,059	57,891,088	11,271,269	10,136,948
1856-1860. . .	64,146,218	188,698,803	17,149,000	13,427,871
1861-1865. . .	37,410,212	134,283,694	13,335,151	18,392,899
1866-1870. . .	75,151,688	23,870,658	21,157,817	13,004,681
1871-1875. . .	199,223,368	18,277,993	25,247,515	9,254,794
1876-1880. . .	14,665,950	1,708,346	17,817,352	6,497,461
1881-1883. . .	53,662,730	24,654,903	17,481,172	4,784,628

L'importance de ces chiffres est bien plus significative si l'on place à côté d'eux les résultats du commerce extérieur des États auxquels ils se réfèrent pendant les mêmes périodes.

1° *Mouvement général*.

ÉTATS.	IMPORTATIONS.			EXPORTATIONS.		
	Années.		1884.	Années.		1884.
		En 1.000 fr.	En 1.000 fr.		En 1.000 fr.	En 1.000 fr.
France.	1850	631,200	5,239,000	1850	854,400	2,813,800
Angleterre	1860	4,670,200	9,750,450	1860	3,801,000	7,149,175
États-Unis.	1865	2,242,700	4,038,200	1865	1,168,300	3,515,615
Allemagne	1870	3,525,000	4,106,600	1870	3,225,000	4,086,600
Russie.	1870	1,070,000	1,393,300	1870	1,148,800	1,606,700
Autriche	1870	863,800	1,225,800	1870	790,800	1,417,400
Belgique	1850	206,200	1,425,744	1850	186,800	1,337,479
Hollande	1850	319,600	2,256,942	1850	233,000	1,682,464

2° *Mouvement spécial*.

Échanges entre la France et l'Angleterre	1871. . . .	1,809,100,000 fr.
	1883. . . .	1,763,000,000
Échanges entre la France et les États-Unis. . .	1871. . . .	549,900,000 fr.
	1883. . . .	703,700,000
Échanges entre l'Angleterre et les États-Unis .	1871. . . .	2,546.075,000 fr.
	1883. . . .	2,658.140,000

SECONDE PARTIE.

De la baisse de valeur de l'argent.

—— ——

CHAPITRE PREMIER.

Tableau synoptique de la baisse de valeur de l'argent.

Dans le livre précédent j'ai établi que, depuis 1850, l'accroissement des métaux précieux, monnayés et non monnayés, avait été parallèle à un développement extraordinaire des instruments monétaires auxiliaires, et que la surabondance des uns et des autres avait de beaucoup excédé les besoins monétaires. La conséquence nécessaire de cette situation devait être d'amoindrir l'utilité de l'argent, inférieur à l'or à tous égards et de tout temps.

On pourrait résumer l'histoire entière de la monnaie par celle de la baisse de la valeur de l'argent, du moins en ce qui concerne, dans cette histoire, la fonction des métaux précieux. Les origines, les progrès, les ralentissements, les élans séparés ou conjoints, les conditions de la production de l'or et de l'argent, les effets de ces mouvements sur les prix des marchandises, l'influence des révolutions humaines sur les uns et sur les autres, tout peut s'y rapporter.

La baisse de la valeur de l'argent est donc un fait très ancien et normal; il faut ajouter que c'est un fait périodique.

Pour constater ce fait d'une manière plus saisissante, j'ai dressé un tableau de ses divers éléments, en les demandant à des sources très variées : G. Garnier, traducteur d'Adam Smith, Lord Liverpool, Tooke et Newmarck, MM. Bœckh, Dureau de la Malle, Letronne, Leber, Landrin, Levasseur, Roswag, Broch. Les appréciations concordent dans leurs lignes générales, quoique les chiffres ne concordent pas toujours sur certains points particuliers. Pour les temps qui ont précédé le XVIIᵉ siècle, Lord Liverpool, même après Adam Smith, est la première autorité. Les derniers chapitres de son livre : *The Coins of the Realm* (1), indiquent des recherches approfondies. M. Landrin paraît avoir également recueilli beaucoup de renseignements sur la quantité et la valeur réciproque des métaux précieux depuis la seconde époque de la civilisation grecque. Ces renseignements ont été utilisés par M. Roswag dans ses diagrammes. Pour le moyen âge et l'ère moderne jusqu'en 1789, MM. Leber, Levasseur et Roswag ont fait les travaux les plus importants en France, de même que M. Thorold Rogers, M. Stanley Jevons en Angleterre. Quant aux temps contemporains, les statisticiens sont très nombreux. Sans compter les ouvrages divers, déjà cités, j'ai eu particulièrement recours pour dresser ce tableau

(1) Réimprimé en 1880.

comparatif aux travaux de MM. Tooke et Newmarck en Angleterre, Roswag, Landrin et Broch en France (1).

Toutes les colonnes de ce tableau ont pour objet la démonstration, directe ou indirecte, de la baisse de la valeur de l'argent; les unes indiquent la marche descendante du pouvoir de l'argent, les autres la hausse parallèle du prix du blé et celle du prix de l'argent, d'autres l'accroissement de la valeur de l'or relativement à l'argent, d'autres enfin l'augmentation parallèle du stock de l'or et du stock de l'argent.

Au fur et à mesure que l'argent a perdu de sa valeur, le kilogramme d'argent a pu acheter moins de blé (colonne 1); par suite, le prix de l'hectolitre de blé s'est élevé (colonnes 2, 5, 6 et 7); par suite aussi, le prix du kilogramme d'argent a dû être exprimé par une monnaie moins efficace, soit par plus de monnaie (colonne 3). Il y a équation entre moins de blé et plus de monnaie.

Les chiffres de ces diverses colonnes sont loin de présenter la même certitude. Ceux compris dans les colonnes 3, 4, 5, 6, 7 sont les plus sérieusement établis. Ils se contrôlent tous les uns les autres. Leur signification générale est évidente. La divergence la plus réelle est celle qui existe entre les colonnes 3 et 5. Les relevés dus à M. Levasseur doivent être acceptés comme les moins incertains, parce qu'ils résultent de vérifications sur des documents authentiques et nombreux. Au milieu du XVIIIe siècle, la parité est remarquable entre les colonnes 2, 3 et 5. Cette parité s'altère pendant l'époque suivante: MM. Landrin et Roswag ont dû prendre des cotes insuffisantes pour le prix du blé de 1750 à 1800. La parité se relève de 1800 à 1850.

Les prix du blé, en Angleterre, ont présenté, pendant le XVIIIe siècle, des variations extrêmes, comme l'ont expliqué Adam Smith et Tooke. Les causes de ces variations ont sensiblement modifié, sans la détruire, l'influence de la baisse de l'argent.

La baisse de l'argent est donc un fait ancien.

Utilisant les divers travaux des statisticiens, surtout ceux de M. Landrin, et rapportant la valeur de l'argent à son pouvoir d'achat de blé, M. Roswag a dressé un graphique à deux courbes.

La première correspond à la quantité de blé (2) s'échangeant contre un kilogramme d'argent depuis l'époque de Solon jusqu'en 1850. Ce graphique forme

(1) Consulter : Roswag, *Des Métaux précieux au point de vue économique*. 1865. — Leber, *Essai sur la fortune privée au moyen âge*. 1847. — Levasseur, *Question de l'or*, 1858. — Leon Faucher, *la Démonétisation de l'or. Mélanges*, 2 vol., 1856. — Stanley Jevons, *la Monnaie*, traduite en français, 1878, et *Investigations in Currency*. 1885. — Michel Chevalier, articles du *Dictionnaire d'économie politique* : MONNAIE et MÉTAUX PRÉCIEUX, et son livre : *la Monnaie. la Baisse de l'or*, 1859, et deux articles de la *Revue des Deux-Mondes*, octobre 1846 et avril 1847. — Landrin, *Traité de l'or*, 1851 (excellent livre. — Tooke et Newmarck, *History of prices*. 5 volumes avec le supplément. — Broch, Tableaux annexés au second volume de la *Conférence de* 1881. Consulter également E. de Laveleye. *Revue des Deux-Mondes*, 15 août 1878. et son livre : *le Marché monétaire*, 1865. — Enfin le beau livre de M. Horton, *Monetary Conference* de 1878. Washington, 1879. — Bœckh. *Économie politique des Athéniens*. livre d'une grande autorité. — Dureau de la Malle, *Économie politique des Romains*, critique plus large, mais moins sévère que Bœckh, les *Mémoires* de M. Letronne. et enfin l'excellent ouvrage de Lenormant. 3 vol., *Histoire de la monnaie*.

(2) J'ai cru devoir inscrire aux deux premières colonnes les chiffres acceptés jusqu'en 1850 par MM. Landrin et Roswag, quoiqu'ils présentent une grande incertitude relativement au rapport des métaux précieux avec les prix, parce que pour les époques antérieures au XVIe siècle, ce rapport des prix avec les métaux précieux n'offre qu'un intérêt secondaire, quant à l'objet de mon travail: ce travail a pour but

deux lignes obliques reliées par une droite. De 600 à l'ère chrétienne, la valeur de l'argent descend lentement (1 kilogr. d'argent peut acheter de 8,500 à 6,700 kilogr. de blé, la valeur de l'hectolitre passe de 1 fr. 95 c. à 2 fr. 56 c.). De l'ère chrétienne à 1450, baisse presque insensible, mais constante (pouvoir d'achat passe de 6,700 à 5,800, valeur de l'hectolitre, 2 fr. 72 c.); légère reprise de 1450 à 1500 (le pouvoir d'achat remonte à 6,300 kilogr.; valeur du blé, 2 fr. 56 c.); puis, de 1500 à 1850, une baisse, sans aucun retour; le pouvoir d'achat tombe de 6,300 à 730 kilogrammes, valeur du blé, 20 fr. 18 c. l'hectolitre.

La seconde courbe indique le rapport de valeur de l'or à l'argent, aux diverses époques. Les divers termes de ce rapport forment une courbe extrêmement mou-

vementée. De Solon à Alexandre, la valeur du rapport baisse de 12 à 10; d'Alexandre à la conquête de la Sicile par les Romains, elle remonte de 10 à 17, pour redescendre à 7 à l'époque de César. De César au commencement du Ve siècle (invasion d'Alaric), la valeur remonte de 7 à 18, puis elle rebaisse à 11, règne de Charlemagne, remonte à 12 sous saint Louis, rebaisse à 10,7, à la fin du XVe siècle (1).

d'étudier le rapport des métaux précieux entre eux et, seulement dans la période actuelle, leur influence sur les prix.

Selon Boeckh, à l'époque de Solon, le médimne de froment (52 litres) valait 1 drachme et 3 drachmes à l'époque d'Aristophane, soit moins de 8 fr. l'hectolitre; ces faits sont d'accord avec tous ceux connus. L'auteur de la Cause ... ne les a pas acceptés. (Économie des Athéniens, 1 vol., chap. XIII. Il a ramassé les textes et les chiffres pour prouver qu'à l'époque de Démosthène le prix du blé était le même qu'à notre ère ...). Je ne m'attarderai pas à discuter l'opinion de Dureau de la Malle, autant moins sûr que Boeckh; mais je trouve le principe de son erreur probable dans les axiomes de son chapitre XI sur le fait que le travail mesure toutes les valeurs, ce qui est vrai, quand le travail est libre, et est bien davantage quand il est servile.

(1) Boeckh et Dureau de la Malle (ouvrages cités, 1er volume de chacun) ont donné des renseignements intéressants sur le mouvement des métaux précieux dans l'antiquité. Boeckh croit à leur rareté, surtout à celle de l'or; Dureau à leur abondance, surtout à celle de l'or. Les faits confirment l'opinion de Boeckh. L'argent n'est devenu qu'assez tard la monnaie romaine; il est toujours resté l'élément monétaire principal de la Grèce et de Rome. Les Perses, puis Alexandre, puis Pompée et César, ont versé dans la circulation de l'Europe des richesses qu'ils tenaient de l'Asie, et l'or a été plus abondant jusqu'à Constantin; puis il s'est de nouveau dirigé vers l'Orient. Dureau de la Malle a tracé avec talent l'histoire de la substitution de l'argent au cuivre, substitution qui a été longue à s'opérer. Nulle part on n'a essayé de substituer l'or au cuivre. La drachme et le sesterce sont des monnaies d'argent.

Quant aux oscillations du rapport de l'argent à l'or, elles ont été des plus violentes, d'après Dureau de la Malle: 1 à 6; 1464 avant notre ère anciennes; Hérodote, 1 à 13; Xénophon, 1 à 10; César, 1 à 8; Honorius, 1 à 14,4; Théodose II, 1 à 18.

Boeckh donne les chiffres suivants: Homère, 1 à 13; Platon, 1 à 12; Démosthène, 1 à 11; guerre d'Élide, 1 à 15; César, 1 à 10 ..., valeur de l'ère ... ère antérieure, 1 à 18.

On peut accepter comme établi que l'or est d'un cours ... (1). Voici les résultats des études de M. Lenormant sur la Grèce ...: 1 à ...

Depuis, avec des oscillations presque insensibles, elle n'a cessé de grandir jusqu'à 16,25 en 1800, pour revenir à 14,95 en 1847. M. Roswag constate que, malgré la fixation de ce rapport à 15,50, par la France, en 1801, il a beaucoup varié, à la même époque, entre les divers États ; il n'a jamais eu de fixité.

Ce graphique est assorti d'un second tableau relatif aux oscillations de la valeur économique de l'argent, ou de son pouvoir d'achat vis-à-vis de toutes les marchandises. Ces oscillations, calculées de Charlemagne à 1862, sont représentées par une courbe qui, très accentuée de 800 à 850, s'infléchit lentement de 850 à 1520, subit tout à coup une profonde dépression de 1520 à 1600, conserve sans relèvement le même niveau de 1600 à 1800, pour éprouver une nouvelle chute de 1800 à 1862. De 11 en l'an 800 l'échelle du pouvoir tombe à 7 en 850, à 6 en 950, à 2 en 1600 et à 1/2 en 1862.

L'un des faits les plus curieux, établis par M. Roswag, c'est que, même de 1800 à 1848, la valeur du rapport entre l'or et l'argent est demeurée variable, et qu'elle a oscillé de 14,96 à Londres (1817), à 16 en France (1807) et à 15,75 à Hambourg.

Mais le fait le plus important qu'il ait démontré, c'est la constance de la valeur intrinsèque de l'or, c'est-à-dire de son pouvoir d'achat de 1226 à 1800. Toutes les oscillations se reportaient sur l'argent. De sorte que l'histoire monétaire se résume presque dans une formule : baisse de la valeur de l'argent relativement à l'or.

J'aurai à rechercher si, depuis 1800, et surtout depuis 1850, cette valeur intrinsèque de l'or s'est maintenue. De très bons esprits n'ont pas reconnu le fait de la fixité de l'or. A. de Humboldt, dont les travaux sur la production des métaux précieux ont tant servi pour établir leur histoire depuis le xvi⁰ siècle, admettait que la valeur de l'or variait et que celle de l'argent demeurait invariable (1). Il prenait l'argent pour le véritable étalon monétaire. Dans les délibérations, fort curieuses, de la commission monétaire de 1869, une vive discussion s'engagea entre M. Dumas et M. Michel Chevalier, sur la fixité du rapport de valeur entre l'or et l'argent. M. Dumas soutint qu'à aucune époque le rapport n'avait varié au delà de 15 à 12. Il repoussait, dans le passé comme dans l'avenir, le fait d'une grande dépréciation de l'argent. Cette discussion se généralisa (2). M. Wolowski, favorable à l'argent, cita les belles paroles de Turgot, qui servent d'épigraphe à cette étude ; mais il les interprétait mal. Turgot n'y a pas introduit l'idée de la fixité du rapport. Les deux métaux peuvent être nécessaires comme instruments monétaires, mais la proportion de leur utilité, comme celle de leur emploi, peut varier.

CHAPITRE DEUXIÈME.

Des effets de la baisse de l'argent avant le XVIIIᵉ siècle.

Il résulte des recherches dues à M. Leber que les effets de la baisse de valeur de l'argent ont été, bien avant le xvi⁰ siècle, souvent reconnus et signalés ; seulement ils se confondaient avec les variations incessantes de la situation monétaire, dues à l'altération des monnaies. Bien que la seconde moitié du xvi⁰ siècle et la première du xvii⁰ aient été fort troublées, notamment par les guerres de religion et la guerre

---

(1) Telle était aussi l'opinion de Bœckh. *Économie*, traduction Laligant, 1ᵉʳ vol., p. 35.

(2) Tous les travaux de cette enquête, remarquablement conduite, ont été publiés ; 2 vol. in-4°. C'est un document des plus importants.

de Trente ans, il fut impossible de se méprendre sur la grandeur de la crise économique provenant de la hausse des prix. Tout changeait et, sans se rendre compte exactement de la nature de la crise, les esprits les plus perspicaces en apercevaient la cause dans la baisse de valeur des métaux précieux. Le conseil donné par Burgleigh aux universités d'Oxford et de Cambridge de stipuler le paiement de leurs rentes en grains en est la preuve. Quels étaient la nature, la portée, la fin de cette baisse, les moyens d'y parer, son véritable caractère? Les meilleurs esprits ne le discernaient pas. Les fluctuations incessantes dans les afflux tantôt d'or, tantôt d'argent, ne le permettaient pas. Était-ce l'argent qui baissait? Était-ce l'or? De très rares hommes d'affaires, quelques banquiers, l'avaient peut-être saisi : le public et les hommes politiques l'ignoraient.

Il y a quelques années, M. le vicomte d'Avenel a lu à l'Académie des sciences morales et politiques un mémoire sur les effets de ces fluctuations au xviie siècle (1). Elles étaient si fréquentes qu'il est fort difficile d'utiliser les renseignements sur les faits monétaires de cette époque. En 1602, le marc d'or (245 grammes) valait 240 livres et le marc d'argent valait 20 livres 5 sols. En 1636, le marc d'or s'élevait à 384 livres et celui d'argent ne montait qu'à 26 livres 10 sols. Le roi, ses ministres, la cour, le public, les marchands, ne comprenaient rien à ces fluctuations. Chacun s'en tirait de son mieux et au hasard. Toutefois, le Gouvernement se mit en tête de relever la valeur de l'argent par des édits : les banquiers, les commerçants, quelque peu au courant, résistèrent. La confusion monétaire de cette époque était extrême, on en trouve la preuve dans les livres de Bodin, si supérieur cependant à son temps. Non seulement la valeur des métaux précieux variait, mais les monnaies variaient aussi. La valeur propre des marchandises, en dehors des prix en numéraire, variait également. M. d'Avenel a établi que les prix et le coût de la vie ne correspondaient pas en entier à l'accroissement et à la diminution des métaux précieux. Les prix des marchandises et des métaux précieux subissaient, en outre, de grandes variations de pays à pays. Enfin le tout, en France du moins, se rapportait à une monnaie de compte, c'est-à-dire idéale.

« La connaissance de la valeur relative des métaux précieux est encore assez « nouvelle dans notre pays. Nul ne doutait à cette époque que l'or et l'argent « n'eussent une valeur absolue l'un et l'autre, et l'un par rapport à l'autre; que « cette valeur et ce rapport ne pussent être fixés par un acte de la puissance royale « et que le roi ne fût le maître de la monnaie et de la valeur monétaire. » Aussi les embarras du Gouvernement étaient-ils considérables. En 1615, le rapport de l'argent à l'or se tenait à 12,85; en 1640, il tomba à 14,76. Le Gouvernement se décida alors à frapper une belle monnaie d'or, le louis de 24 fr. Il le réduisit à 22 karats, lorsque, d'après la valeur, il devait en avoir 23. Les *louis* furent néanmoins recherchés, à raison de la tendance générale vers la plus-value de l'or. Malgré cette frappe, l'opinion publique et le Gouvernement demeurèrent favorables à l'argent. Le Gouvernement avait surtout poursuivi dans le monnayage des louis une opéra-

(1) Vergé, *Compte rendu des séances*, 1882, 1er vol. 815.

D'après Forbonnais, il était de 12 en Allemagne et en Italie, de 13,20 en Angleterre et en Espagne, vers 1630.

M. d'Avenel évalue en 1650 la quantité de monnaie d'or en France à 300 millions et celle de l'argent à autant. Il admet que le pouvoir de l'argent était alors trois fois plus grand qu'en 1880, en moyenne.

La livre équivalait à 10 grammes poids d'argent, soit 2 fr.

tion lucrative. L'argent avait pour lui la tradition et l'abondance. 150 ans plus tard, Mirabeau et Gaudin, quoiqu'en rapports journaliers avec des banquiers compétents, aux jours les plus prospères de l'ancienne France, considéraient encore l'argent comme le métal précieux principal.

CHAPITRE TROISIÈME.

Refonte de la monnaie d'or en Angleterre au XVIII⁰ siècle. Restriction de l'argent.

La révolution monétaire a eu en Angleterre trois témoins illustres : Bacon, Locke et Newton. Ces philosophes se sont tous occupés de la monnaie, attestant ainsi le génie pratique de leur race, préparant la supériorité financière de leur pays. Bacon a été l'un des conseils de la reine Élisabeth et de Jacques II dans leurs édits sur le règlement des monnaies d'or et d'argent. C'est à Bacon et aux banquiers de Londres, héritiers des traditions des Lombards, des *merchants adventurers* et des orfèvres, que l'Angleterre doit la supériorité monétaire qu'elle a conservée pendant deux siècles. Les questions monétaires, qui n'ont été définitivement comprises et expliquées en France que depuis Turgot, étaient déjà élucidées à Londres à la fin du XVI⁰ siècle. Le contraste entre les ouvrages publiés à cette époque en Angleterre et en France sur tout ce qui concerne les intérêts économiques est complet. On peut comparer Bodin et W. Petty. Ce sont deux esprits supérieurs ; Petty est postérieur de quelques années. Petty n'a pas le génie de Bodin, mais il appartient à un milieu où les faits sont mieux connus. De là la supériorité des écrits de Locke et de Newton. Pour comprendre cette supériorité, il suffit de comparer les trois ouvrages de Locke sur la monnaie avec le célèbre rapport de Newton, directeur de la monnaie de Londres, aux Lords commissaires avec les édits de Louis XV, après les expériences décisives et terribles de Desmarets et de Law.

Mais si les banquiers, si les publicistes anglais ont, même avant Locke, reconnu les véritables conditions de la législation monétaire, la correspondance de fonction et de valeur de l'or et de l'argent, le rôle de la monnaie dans les mouvements économiques, la nature commerciale de la monnaie, les strictes limites de l'intervention des gouvernements, il ne leur était pas possible de déterminer encore celui des deux métaux précieux auquel la préférence appartiendrait. Dès la fin du règne d'Élisabeth, l'or abondait cependant en Angleterre, il tendait à prendre le rôle principal. La monnaie d'or anglaise devint, grâce aux règlements d'Élisabeth, la meilleure monnaie d'or du continent. La valeur de la monnaie d'or fut, par elle et par ses deux successeurs, Jacques II et Charles I⁰ʳ, progressivement élevée, même au delà du juste rapport, au fur et à mesure de la baisse de l'argent.

L'argent demeura toutefois la monnaie principale. William Petty, Harris, Locke, se prononcèrent tous en faveur de l'argent comme seul véritable étalon monétaire, seule mesure des valeurs, lorsque l'on se fut rendu compte de la différence sensible subie par leur rapport, différence que W. Petty calculait à 14 au lieu de 12 à 1.

Au commencement du XVIII⁰ siècle, cette différence s'accentua encore et devint comme 15 à 1. Cette nouvelle hausse de l'or paraît avoir provoqué l'attention particulière de Newton. Le dernier écrit de M. Stanley Jevons, si compétent lui-même dans les questions monétaires, a été consacré à cet incident de la vie de Newton.

Les Lords de la Trésorerie avaient demandé l'avis de Newton sur les monnaies d'or et d'argent de l'Angleterre, ainsi que sur la valeur respective de l'or et de l'argent. Plus tard Newton fut consulté sur les mêmes questions par John Condullt, son neveu par alliance, et par Cantillon, esprits des plus clairvoyants. Newton répondit aux Lords de la Trésorerie qu'en vertu de l'expérience comme de la raison, l'argent et l'or se dirigeaient vers les contrées où on les payait le plus cher; que l'or tendait à affluer en Angleterre et l'argent à se diriger vers l'Inde, la Chine et le Japon; que le peuple ne changeait pas volontiers de l'argent contre de l'or et que le moment viendrait où l'argent ferait prime. Avec Cantillon et son neveu (1), Newton paraît s'être montré moins favorable à l'argent. Il aurait reconnu que le marché seul des métaux précieux fixait la valeur respective de l'or et de l'argent et que, si à l'un ou l'autre, comme instrument monétaire, une valeur supérieure à celle du marché était attribuée, l'équilibre était nécessairement rétabli par la sortie du métal lésé.

La préférence en faveur de l'argent ne persista pas en Angleterre. Au fur et à mesure qu'elle s'enrichissait, l'usage de l'or prévalut. Les idées de Locke, les hésitations de Newton ne furent plus acceptées. Avant 1717, l'argent avait été le seul étalon monétaire. Une loi de 1717 admit l'or comme nouvel étalon. L'Angleterre conserva le double étalon jusqu'en 1774. À cette époque, le Parlement, sur le conseil du premier lord Liverpool, consentit à faire un premier essai de l'étalon unique d'or. Le pouvoir libératoire de l'argent fut réduit à 25 livres. En 1783, on revint au double étalon après les épreuves de la guerre américaine, pour reprendre en 1798 la législation de 1774 (2).

Cette expérimentation avait été précédée d'une refonte complète, accomplie par lord Liverpool, de la monnaie d'or anglaise. Comme cette monnaie n'avait plus le poids, elle donnait lieu à un change défavorable. Elle fut entièrement renouvelée en 1774. Il fut tenu compte aux porteurs du frai. L'idée de rétablir, par décret, la valeur provenant de l'usure et du temps ne vint à personne.

Ce n'est qu'en 1816 que l'Angleterre, avec le second Liverpool, adopta définitivement l'or comme seul étalon monétaire et réduisit à 50 fr. le pouvoir libératoire de l'argent. Le premier lord Liverpool a été l'un des meilleurs économistes, et le second l'un des plus célèbres hommes d'État de l'Angleterre.

CHAPITRE QUATRIÈME.

Refonte de la monnaie d'or en France au XVIIIe siècle.

Pendant le XVIIIe siècle, surtout dans la seconde partie du siècle, l'or était devenu assez abondant en France. La richesse avait fait des progrès sérieux. De nombreux *louis* d'or avaient été frappés. Leur poids était supérieur à leur valeur légale. Par suite, le commerce les exportait, de même qu'il exigeait un agio pour les souverains anglais. C'est exactement le double mouvement indiqué par Newton. La

---

(1) *Investigations in Currency*, 331, et un article sur *Cantillon Contemporary review*.

Voir la déposition de M. E. Seyd, *Enquête monétaire*, 1869-1870.

M. Dana Horton a publié les débats qui ont eu lieu en 1717 sur les rapports de Newton à la Chambre des communes. *Monetary Conference*, 1879.

(2) M. Dana Horton a publié, *Monetary Conference* 1879, les divers actes législatifs de 1774 à 1816 (loi du 22 juin) sur la monnaie en Angleterre.

nécessité d'une réforme devint évidente, bien que la situation fût exactement l'inverse de celle signalée et rétablie par lord Liverpool.

Les idées des économistes s'étaient répandues. Depuis 20 ans la France avait pu lire les écrits de Turgot sur la monnaie. Turgot, sans avoir connu Cantillon, avait dû être mis au courant de ses idées et de celles de Newton par de Gournay, leur ami commun. La réforme monétaire, quoique opérée par de Calonne (1) après la mort de Turgot, n'en a pas moins été faite sous l'empire de ses principes.

Je crois devoir donner le texte entier de la déclaration de Louis XVI (30 octobre 1785), à raison de son importance exceptionnelle, des principes qu'elle consacre et de leur application immédiate aux questions contemporaines :

« L'attention vigilante que nous donnons à tout ce qui peut intéresser la fortune « de nos sujets et le bien de notre État, nous a fait apercevoir que le prix de l'or « est augmenté depuis quelques années dans le commerce ; que la proportion du « marc d'or au marc d'argent étant restée la même dans notre royaume, n'est plus « relative aujourd'hui à celle qui a été successivement adoptée dans d'autres pays, et « que nos monnaies d'or ont actuellement, comme métal, une valeur supérieure à « celle que leur dénomination exprime, et suivant laquelle on les échange contre « nos monnaies d'argent, ce qui a fait naître la spéculation de les vendre à l'étran- « ger et présente en même temps l'appât d'un profit considérable à ceux qui se « permettraient de les fondre, au mépris de nos ordonnances.

« Le préjudice qui en résulte pour plusieurs genres de commerce par la diminu- « tion déjà sensible de l'abondance des espèces d'or dans notre royaume, a rendu « indispensable d'en ordonner la nouvelle fabrication comme le seul moyen de « remédier au mal, en faisant cesser son principe ; mais en cédant à cette nécessité, « notre premier soin et la première base de notre détermination ont été qu'elle ne « pût causer la moindre perte aux possesseurs de monnaie d'or, qu'elle leur devînt « même avantageuse ; et pour ne laisser aucun nuage sur cet objet important, nous « avons voulu que le développement de toute l'opération, et la publication du « tarif qui en présente les résultats, en manifestassent clairement la justice et « l'exactitude.

« La nouvelle monnaie d'or aura la même valeur numéraire que la monnaie « actuelle ; elle aura aussi le même titre de prix ; il n'y aura de différence que dans « la quotité de la matière, qui y sera réduite à sa juste proportion. Il sera tenu « compte de cette différence aux possesseurs d'espèces d'or qui les rapporteront à « nos hôtels des monnaies, notre intention étant qu'ils profitent du bénéfice sur « l'augmentation du prix de l'or.

« Par une opération dirigée aussi équitablement, le rapport de nos monnaies « d'or aux monnaies d'argent se trouvera rétabli dans la mesure qu'exige celle qui « a lieu chez les autres nations (2), l'intérêt de les exporter disparaîtra, la tentation « de les fondre ne sera plus excitée par l'appât du gain, notre royaume ne sera plus « lésé dans l'échange des métaux, et il n'en pourra résulter ni dérangement dans la

---

(1) 650 millions de vieux louis furent remplacés par 693 millions de louis nouveaux.

(2) Le rapport, qui n'était en France que de 11 $^1/_2$, se tenait en moyenne dans les autres États à 15. — Valeur comparée de l'or en 1779 : Angleterre, l'once d'or 15 marcs 2 onces d'argent ; Portugal, 15 marcs 6 onces d'argent ; Espagne, 14 marcs 7 onces d'argent ; Venise, 14 marcs 6 onces d'argent. En France, l'once d'or ne se cotait qu'à 14 marcs 5 onces d'argent.

« circulation, ni changement aucun dans le prix des productions et des marchan-
» dises, puisque toutes les valeurs se règlent relativement à l'argent dont le cours
» sera toujours le même.

« 1° Chaque marc d'or fin de 24 karats vaudra 15 marcs et demi d'argent fin de
» 12 deniers, et sera reçu et payé dans nos monnaies et changes pour 828 livres
» 12 sols, valeurs desdits 15 marcs et demi d'argent, au prix actuel de 55 livres 9 sous
» 2 deniers le marc ;

« 2° Toutes nos monnaies d'or ayant cours actuellement, louis, double louis et
« demi-louis, cesseront d'avoir cours à compter du 1ᵉʳ janvier prochain et seront
» reçus et payés comptant dans nos monnaies et changes jusqu'au 1ᵉʳ avril prochain
« sur le pied de 750 livres le marc ou 25 livres le louis, qui par l'usage n'aurait
« rien perdu de son poids, et sauf en cas de diminution dans le poids, de faire sur
« ledit prix de 25 livres, une diminution proportionnelle ; ledit terme expiré, ils ne
» seront plus reçus que sur le pied de 742 livres 10 sols le marc en or, 24 livres
« 15 sous par louis ayant son poids complet ;

« 3° L'or, tant en lingots qu'en monnaies étrangères, apporté dans nos monnaies
« et changes, y sera payé en proportion de son titre de fin sur le pied de 828 livres
» 12 sols le marc fin ou 34 livres 10 sous 6 deniers le karat ;

« 4° Il sera fabriqué de nouveaux *louis* d'or au même titre que ceux qui ont
» actuellement cours ; chaque marc sera composé de 32 louis, afin qu'au moyen de
« l'augmentation survenue dans la valeur de l'or, chaque nouveau louis contienne
« la valeur de 24 livres et ait précisément la même valeur en argent (1). »

La refonte des monnaies d'or en France et en Angleterre a eu lieu d'après le
même principe : le métal est la base de la valeur ; la quantité et la qualité (titre) du
métal la précisent. Par suite, les *souverains* anglais ont reçu la quantité manquante,
et la quantité en excès a été enlevée aux *louis*. La loi n'a fixé de valeur que d'après
la matière. Ce n'est pas la matière qui a été ajustée à la loi ; c'est la loi qui a été
ajustée à la matière.

Quelle a été la cause de ces deux refontes ? La hausse de l'or. L'agio exigé pour
les *souverains* anglais, le profit sur les *louis* de France, provenaient l'un et l'autre
de la surélévation de la valeur de l'or et par suite de la baisse de l'argent (2).

CHAPITRE CINQUIÈME.

De la valeur de l'argent pendant la première moitié du XIXᵉ siècle.

Le rapport de 1 à 15 1/2 entre l'or et l'argent, indiqué par la déclaration du
30 octobre 1785, a été le rapport moyen de 1750 à 1875, sauf de 1790 à 1815. La
crise de la Révolution française fit renchérir l'or en France, tandis qu'il affluait en
Angleterre. Néanmoins, lors de la réforme monétaire de 1803, Gaudin (3) maintint

(1) Collection Isambert, année 1785.

(2) L'Assemblée constituante forma en 1790 une commission pour s'occuper de la question monétaire.
Cette commission comprenait Lavoisier, *Forbonnais*, Borda, etc. ; elle mit en discussion l'édit de 1785.
Déjà les idées supérieures de Turgot ne dominaient plus.

(3) Il existe deux mémoires de Gaudin sur la question du rapport. Dans le premier, il reconnaît les changements à prévoir dans le rapport ; dans le second, il n'en parle plus. L'opinion publique croyait à l'im-
mutabilité de l'argent. Mirabeau avait fait accepter comme axiome que l'argent serait la monnaie *consti-
tutionnelle* et l'or la monnaie *additionnelle*.

le rapport de 15 1/2, qui, sans être invariable, est demeuré, jusqu'en 1875, l'expression, suffisamment exacte, de la valeur comparative de l'or et de l'argent.

De 1800 à 1850, l'afflux des métaux précieux en Europe s'est ralenti sensiblement, surtout celui de l'or. La situation monétaire est devenue plus stable.

Afflux de l'or de 1700 à 1850.

ANNÉES.	OR.		RAPPORT.	ANNÉES.	OR.		RAPPORT.
	Poids.	Valeur.			Poids.	Valeur.	
	kilogr.	millions de francs.			kilogr.	millions de francs.	
1701-1720 . .	256,400	883	15.2	1801-1810 . .	177,800	612	15.6
1721-1740 . .	381,600	1,314	15.1	1811-1820 . .	114,400	394	15.5
1741-1760 . .	492,200	1,695	14.8	1821-1830 . .	142,200	490	15.8
1761-1780 . .	414,100	1,426	14.8	1831-1840 . .	202,900	699	15.7
1781-1800 . .	355,800	1,226	15.1	1841-1850 . .	547,600	1,886	15.8

Ainsi la tendance de toute la période de 1700 à 1850 est nettement accusée, malgré une stabilité relative : le rapport de l'or s'élève de 15.2 à 15.8 ; baisse de l'argent.

Afflux de l'argent de 1700 à 1850.

ANNÉES.	ARGENT.		ANNÉES.	ARGENT.	
	Poids.	Valeur.		Poids.	Valeur.
	kilogr.	millions de francs.		kilogr.	millions de francs.
1700-1720 . . .	7,112	1,580	1801-1810 . . .	8,942	1,987
1721-1740 . . .	8,624	1,916	1811-1820 . . .	5,408	1,202
1741-1760 . . .	10,663	2,370	1821-1830 . . .	4,606	1,023
1761-1780 . . .	13,055	2,900	1831-1840 . . .	5,964	1,325
1781-1800 . . .	17,581	3,906	1841-1850 . . .	7,804	1,734

La stabilité relative du rapport de 15 1/2, surtout dans la première moitié du XIXe siècle, provient d'une autre cause, de l'élan des affaires à partir de la paix de 1815. Malgré l'accroissement régulier de leur stock, l'or et l'argent continuèrent à être demandés, à conserver la même utilisation. L'argent particulièrement fut favorisé par la législation française et par la frappe des monnaies françaises.

De l'an IV à 1882, les hôtels de monnaie française ont frappé pour une valeur de 14,242,193,368 fr. 35 c., se répartissant ainsi :

	AN IV A 1882.	AVANT 1851.
	francs.	francs.
Or.	8,722,347,200	1,321,122,030
Argent.	5,060,606,240	4,164,898,990
Argent divisionnaire .	459,239,928	173,490,527

La fabrication des pièces de 5 fr. a cessé en 1878.

Pour frapper 4,338 millions d'argent, la France n'a pas cessé de soutenir le prix du métal sur le marché. Ce seul fait a suffi pour maintenir la stabilité des prix et des rapports.

CHAPITRE SIXIÈME.

De la valeur de l'argent de 1850 à 1875.

De 1840 à 1850, la production des métaux précieux s'était relevée. A partir de 1850, elle prit un élan extraordinaire. C'est une nouvelle ère monétaire qui s'ouvre avec les placers de Californie, d'Australie et de la Sierra Nevada.

ANNÉES.	OR.		ARGENT.		RAPPORT.
	Poids.	Valeur.	Poids.	Valeur.	
	kilogr.	millions de francs.	kilogr.	millions de francs.	
1851-1855 . . .	987,600	3,402	4,431	985	15.4
1856-1860 . . .	1,030,000	3,549	4,525	1,006	15.3
1861-1865 . . .	925,600	3,188	5,506	1,223	15.4
1866-1870 . . .	959,500	3,305	6,695	1,488	15.6
1871-1875 . . .	853,400	2,940	9,847	2,188	16.0

De 1700 à 1850, la production de l'or avait été de 9,625 millions; en 25 ans, de 1850 à 1875, elle s'élève à 16,384 millions. De 1700 à 1850, celle de l'argent avait été de 19,840 millions, production extrêmement élevée. De 1850 à 1875, la proportion de cette production d'argent double néanmoins, puisqu'elle est de 6,890 millions en 25 ans. Le rapport baisse à 16.

On remarque que, dans cette période, si importante au point de vue monétaire, la frappe de l'argent en France a été réduite à 47 millions par an (1,181 millions), tandis que celle de l'or était portée à 296 millions par an (7,401 millions). En sorte que si la France a soutenu par la frappe la valeur de l'or, la fonction qu'on lui a attribuée d'avoir maintenu, par la frappe, durant cette période, la valeur de l'argent, ne lui a appartenu qu'en partie et dans une proportion restreinte.

Dans les autres États, la frappe de l'argent, de 1850 à 1875, ne paraît avoir été considérable que pour l'Inde. M. Mulhall l'évalue (de 1848 à 1886) à 155 millions de livres sterling, soit 3,900 millions. Tel a été le soutien de la valeur de l'argent sur le marché universel, tandis que l'or envahissait l'Europe. Je vais montrer au paragraphe suivant quel a pu être l'appoint des divers États dans le maintien de la valeur de l'argent. Le fait prédominant de cette période, c'est l'énorme frappe de l'argent dans l'Inde. Ce fait explique comment, d'un côté, d'après M. Neumann-Spallart, le stock monnayé de l'argent n'a augmenté, de 1831 à 1880, que de 126 millions de marcs, malgré un accroissement important de la production, et comment, d'un autre côté, l'argent n'a commencé à perdre de sa valeur qu'à partir de 1876.

La démonétisation de l'argent en Allemagne par la réduction à 25 fr. de sa valeur libératoire n'a été votée qu'en 1873. L'influence de ce fait monétaire n'a donc été que très limitée sur la valeur de l'argent dans cette période.

Ainsi production immense de l'or, très fort monnayage de l'or par la France, production très élevée de l'argent, restriction du monnayage de l'argent par la France, absorption de l'argent par l'Inde, tels sont les faits monétaires de cette période. Que serait-il arrivé si l'Inde avait importé et frappé moins d'argent?

Évidemment la baisse qui apparaît en 1875 aurait éclaté plus tôt.

CHAPITRE SEPTIÈME.

De la valeur de l'argent de 1875 à 1885.

Les résultats de la production ont été les suivants :

ANNÉES.	OR.		ARGENT.		RAPPORT.
	Kilogr.	Valeur.	Kilogr.	Valeur.	
		millions de francs.		millions de francs.	
1876-1879 . . .	695,100	2,304	9,953,000	2,211	17.40
1880-1884 . . .	»	2,680	»	2,929	»

Dans les dix années précédentes, la production de l'or avait été de 6,245 millions, et celle de l'argent de 3,676 millions. D'où il résulte une différence en moins, quant à l'or, de 1,261 millions, et une différence en plus, quant à l'argent, de 1,464 millions. Cette somme est plus que le double de celle représentant les ventes d'argent de l'Allemagne. Ces ventes n'ont pas dépassé la somme de 709 millions de francs. Leur effet a été simplement celui d'une production plus considérable sur un marché surchargé.

D'ailleurs les ventes de l'Allemagne ont été plus que compensées par le développement de la frappe aux États-Unis et de l'Angleterre.

La fonction monétaire de l'Angleterre est encore très considérable, comme l'atteste le tableau de sa frappe d'or et d'argent depuis 1840.

I. Statistique de la frappe en Angleterre 1840-1884.

ANNÉES.	OR.	ARGENT.	ANNÉES.	OR.	ARGENT.
	liv. st.	liv. st.		liv. st.	liv. st.
1840	»	216,414	1862	7,836,413	148,518
1841	378,472	96,175	1863	6,997,212	161,172
1842	5,977,051	192,852	1864	9,535,597	535,194
1843	6,007,849	276,606	1865	2,367,614	501,732
1844	5,563,949	626,670	1866	5,076,676	493,416
1845	4,211,608	647,658	1867	496,397	193,842
1846	4,334,911	559,548	1868	1,653,384	301,356
1847	5,158,140	125,730	1869	7,372,204	76,428
1848	2,451,999	135,442	1870	2,313,384	336,798
1849	2,177,955	119,592	1871	9,313,384	701.514
	36,421,534	2,893,787	1872	15.261,442	1,243,836
			1873	3.384,568	1,081,674
1850	1,491,856	129,096	1874	1,461,565	890,601
1851	4,400,411	87,968	1875	243,264	594,000
1852	8,742,270	189,506	1876	4,696,648	222,354
1853	11,952,391	701,544	1877	981,498	420,918
1854	4,152,183	140,480	1878	2,265,069	613,998
1855	9,008,663	195.510	1879	35,050	549,054
1856	6,002,114	462,528	1880	4,150,052	761,508
1857	4,859,860	373,230	1881	»	997,128
1858	1,231,023	415,896	1882	»	209,880
1859	2,649,509	647,064	1883	1,403,713	1,274,328
1860	3,121,709	218,403	1884	2,324,015	658,448
1861	8,190,170	209,484		171,291,646	19,562,476

La frappe anglaise ne présente pas les mêmes caractères que la frappe française. Depuis 1840, elle n'a porté que sur 442.9 millions d'argent contre 4,169 millions d'or. Mais, depuis 1875, la frappe d'argent a sensiblement augmenté : elle a été de près de 144 millions.

La fonction monétaire des États-Unis est cependant supérieure. Les faits relatifs à cette fonction éclairent d'un jour complet la situation monétaire.

II. Statistique de la frappe aux États-Unis.

PÉRIODES.	OR. dollars.	ARGENT. dollars.	TOTAL. dollars.
1793-1818	76,341,410	79,213,771	
1849-1873	740,564,438	65,928,512	
	816,905,878	115,142,283	962,048,141
1874.	50,442,690	5,983,661	
1875.	33,553,965	10,070,368	
1876.	38,178,962	19,126,502	
1877.	44,078,199	28,549,935	
1878.	52,708,980	28,290,825	
1879.	40,986,912	27,227,882	
1880.	56,157,735	27,942,437	
1881.	78,733,864	27,649,966	
1882.	89,413,447	27,783,388	
1883.	35,936,927	28,835,470	
1884.	27,932,824	28,773,387	
1885.	24,861,123	28,818,959	
	1,389,981,508	434,224,610	1,841,669,826

Monnaie divisée.

Avant 1873	11,919,888
Depuis 1873	5,543,720
	451,688,218

Les États-Unis ont frappé :

1° Avant 1850, 388.2 millions or, 423.7 millions argent ;

2° De 1850 à 1873, 3,962 millions or, 416 millions argent ;

3° De 1874 à 1885, 3,186 millions or, 1,574.4 millions argent.

Les progrès de la frappe aux États-Unis sont extraordinaires. Ils correspondent à leur supériorité comme producteurs d'or et d'argent. Néanmoins, cette frappe est encore inférieure à l'ancienne frappe de la France, surtout pour l'argent. Depuis l'an IV, la France, qui ne produit ni or ni argent, a frappé pour 14,240 millions d'or ou d'argent, les États-Unis pour 9,850 millions et l'Angleterre pour 4,169 or et 442.9 argent, ensemble 14,461.9 millions, de sorte que la frappe de la France a égalé celle des États-Unis et celle de l'Angleterre réunies.

Il est important de constater l'élévation de la frappe de l'or pour ces trois États, depuis 1850.

	OR FRAPPÉ.		ARGENT FRAPPÉ.	
	Avant 1850.	Depuis 1850.	Avant 1850.	Depuis 1850.
France	1,321,122,930	7,101,224,270	4,338,399,000	1,281,447,168
États-Unis	388,200,000	7,148,000,000	423.700,000	1,990,400,000
Angleterre	917.822.656	3,252,000,000	72,921,000	370,000,000
	2,627,145,586	17,801,224,270	4,835,020,000	3,641,847,168

Il a donc été frappé, par ces trois États, pour près de 18 milliards d'or depuis 1850, c'est pourquoi il n'a été frappé que pour 3,641 millions d'argent, et même, dans cette dernière somme, les États-Unis amendent 1,990 millions, dont 1,574 frappés depuis dix ans.

Combien l'argent n'aurait-il pas baissé plus qu'il ne l'a encore fait, si cette frappe de 1,574 millions n'avait absorbé l'offre ?

III. Statistique de la frappe dans les divers États.

Il sera facile de se rendre compte encore mieux de la force irrésistible de ce mouvement de baisse en étudiant les diverses colonnes du tableau suivant, qui a été dressé avec les chiffres publiés pour les divers États auxquels il a trait par MM. Burchard, Neumann-Spallart, Haupt et Stringker. Les chiffres concernant l'Inde sont empruntés au *Statistical abstract* de l'Inde.

Il n'a pas été possible de faire la différence si utile de la frappe de 1850 à 1875; puis de 1875 à 1885. Les documents ne l'ont pas permis. Tel quel, néanmoins, ce tableau établit l'immense développement de la frappe de l'or dans tous les États et la diminution générale de celle de l'argent. Les États-Unis, la Bolivie, le Mexique, producteurs d'argent, réunis à l'Inde, ont frappé plus de la moitié du stock d'argent monnayé de 1850 à 1884.

ÉTATS.	PÉRIODES.	OR.		ARGENT.	
		Kilogrammes.	Valeur.	Kilogrammes.	Valeur.
			mille francs.		mille francs.
Allemagne	1857-1880	636,910	2,193,798	6,252,191	1,389,362
—	1881-1884	»	256,801	»	28,148
			2,450,609		1,417,510
Russie	1851-1880	822,272	2,832,266	2,271,952	504,874
—	1881-1884	»	172,987	»	30,861
			3,005,253		535,735
Australie	1855-1880	453,291	1,561,331	»	»
—	1881-1884	»	430,840	»	»
			1,992,171		
Autriche-Hongrie . .	1851-1879	97,396	335,164	4,242,349	942,734
— . .	1880-1884	»	55,989	»	132,047
			381,153		1,074,781
Hollande	1850-1880	46,127	158,882	3,288,120	730,686
—	1881-1884	»	»	»	46,668
					777,354
Belgique	1861-1879	166,517	573,557	2,007,622	446,133
—	1880-1884	»	10,786	»	219
			584,343		446,352
Italie	1862-1881	»	271,995	»	530,052
—	1882-1884	»	4,532	»	11,362
			276,527		531,414
États scandinaves . .	1873-1880	34,982	120,491	211,659	47,034
— . .	1881-1884	»	10,871	»	4,399
			131,362		51,433
Portugal	1855-1880	94,437	325,282	37,106	8,245
—	1881-1885	»	4,339	»	»
			329,621		
Espagne	1876-1885	»	921,654	»	597,198
Suisse	1851-1885	»	5,000	»	29,978
Inde.	1848-1880	»	37,800	»	3,900,000
—	1881-1884	»	2,005	»	621,898
			39,805		4,521,898
Mexique	1881-1884	»	8,805	»	518,184
Japon	1881-1884	»	1,086	»	56,634

ÉTATS.	PÉRIODES.	OR.		ARGENT.	
		Kilogrammes.	Valeur.	Kilogrammes.	Valeur.
			mille francs.		mille francs.
République Argentine.	1881-1884	»	24,290	»	9,167
Pérou	»	»	»	»	7,400
Bolivie.	1881-1884	»	»	»	81,615
Turquie	»	»	22,033	»	225
Roumanie	»	»	25,622	»	»
Ensemble.			40,358,216	. . . .	40,685,353
États principaux			17,808,224	. . . .	3,641,847
Totaux			28.159,440	. . . . . .	14,327,200

Ainsi, depuis 1850, le monnayage de l'or a été double de celui de l'argent ; ainsi le monnayage de l'or et de l'argent a représenté 42 milliards 500 millions.

Les faits indiquent eux-mêmes le rôle secondaire de l'argent ; sa fonction monétaire n'est plus qu'une fonction accessoire. Il y a lieu d'ajouter que la frappe de l'argent s'est longtemps maintenue fort élevée, notamment pour la France, l'Allemagne, l'Autriche-Hongrie, la Hollande et la Belgique, qu'elle paraît suffisante pour l'Espagne et l'Italie, qu'elle est excessive pour les États-Unis, l'Inde et le Mexique.

Que si on rapproche la situation monétaire, telle qu'elle vient d'être établie, des besoins des populations et des transactions, d'une part, et, d'autre part, des autres instruments monétaires dont la puissance n'a cessé de croître, encaisses des banques, circulation fiduciaire, mandats postaux et télégraphiques, chèques, lettres de change, virements, clearing-houses et chambres de compensation, valeurs au porteur, on est contraint de reconnaître qu'en présence d'une production toujours croissante, toujours plus perfectionnée et à moindres frais, il a fallu toute l'énergie de la frappe américaine et de l'Inde pour tempérer une baisse qui correspond, au surplus, à l'histoire même de la valeur respective des métaux précieux.

Je reproduis, en le complétant, un tableau publié par M. Barclay, président de la chambre de commerce de Manchester (1), contenant le rapport de l'or et de l'argent pendant tout le siècle courant, les chiffres de la production comparés de l'or et de l'argent, la proportion de la production entre les deux métaux et le prix de l'argent sur le marché de Londres. Il résulte de ce tableau :

1° Que dès 1867, le rapport a tendu s'altérer par suite de l'accroissement de la production de l'argent et de la baisse de son prix ;

2° Que depuis 1867 la production de l'argent a plus que doublé, tandis que celle de l'or se maintenait à un niveau élevé.

Aujourd'hui, il faut 20kil,28 d'argent pour équivaloir à 1 kilogramme d'or. Depuis 1520, l'argent a baissé de 100 p. 100, et depuis la loi de germinal, il a baissé d'autant qu'il avait baissé de 1520 à 1800.

En 1886, la baisse de l'argent a fait de nouveaux progrès. En juin, l'argent est tombé à 44 pence 3/4 l'once standard, rapport 21,01, pour se relever à 46 1/2 (2) et revenir au plus bas 44 3/4.

Production (en 1,000,000 de livres sterling).

ANNÉES.	RAPPORT.	OR.	ARGENT.	PROPORTION de l'or.	TOTAL.	PRIX de l'argent.
						pence.
1801-1810	15.61	2.6	7.7	2.97	10.3	»
1811-1820	15.51	»	»	»	»	»
1821-1830	15.80	1.6	3.6	2.25	5.2	»
1831-1840	15.67	»	»	»	»	$58\ ^3/_8$
1841-1850	15.83	»	»	»	»	$59\ ^3/_4$
1849	15.80	5.4	7.8	1.44	13.2	$59\ ^1/_2$
1850	15.83	8.9	7.8	0.88	16.7	$59\ ^1/_2$
1851	15.46	13.5	8.0	0.59	21.5	60
1852	15.57	36.6	8.1	0.22	44.7	$59\ ^7/_8$
1853	15.53	31.1	8.1	0.26	39.2	$60\ ^5/_8$
1854	15.36	25.5	8.1	0.32	33.6	$60\ ^7/_8$
1855	15.33	27.0	8.1	0.30	35.4	60
1856	15.33	29.5	8.2	0.28	37.7	$60\ ^1/_2$
1857	15.27	26.7	8.1	0.30	34.8	61
1858	15.36	24.9	8.1	0.32	33.0	$60\ ^2/_8$
1859	15.21	25.0	8.2	0.33	33.2	$61\ ^3/_8$
1860	15.30	23.9	8.2	0.34	32.1	$61\ ^1/_8$
1861	15.47	22.8	9.5	0.37	31.3	$61\ ^1/_8$
1862	15.36	21.6	9.0	0.42	30.6	61
1863	15.38	21.4	9.8	0.46	31.2	$60\ ^5/_8$
1864	15.40	23.6	10.4	0.45	32.9	$60\ ^5/_8$
1865	15.33	24.6	10.3	0.43	34.4	$60\ ^1/_2$
1866	15.44	24.2	10.4	0.42	34.3	$60\ ^5/_8$
1867	15.57	22.8	10.1	0.48	33.6	$60\ ^3/_8$
1868	15.60	22.0	10.8	0.45	30.0	60
1869	15.60	21.2	10.0	0.45	30.7	$60\ ^1/_8$
1870	15.60	21.4	9.5	0.48	31.7	$60\ ^5/_{16}$
1871	15.59	21.4	10.3	0.57	33.6	$59\ ^1/_8$
1872	15.63	19.9	12.2	0.66	33.0	$57\ ^1/_8$
1873	15.90	19.2	13.3	0.93	37.1	$57\ ^1/_8$
1874	16.15	18.2	17.9	0.79	32.5	$55\ ^1/_2$
1875	16.76	19.5	14.3	0.82	35.6	$46\ ^1/_8$
1876	17.68	19.0	16.1	0.78	35.6	$53\ ^1/_4$
1877	17.22	19.4	14.8	0.84	30.8	$49\ ^1/_2$
1878	17.92	17.3	16.2	0.85	35.6	$48\ ^7/_8$
1879	18.24	20.8	14.7	0.89	32.0	$51\ ^5/_{16}$
1880	17.89	21.0	18.6	0.85	39.4	$50\ ^5/_8$
1881	18.07	19.9	18.2	0.87	39.2	$50\ ^7/_8$
1882	18.04	19.9	18.8	0.91	38.7	$50\ ^7/_8$
1883	18.46	18.3	20.05	1.06	39.8	$50\ ^5/_{16}$
1884	18.51	17.9	21.4	1.17	39.7	$49\ ^1/_2$
1885	19.80	»	21.4	1.20	39.3	$46\ ^1/_2$
1886 (juin)	21.08	»	»	»	»	$44\ ^3/_4$

CHAPITRE HUITIÈME.

De la valeur de l'or avant 1850.

L'or a-t-il maintenu toute sa valeur ? Cette valeur a-t-elle augmenté, a-t-elle, au contraire, diminué, tandis que l'argent perdait une notable partie de la sienne ? On se pose nécessairement ces questions quand on réfléchit à l'importance de la baisse de l'argent qui, depuis 1870, est de 15 pence 1/4 sur 60, soit de 25 p. 100, et à la généralité des causes de cette baisse.

En traçant l'histoire de l'argent et de son rapport de valeur avec l'or, j'ai marqué les phases principales de l'histoire de l'or. Il y a, sans doute, une solidarité intime entre les deux métaux. Leur destinée est toutefois bien distincte. L'un et l'autre ont leur histoire particulière, leurs causes spéciales de grandeur et de décadence.

L'or n'est devenu abondant en Europe qu'au XVIIIe siècle. On peut en trouver la preuve dans les tableaux dressés dans le paragraphe 5 de cette seconde partie. Les variations brusques, multiples des cours et des rapports entre l'or et l'argent appartiennent surtout à la fin du XVIe et à la première moitié du XVIIe siècle. A la fin de ce dernier siècle, l'argent paraît prendre le dessus ; il est plus abondant ; les frais de production sont diminués ; le rapport se régularise et tend à se rapprocher de 15 à 1. C'est ce qui explique les préférences de Locke et de Newton pour l'argent. Pendant le XVIIIe siècle cette situation se maintient ; toutefois l'or est produit en notable quantité. Le rapport tend à se modifier. Lord Liverpool obtient du Parlement la restriction de la valeur libératoire de l'argent et la refonte de la monnaie d'or anglaise. Même réforme en France en 1786 (1).

La Révolution française eut nécessairement pour effet de chasser l'or de France. Papier-monnaie, émigrations, guerres civiles et étrangères ne peuvent concorder avec une circulation d'or. Expulsé de France, l'or afflua en Angleterre, et il s'y fixa malgré le cours forcé des banknotes. Cet afflux a été l'un des éléments de la grande prospérité de l'Angleterre de 1798 à 1814. Aussi, dès la paix de 1816, l'Angleterre se trouva en mesure d'adopter l'or, non seulement comme seul étalon, mais comme seul instrument monétaire métallique en réduisant l'argent à la fonction de billon. Elle s'assurait ainsi le marché des métaux précieux et des changes. Elle affirmait sa suprématie économique. Peut-être a-t-elle devancé les temps. En tout cas l'adoption de l'or comme seul agent monétaire métallique a coïncidé avec une crise redoutable.

Les guerres et les révolutions augmentent mécaniquement le prix de l'or (2). En 1798 l'or se cotait au même cours qu'en 1886, 3 l. 17 sch. 10 1/2, il fut successivement porté aux prix suivants :

1801	4 liv. 5 sch.		1814	5 liv. 4 sch.
1802	4 liv. 4 sch.		1815	4 liv. 13 sch. 6
1803	4 liv.		1816	4 liv. 13 sch. 6
1804-1809	idem.		1817	4 liv.
1810	4 liv. 10 sch.		1818	4 liv.
1811	4 liv. 4 sch. 6		1819	4 liv. 1 sch. 6
1812	4 liv. 15 sch. 6		1820	3 liv. 19 sch. 11
1813	5 liv. 1 sch.		1821	3 liv. 17 sch. 10 1/2

Depuis cette époque, les cours de l'or n'ont varié sur le marché de Londres que dans de très étroites limites.

---

(1) *History of prices*, p. 15.

(2) Le volume publié par M. Dana Horton (Washington, 1879) contient les renseignements et les documents les plus complets sur les mouvements et les cours de l'or et du change de 1760 à 1829, notamment pour les places de Londres, Philadelphie, Hambourg. A Philadelphie, l'or était coté en 1800 : 3 liv. 17 sch. 10 1/2. Sous l'influence de la guerre avec l'Angleterre, il monta, en 1815, à 5 l.v. 6 sch. ; mais, en 1829, il avait repris l'ancien cours : 3 liv. 17 sch. 9 den.

Parmi les documents à consulter, il y a lieu de signaler les rapports de MM. Jackson et Gallatin sur la valeur comparée de l'or et de l'argent.

L'un des résultats de la Révolution et des guerres de l'Empire a été de réduire la France à une circulation d'argent. Mirabeau était partisan d'un seul étalon monétaire ; il pensait que l'argent devait avoir la préférence sur l'or. Son opinion était généralement partagée. Il n'y eut donc, en 1795 et en 1803, aucune hésitation dans le choix de l'argent. D'ailleurs la France n'avait plus le choix.

La Révolution a coïncidé, en outre, avec une décroissance sensible dans la production de l'or, puis dans celle de l'argent. Cette décroissance se prolonge jusque vers 1825 ; c'est l'époque du rapport de 15 1/2 contre 1. Puis la production reçut un nouvel élan ; elle avait sérieusement augmenté, surtout en Russie, avant 1848. Le rapport avait faibli. Léon Faucher estimait la production de l'or, en 1847, à 447 millions. Il calculait qu'au xviie siècle la production de l'or était de 1 livre contre 60 livres d'argent ; qu'au xviiie siècle elle était de 1 livre contre 30 d'argent ; qu'en 1800 elle était redescendue à 1 livre d'or contre 50 livres d'argent et qu'en 1847 elle avait atteint 1 livre d'or contre 20 livres d'argent.

Les victoires de l'Empire, la sécurité profonde et réparatrice qui régna de 1800 à 1813 firent refluer l'or en France ; mais il émigra encore à partir de 1814 ; les invasions, les indemnités de guerre ne contribuèrent pas à le rappeler. L'argent prit alors définitivement la prépondérance en France. Il s'y précipita. C'est l'époque du grand monnayage de la pièce de cent sous.

En 1850 le stock monnayé d'or était pour l'Europe de 3,950 millions de francs, dont 1,515 millions appartenaient à l'Angleterre et 400 millions seulement à la France. Seule l'Angleterre était en mesure d'avoir une circulation d'or. Elle était alors la nation la plus riche du monde occidental. Sa circulation d'or correspondait à sa richesse.

Les mines de Californie et d'Australie ont maintenu et fortifié la situation monétaire de l'Angleterre, elles ne l'ont pas faite. Au contraire, le grand résultat de ces mines a consisté à doter la France, l'Allemagne, les États-Unis et quelques États secondaires d'un stock d'or en rapport avec leur développement économique.

Aussi, jusqu'en 1848, l'or a-t-il obtenu en France une prime élevée. Le prix de l'or en barres était presque immuable sur le marché de Londres. Il était variable sur celui de Paris et plus haut qu'à Londres. Néanmoins l'or ne quittait pas Londres pour Paris. C'est un fait qui dépend d'une des lois générales de la monnaie métallique, la loi de Gresham, que j'examinerai dans le livre suivant. Les primes ne suffisent pas toujours pour faire mouvoir les métaux précieux : bien loin de là. Plus la prime monte, moins le métal émigre. Il ne vient que contraint et forcé, c'est pourquoi l'or valait plus à Paris qu'à Londres. J'emprunte à la déposition faite par l'honorable M. Juglar, l'un de nos statisticiens qui ont le mieux mis en relief la nécessité de suivre les mouvements de l'or parallèlement à ceux de l'argent, devant la commission de l'enquête monétaire de 1868, le tableau des primes sur l'or et l'argent à Paris de 1833 à 1850. Ce tableau prépare la réponse au problème que nous étudions.

TABLEAU.

ANNÉES.	MOIS.	PRIME sur l'or par 1,000 fr.	PRIME sur l'argent par 1,000 fr.	ANNÉES.	MOIS.	PRIME sur l'or par 1,000 fr.	PRIME sur l'argent par 1,000 fr.
1833	Janvier.	19	»	1845	Mai.	18.50	2
	Décembre.	10	6		Décembre.	11	2
1836	Mai.	13	7	1846	Mai.	10.50	2
	Décembre.	10	5.75		Décembre.	17	4
1837	Mai.	9.50	5.50	1847	Mai.	19	4
	Décembre.	7.50	5.25		Décembre.	12	2.50
1838	Mai.	10	5.50	1848	Mars	7	2
	Décembre.	8	5.50		Août.	8	2
1839	Mai.	9	5.50	1849	Mai.	18	1.50
	Décembre.	9.50	6.50		Décembre.	12.50	2
1840	Mai.	7.50	8	1850	Mai.	18	2.50
	Décembre.	4.50	8.50		Décembre.	1	8.50

Ainsi, de 1833 à 1850, la prime sur l'or en France n'a cessé de monter et celle sur l'argent de baisser. Les événements politiques, comme la crise de 1840, celle plus grave de 1848, n'ont exercé qu'une influence secondaire. La prime est plus élevée en 1850 qu'en 1848; puis, subitement, toute prime sur l'or disparaît. En 1850, la valeur de l'or, invariable en Angleterre, baissait en France.

CHAPITRE NEUVIÈME.

De la valeur de l'or depuis 1850.

En mai 1850, la prime sur l'or à Paris était de 18 par 1,000. M. Juglar reconnaît que de 1830 à 1850, elle a été en moyenne de 12 par 1,000. Tout à coup elle est précipitée à 1 par 1,000, taux actuel. Quelle pouvait être la portée d'un tel changement? c'est ce que les économistes se demandèrent.

Le premier avertissement (1) fut donné par Michel Chevalier.

Michel Chevalier insérait dans l'*Annuaire d'économie politique et de statistique* de 1852, à titre de supplément, une très courte notice sur *l'accroissement de la production de l'or et son influence*. Cette notice contient en germe toute la théorie qu'il a développée plus tard dans son livre *sur la baisse de l'or*. La notice est plus curieuse que le livre. Elle est écrite au moment où l'or de la Californie commence à apparaître et où se répand le bruit de la découverte des placers de l'Australie. Michel Chevalier considère la baisse de l'or comme inévitable. Il entrevoit que le rapport de valeur entre l'or et l'argent sera promptement ramené à ce qu'il était sous Charlemagne, à 10 : 1. Il va plus loin. Il admet une baisse de moitié et une hausse de 100 p. 100 dans le prix du blé; tout doublera, notamment le budget. Par contre la dette publique, qui n'était alors que de 250 millions de rentes, serait ramenée, de fait, à 125 millions.

Ah! l'heureux temps que celui de ces fables!

Toutefois Michel Chevalier concluait par une proposition qui n'était pas sans mé-

---

(1) Michel Chevalier a fait paraître dans la *Revue des Deux-Mondes* deux articles fort curieux sur la question monétaire, décembre 1846 et avril 1847 : on était à la veille des plus grands faits monétaires. Personne ne les soupçonnait : ces articles en sont la preuve.

rite. Il demandait qu'aucun rapport immuable ne fût établi entre la valeur de l'or et celle de l'argent.

La théorie de Michel Chevalier fit d'abord fortune; une certaine hausse se produisit sur l'argent; le rapport fut légèrement altéré. Cependant l'or affluait de toutes parts. Comme Tooke et Newmarck l'ont démontré, cet afflux n'a exercé, jusqu'en 1856, qu'une influence insensible sur les prix; puis est venue l'époque de l'accroissement de l'extraction de l'argent; le rapport a tendu à redevenir favorable à l'or. La théorie dut être abandonnée. Elle avait sans doute pour elle les précédents; mais, Michel Chevalier et Cobden, avec lui, avaient perdu de vue que, au XVIᵉ siècle, l'afflux des métaux précieux n'avait exercé d'influence sur les prix que dans la seconde moitié du siècle, que, malgré les progrès de la production, cette influence avait disparu au bout d'un siècle, et que l'énorme accroissement de l'or pendant le XVIIIᵉ siècle, sans modifier sensiblement les prix, avait eu pour résultat la baisse de l'argent et non celle de l'or.

Michel Chevalier avait laissé dans l'ombre la supériorité intrinsèque de l'or sur l'argent et ses conséquences: 1º l'avantage de substituer l'or à l'argent; 2º la persistance de la demande de l'or, malgré un accroissement de production dont personne ne soupçonnait alors l'étendue. La valeur de l'or dépend d'une proportion, d'une équation entre l'intensité de la production et l'intensité des besoins monétaires. La substitution de l'or à l'argent accroît sensiblement cette seconde intensité, de sorte qu'elle équilibre la première. Michel Chevalier n'avait pas tenu compte, de même que plusieurs économistes contemporains, de cette substitution.

La théorie de Michel Chevalier, sur la baisse de la valeur de l'or, n'était pas absolument inexacte. Seulement elle venait trop tôt; elle surgissait au moment le plus défavorable, au moment où la production, à peine en train, avait à satisfaire à une demande illimitée.

Depuis 1852 les choses ont bien changé: la production de l'or et de l'argent dure depuis 38 ans, toujours abondante, si abondante que l'argent a perdu le quart de sa valeur.

Il n'a été nécessaire, pour constater cette baisse, d'avoir recours ni à la comparaison des prix, ni à l'analyse du pouvoir d'achat. Le fait est apparu sans secret ni mystère.

Pourquoi en serait-il différemment quant à l'or?

J'ai pris, sur les relevés de l'*Économiste*, de 1844 à 1886, toutes les cotes du prix de l'or-lingot; de 1844 à 1886, fin juin et fin décembre de chaque année, avec les cotes du prix de l'argent-lingot, j'ai déjà fourni plusieurs tableaux des mouvements du prix de l'argent soit à Londres, soit à Paris. Néanmoins je ne considère pas comme inutile de reproduire, dans un nouveau tableau, les cotes des prix de l'once d'or et de l'once d'argent standard à Londres. La comparaison de ces cotes me paraît plus parlante que tous les raisonnements indirects et tous les calculs reposant sur des hypothèses discutables *ad infinitum*.

Ce tableau, qui contient 94 cotes de prix, montre, d'une manière saisissante, deux lois de la valeur des métaux précieux: la fixité de l'or et la variabilité de l'argent.

TABLEAU.

Tableau des prix de l'or et de l'argent à Londres, 1844-1886.

ANNÉES.		OR.			ARGENT.	
		liv.	sch.	den.	sch.	den.
1844	30 mars	3	17	9½	4	11
	fin décembre	»	»	»	»	»
1845	fin juin	3	17	9	4	11
	fin décembre	»	»	»	»	»
1846	fin juin	»	»	»	»	»
	fin décembre	3	17	9	5	0½
1847	fin juin	3	17	9	4	11 ³/₁₆
	fin décembre	3	17	9	4	11 ³/₁₆
1848	fin juin	3	17	9	4	11 ¹/₁₆
	fin décembre	3	17	9	4	9 ³/₁₆
1849	fin juin	3	17	9	»	»
	fin décembre	»	»	»	»	»
1850	fin juin	»	»	»	»	»
	fin décembre	»	»	»	»	»
1851	fin juin	»	»	»	»	»
	fin décembre	»	»	»	»	»
1852	fin juin	3	17	9	5	0¾
	fin décembre	3	17	9	5	1½
1853	fin juin	3	17	9	5	1 ³/₁₆
	fin décembre	3	17	9	5	1 ³/₄
1854	fin juin	3	17	9	5	1½
	fin décembre	3	17	9	5	1 ³/₁₆
1855	fin juin	3	17	9	5	1¼
	fin décembre	3	17	9	5	1 ³/₁₆
1856	fin juin	3	17	9	5	1¼
	fin décembre	3	17	9	5	1½
1857	fin juin	»	»	»	»	»
	fin décembre	3	17	9	5	1 ³/₁₆
1858	fin juin	3	17	9	5	1 ³/₄
	fin décembre	3	17	9	»	»
1859	fin juin	3	17	9	5	2
	fin décembre	3	17	9	5	2
1860	fin juin	»	77	9	5	1½
	fin décembre	3	17	9	»	»
1861	fin juin	3	17	9	»	»
	fin décembre	3	17	9	»	»
1862	fin juin	3	17	9	5	1
	fin décembre	3	17	9	5	1½
1863	fin juin	»	77	9	5	1½
	fin décembre	»	77	9	5	1½
1864	fin juin	»	77	9	5	0½
	fin décembre	»	77	9	5	1½
1865	fin juin	»	77	9	5	1¼
	fin décembre	»	77	9	5	1½

ANNÉES.		OR.			ARGENT.	
		liv.	sch.	den.	sch.	den.
1866	fin juin	»	77	9	5	2¼
	fin décembre	»	77	9	5	0¾
1867	fin juin	»	77	9	5	0½
	fin décembre	»	77	9	5	0
1868	fin juin	»	77	9	5	5½
	fin décembre	»	77	9	5	0½
1869	fin juin	»	77	9	5	0½
	fin décembre	»	77	9	5	0½
1870	fin juin	»	77	9	5	0½
	fin décembre	»	77	9	5	0½
1871	fin juin	»	77	8¾	5	0¾
	fin décembre	»	77	9	5	0½
1872	fin juin	»	77	9	5	0½
	fin décembre	»	77	9	4	11½
1873	fin juin	»	77	9	4	11 ³/₁₆
	fin décembre	»	77	9	4	10
1874	fin juin	»	77	9	4	11
	fin décembre	»	77	9	4	9½
1875	fin juin	»	77	9	4	7½
	fin décembre	»	77	9¼	»	56½
1876	fin juin	»	77	9	»	51½
	fin décembre	»	77	10	»	56¾
1877	fin juin	»	77	9	»	54¾
	fin décembre	»	77	9	»	54
1878	fin juin	»	77	9¼	»	52¾
	fin décembre	»	77	9	»	49½
1879	fin juin	»	77	9	»	51½
	fin décembre	»	77	9	»	52¾
1880	fin juin	»	77	9	»	52⅝
	fin décembre	»	77	9½	»	51½
1881	fin juin	»	77	9	»	51½
	fin décembre	»	77	9	»	51⅞
1882	fin juin	»	77	9	»	52
	fin décembre	»	77	9	»	50
1883	fin juin	»	77	9	»	51
	fin décembre	»	77	9	»	50 ¹³/₁₆
1884	fin juin	»	77	10	»	50½
	fin décembre	»	77	9	»	49 ⁹/₁₆
1885	fin juin	»	77	9	»	49½
	fin décembre	»	77	9	»	46⅞
1886	fin avril	»	77	9¼	»	46¾
	fin juin	»	77	9	»	44 ¹¹/₁₆
	fin avril	»	77	9	»	42½
	15 décembre	»	77	9	»	46¾

77 sch. 9 — 3 liv. 17 sch. 9
56 pence — 4 sch. 8 pence.

Ainsi, sur le marché de Londres, pour 94 cotes de prix aux époques de liquidation semestrielle :

1° Le prix de l'or n'a varié que 7 fois, et l'amplitude des variations, sur un prix fixe de 3 livres 17 schellings 9 deniers a été de 8 deniers ³/₄ à 10, soit 1 denier ¹/₄ ;

2° Le prix de l'argent n'a présenté que 18 cotes identiques, et sa valeur a varié de 5 schellings 2 deniers à 4 schellings 8 deniers ³/₄, soit 1 schelling 5 deniers ¹/₄.

Le fait de la fixité de la valeur de l'or a été analysé avec soin par M. Roswag, en 1862 (1). Ses remarques judicieuses et ses calculs ont été pleinement confirmés

(1) *Les Métaux précieur*, 326.

depuis. M. Roswag établit, d'abord, que, de 1226 à 1800, la valeur absolue, intrinsèque de l'or, d'après les frais de production, aurait été inférieure à $^1/_{10}$, et que la baisse aurait eu lieu tout entière de 1650 à 1700. A partir de 1700 la valeur de l'or serait restée fixe. Quant à la période de 1800 à 1862, la baisse n'aurait été que de $^1/_{25}$.

En 1859 M. Newmarck arrivait à la même conclusion : l'afflux de l'or californien et australien n'avait pas eu d'influence sur le prix de l'or.

En ce qui est de la baisse du pouvoir d'achat, en 1862, M. Roswag l'évaluait à 4 p. 100 pour l'or et l'argent réunis, soit $^1/_{20}$.

Il me paraît essentiel, pour se rendre compte de la valeur réelle de l'or, de dégager la discussion de la plupart des éléments indirects qu'on y a introduits.

Un premier fait a été établi : la baisse de l'argent, fait conforme à une tradition historique constante, invariable : ce qu'il y a de remarquable dans l'histoire des métaux précieux, depuis 1848, c'est que cette baisse n'ait pas été plus rapide, plus accentuée, en présence des progrès de la production de l'or, du développement des instruments monétaires, et des moyens plus rapides de circulation de l'or.

Le fait de la baisse de l'argent a été constaté directement par le prix de l'argent en lingot sur le marché et indirectement, soit par le ralentissement du monnayage de l'argent dans les États non producteurs, soit par son accélération par les États producteurs, soit par l'accroissement du monnayage de l'or. Les causes de cette baisse ont été très nettement discernées et accusées : 1° l'abondance de la production ; 2° la tendance de l'or à se substituer à l'argent ; 3° la concurrence des divers instruments monétaires ; 4° les inconvénients naturels de l'argent ; 5° la tradition elle-même de la baisse de l'argent, et 6° enfin la diminution générale de valeur de tous les métaux.

Quatre éléments doivent entrer dans l'étude de la valeur de l'or : frais de production (1), rareté ou abondance de production, pouvoir d'achat, rapport avec l'argent.

L'analyse de ces éléments a été compliquée de leur comparaison avec les conditions diverses de la valeur de l'argent : frais de production, rareté ou abondance, pouvoir d'achat, rapport avec l'or.

Puis, la matière n'étant pas, sans doute, assez obscure, on a fait intervenir les rapports à courte ou longue échéance des prix avec ces divers éléments et l'influence des encaisses, des réserves des banques, ainsi que la corrélation des situations monétaires avec les crises et le taux soit de l'escompte, soit de l'intérêt.

M. Stanley Jevons n'a pas hésité à rattacher les crises commerciales à l'apparition et à l'importance des taches solaires, ni M. E. de Laveleye à jauger les planètes au point de vue de leur richesse en or (2). D'après sa théorie, la terre serait une des planètes les mieux partagées à cet égard ; mais l'or ne se rencontrerait que dans les couches les plus profondes de la planète et il reculerait devant la civilisation. La civilisation expulserait l'or. Malgré l'autorité de ces deux économistes, il n'est pas possible de les suivre dans leurs hypothèses.

La fixation de la valeur de l'or est devenue presque inextricable par les moyens

(1) *Le Génie civil* (8 et 15 mai 1886) a publié une étude intéressante sur le coût de production et la valeur des métaux précieux. Consulter *Journal of chamber of commerce of London*, octobre 1885.

(2) *Revue des Deux-Mondes*. 15 août 1878.

qui ont été employés pour la calculer. On a d'abord distingué la valeur intrinsèque de l'or, c'est-à-dire son prix de revient d'après les frais de production. Puis on a voulu étudier à part le pouvoir de l'or, c'est-à-dire sa corrélation avec les marchandises et objets de toute nature dont il est l'instrument d'achat. Ces deux caractères des métaux précieux ont été examinés avec soin, dans tout le cours de la civilisation depuis 25 siècles, par les statisticiens et les économistes. A cette double distinction, fort difficile à bien indiquer, on en a joint deux autres : d'une part le rapport de valeur entre l'or et l'argent, et d'autre part un fait nouveau, ou prétendu nouveau, l'*appréciation* de l'or. Après plusieurs années de discussion, on a reconnu, en Angleterre, la nécessité de ne pas confondre l'*appréciation* de l'or avec sa valeur intrinsèque, son pouvoir d'achat et sa plus-value sur l'argent. L'expression *appréciation* de l'or a même été remplacée par celle-ci : *scarcity* (rareté) de l'or. Bien qu'il y ait une corrélation naturelle entre la rareté et la puissance d'achat, on peut toutefois accepter la distinction, la puissance d'achat ne dépendant pas toujours de la rareté.

Rapprochant ces faits de ceux constatés au xviie siècle, M. Roswag rappelle que la valeur intrinsèque de l'argent avait baissé de 312 p. 100 et son pouvoir d'achat de 600 p. 100. Or la production d'or et d'argent de 1848 à 1862 avait été tout autrement considérable et rapide qu'aux xvie et xviie siècles.

La fixité du prix de l'or est confirmée par la loi constitutive de la Banque d'Angleterre. La Banque est tenue de payer l'or 77 schellings 9 deniers. Il n'y a pas eu nécessité de changer ce cours depuis 42 ans. Il est même devenu un embarras pour la Banque par sa fixité, notamment dans les achats d'or monnayé. La Banque ne trouve ni à acheter en baisse, ni à vendre en hausse. Ses opérations sont très limitées. Elle achète à 77.9 pour vendre à 77.10 ¹/₂ l'or en barres. Les oscillations sont plus étendues sur les monnaies mêmes, mais difficiles encore (1).

En est-il de même en France ? J'ai interrompu, à l'année 1850, la déposition de M. Juglar devant la commission de 1868. En six mois la prime sur l'or était tombée de 18 p. 1,000 à 1 p. 1,000. Que s'est-il passé depuis 1850 ? Le tableau ci-après contient les cotes de l'or et de l'argent en France de 1851 à 1886. Il a été dressé par M. Juglar jusqu'en 1868.

ANNÉES.	MOIS.	PRIME. Or. (1,000 fr.)	PRIME. Argent. (1,000 fr.)	ANNÉES.	MOIS.	PRIME. Or. (1,000 fr.)	PRIME. Argent. (1,000 fr.)
1851	Mai.	2.50	4.50	1859	Mai.	»	24
	Décembre.	0.75	9.50		Décembre.	»	24
1852	Mai.	6	10	1860	Mai.	»	25
	Décembre.	0.50	9.50		Décembre.	»	22
1853	Mai.	0.25	11	1861	Mai.	2.50	20
	Décembre.	0.50	9.50		Décembre.	3	15
1854	Mai.	4	12	1862	Mai.	2	18
	Décembre.	3	12		Décembre.	1	26
1855	Mai.	3	13	1863	Mai.	1	19
	Décembre.	5	20		Décembre.	3	25
1856	Mai.	6	20	1864	Mai.	4	35
	Décembre.	7	25		Décembre.	3	12
1857	Mai.	7	30	1865	Mai.	3	15
	Décembre.	7	35		Décembre.	1	12
1858	Mai.	pair.	14	1866	Mai.	1	25
	Décembre.	»	10		Décembre.	pair.	30

(1) Enquête de 1868.

ANNÉES.	MOIS.	PRIME. Or.	PRIME. Argent.	ANNÉES.	MOIS.	PRIME. Or.	PERTE. Argent.
		1,000 fr.	1,000 fr.			1,000 fr.	1,000 fr.
1867	Mai.	1	15	1877	Mai.	1/2	90
	Décembre.	1/2	9		Décembre.	pair.	102
1868	Mai.	1/2	9	1878	Mai.	pair.	98
	Décembre.	pair.	8		Décembre.	1.50	167
1869	Mai.	0.50	10.50	1879	Mai.	pair.	170
	Décembre.	1.50	10		Décembre.	4	125
1870	Mai.	1.50	10.50	1880	Mai.	4.50	130
	Décembre.	»	»		Décembre.	5	130
1871	Mai.	2	»	1881	Mai.	3.50	125
	Décembre.	15	10		Décembre.	3	130
1872	Mai.	5	1 1/2	1882	Mai.	1	130
	Décembre.	11	6		Décembre.	1	160
1873	Mai.	10	5	1883	Mai.	1	155
	Décembre.	10	1 1/2		Décembre.	1	150
1874	Mai.	5	6 1/2	1884	Mai.	1	155
	Décembre.	pair : **perte** 35			Décembre.	4	170
1875	Mai.	pair.	35	1885	Mai.	1	172
	Décembre.	»	53		Décembre.	1	220
1876	Mai.	»	100	1886	Mai.	1	247
	Décembre.	»	55		Décembre.	5 1/2	227

Ce tableau constate :

1° En ce qui concerne l'argent que, de 1851 à 1870, il s'est maintenu sur l'argent une prime variable de 10 à 30 p. 1,000 en moyenne, que de 1872 à 1874 elle a baissé à 1 1/2 et fait place fin 1874 à une perte qui n'a cessé de s'accentuer. Le caractère du prix de l'argent, de 1851 à 1886, en hausse comme en baisse, c'est la variabilité.

2° En ce qui concerne l'or que, sauf les années de la guerre de Crimée et du règlement de l'indemnité due à l'Allemagne et des importations de céréales (1879-1881), la prime n'a pas dépassé 3 p. 1,000 pour se maintenir, en moyenne, à 2 p. 1,000 et que sur 78 cotes 12 ont marqué le pair.

Dans l'ensemble, depuis 1851, les prix de l'or ont été tout autrement fixes que ceux de l'argent. Le même fait a été établi pour le marché de Londres.

Malgré cette fixité pendant près d'un demi-siècle, deux opinions autorisées se sont produites pour affirmer l'une la dépréciation, l'autre l'appréciation de l'or. La contradiction de ces deux opinions est expliquée facilement par les faits.

La première a été soutenue, avec une grande insistance, par M. Stanley Jevons, sous l'influence des écrits de Michel Chevalier et de Wolowski, et de la hausse générale qui marque la période de 1858 à 1865. M. Stanley Jevons l'a développée dans plusieurs mémoires publiés récemment sous le titre de : *Investigations in currency and Finance*. M. Stanley Jevons admet que la valeur de l'argent a diminué de 15 p. 100 et qu'elle est appelée à baisser jusqu'à 30 p. 100, sauf à se relever plus tard. Pour établir cette diminution, il montre que, de 1845 à 1862, les prix de 30 sur 39 marchandises principales ont éprouvé une hausse notable. La simultanéité de la hausse sur un si grand nombre de marchandises lui paraît attester l'influence d'un fait général supérieur à tous les faits particuliers qui agissent sur les prix (1). Ce fait général reconnu, il en signale l'influence présente ou future

---

(1) Les idées et les chiffres de M. Stanley Jevons ont été soumis à une critique des plus vives par M. V. Bonnet (*Études monétaires*, 39-60) ; c'est l'une des parties les plus intéressantes de cet ouvrage toujours à consulter.

sur la condition économique de l'Angleterre et des peuples principaux ; il annonce une crise profonde et dangereuse, l'insuffisance des impôts, l'amoindrissement des revenus, la ruine des créanciers, la nécessité de compensations : c'est la reprise, bien qu'avec plus de réserve, des théories de Michel Chevalier. La raison de cette dépréciation, c'est l'excès de la production de l'or. Tous les besoins pourvus, il reste à employer 9,550,000 liv. st., soit 240 millions d'or ! Et encore cette production n'a-t-elle pas dit son dernier mot. M. Stanley Jevons paraît avoir conservé cette opinion jusqu'à la fin. Son dernier mémoire était consacré à la même question. Il était, par suite, peu favorable à l'argent. Il admettait que l'argent avait moins baissé que l'or, qu'il avait servi, selon le mot même de Michel Chevalier, de parachute à l'or, mais qu'il serait entraîné par le mouvement de baisse, en vertu de la solidarité existant entre l'or et l'argent, que l'argent était un métal inférieur et que son emploi devait se restreindre. Il était un adversaire résolu du bi-métallisme.

La seconde opinion est plus récente. Elle compte pour elle des autorités considérables : MM. Giffen, Goschen, Gibbs, Grenfell, Hankey, Barclay, les chambres de commerce de Manchester et de Londres. C'est le contrepied des théories de MM. Michel Chevalier, Wolowski, Stanley Jevons. L'or, au lieu d'être surabondant, est trop rare ; les besoins ordinaires satisfaits, il ne reste, chaque année, disponibles que 25 millions de francs sur 500 pour parer aux demandes des divers États, 19 millions de livres sterling étant nécessaires pour les arts et la réparation des frais et pertes, etc. Il y a vingt ans il y avait excès, aujourd'hui il y aurait pénurie d'or. Il y a vingt ans toutes les marchandises étaient en hausse, aujourd'hui elles seraient toutes en baisse. MM. Giffen et Goschen présentent de nouvelles tables, exactement semblables à celles de M. Stanley Jevons, pour établir la baisse des prix comme M. Stanley Jevons justifiait de la hausse. Cette baisse est générale, les plaintes sont universelles ; les crises se multiplient : crise commerciale, crise foncière, crise industrielle. Selon l'auteur d'un article remarquable de la *Revue d'Édimbourg* (1), ces crises s'aggraveront encore ; l'Europe aura à traverser une époque terrible : l'abondance et le bon marché régneront partout, mais les salaires auront baissé de moitié ainsi que les prix de toutes les marchandises ; fermages et loyers seront réduits d'autant, tandis que les rentiers, les créanciers, les gouvernements recevront le double de ce qui leur revient. M. Moreton Frewen est encore plus pessimiste. La rareté de l'or lui paraît menacer d'un naufrage irrémédiable toute la civilisation contemporaine, de même qu'elle aurait plus contribué à la chute de l'empire romain que les invasions, les révoltes et le despotisme.

Tout indique que ces deux opinions si opposées, si contradictoires, qui se réfutent elles-mêmes, ont une commune origine : une systématisation hâtive et un emploi immodéré de l'application des calculs mathématiques aux faits économiques.

Michel Chevalier, en 1852, prenait certainement le pas sur les événements ; il désertait la méthode expérimentale pour se servir de la méthode déductive ; il attribuait immédiatement, par induction de faits anciens mais non actuels, à un grand événement monétaire, au début duquel il assistait, les résultats d'un événement identique dont l'influence s'était prolongée pendant 300 ans ; il déduisait du passé des corollaires pour le présent, sans laisser la parole au présent même. Tendances identiques chez M. Wolowski ; peut-être est-elle plus grave encore chez M. Stanley

(1) Janvier 1883.

Jevons. Michel Chevalier se bornait à des prophéties, Stanley Jevons a essayé de tirer des inductions de faits insuffisants. Il était enclin, au surplus, à exagérer les avantages d'appliquer aux faits économiques les méthodes des sciences mathématiques.

Aussi, d'autres esprits, non moins distingués, ont-ils eu recours aux mêmes méthodes pour démontrer les conséquences de la rareté de l'or, quand M. Stanley Jevons les utilisait pour établir sa surabondance.

Ni les uns ni les autres ne se sont servis des faits directs, parce qu'ils leur demandaient ou parce qu'ils leur demandent encore des arguments en faveur d'un axiome, qu'on rencontre dans un grand nombre d'excellents esprits : c'est que l'abondance ou la rareté des métaux précieux ont une influence immédiate et comme irrésistible sur les prix et sur les conditions économiques ; c'est que rien ne peut y parer ; c'est que les mouvements de l'or et de l'argent ont exercé, à diverses reprises, une action générale, bienfaisante ou nuisible.

Cependant Adam Smith, Leber, Tooke, Newmarck même avaient circonscrit avec soin cette action ; ils avaient montré qu'elle était lente et inégale. Tooke, notamment, avait reconnu que l'afflux de l'argent, au XVIe siècle, était resté trois quarts de siècle sans influence et que l'afflux de l'or au XVIIIe siècle n'en avait qu'une insensible. Les cotes de l'or et de l'argent, jusqu'en 1873, n'accusaient aucun changement, conformément à l'observation sagace de Tooke.

Depuis 1873, les cotes de l'or et de l'argent ont été suivies de plus près ; mais il ne semble pas qu'on ait interprété, avec netteté, le fait économique dont elles sont la preuve ; cependant ce fait est la clef de tout le problème monétaire contemporain.

CHAPITRE DIXIÈME.

De la substitution de l'or à l'argent.

Ce fait, c'est la substitution progressive de l'or à l'argent dans la circulation monétaire et même dans les emplois industriels.

Comme circulation monétaire, cette substitution est accomplie depuis la fin du XVIIIe siècle et, légalement depuis 1816, en Angleterre ; elle s'est opérée dans les États scandinaves, en Allemagne, en Portugal ; elle s'est préparée et se fait, sous nos yeux, en France, en Italie, en Belgique, en Suisse, en Grèce, en Roumanie ; elle pourrait se réaliser rapidement en Espagne. On est autorisé à prévoir qu'à la fin du siècle, elle aura en lieu dans tous ces États représentant actuellement un groupe de 200 millions d'individus. Ces États sont d'ores et déjà en possession d'un stock d'or de 17,215 millions, stock supérieur de 3,215 millions au stock total de tous les peuples en 1850. Ce stock doit être entretenu. La dépense de cet entretien a donné lieu à beaucoup de calculs. Stanley Jevons l'évaluait à 12,250,000 fr. par an ; somme sans importance pour une production annuelle de 500 millions de francs, et probablement trop élevée, car la dépense du frai est comme insensible dans la consommation de l'or.

Il est vrai que la dépense de l'entretien de la circulation d'or a été étendue. On y a ajouté l'accroissement des réserves ou encaisses des banques au fur et à mesure du développement des affaires et celui du stock par tête au fur et à mesure de l'augmentation de la population. Michel Chevalier avait évalué la consommation annuelle de l'or à 450 millions (1) : industrie 123,5, pertes et thésaurisation 52,5, frai 12 2, commerce 77,6, population 77,6, nouveaux États, 106,6 ; prévoyant une production de 1,050 millions, il se trouvait en présence d'un excédent effrayant. Stanley Jevons considérait même ces évaluations comme excessives ; il portait l'excédent plus haut. Toutes ces hypothèses ont été démenties par les faits.

Loin de trouver les estimations de Michel Chevalier exagérées, M. Giffen les tient pour insuffisantes. Il augmente de 100 p. 100 la dépense d'entretien à raison du développement du commerce et de la population et l'estime à 375 millions par an, de sorte qu'après avoir appliqué 125 millions aux besoins industriels, il ne reste aucune ressource disponible, en présence d'une production qui est à peine la moitié de celle entrevue par Michel Chevalier, pour le frai et la thésaurisation, les pertes et la demande des peuples, désireux d'avoir leur part d'or.

Les faits qui se passent sous nos yeux ne paraissent pas confirmer les calculs de M. Giffen, pas plus qu'ils ne se sont prêtés aux hypothèses de Michel Chevalier. L'or n'est en hausse sur aucun marché ; il ne jouit que d'une prime très minime (2). Il est, en France, d'une abondance extraordinaire ; 1,300 millions d'or se trouvaient encore en 1887 accumulés à la Banque de France ; une pareille masse d'or s'était déjà constituée en 1876 ; mais, depuis 1876, la circulation d'or a été définitivement mise en train dans les États scandinaves, en Allemagne, en Italie, en Grèce ; au 1er mai 1886 les encaisses des principales banques d'Europe et des banques de New-York s'élevaient à 5 milliards au moins. Ces encaisses sont certainement plutôt supérieures aux besoins des affaires qu'insuffisantes.

Dès qu'il ne se produit pas de prime sur l'or, c'est que la distribution actuelle de l'or répond aux besoins, c'est que les encaisses des banques y pourvoient. En général, les statisticiens sont portés ou à exagérer les besoins des encaisses ou à en amoindrir la puissance. Ces deux idées sont corrélatives. La fonction des encaisses a changé à raison soit de la multiplicité et de la rapidité des moyens de transport qui, pour l'or, ont précisément une plus grande efficacité que pour l'argent, soit de l'énergie des nouveaux instruments monétaires. La nécessité de l'or a strictement diminué, et cette diminution aurait eu son influence sur la valeur de l'or, si l'amoindrissement certain de la nécessité de l'or pour certains peuples qui le possèdent depuis longtemps n'était compensé par sa tendance à remplacer l'argent chez les peuples qui ne le possèdent pas encore. L'utilité de l'or a baissé, mais son emploi s'est étendu. Tous les progrès de notre époque ont le même caractère.

C'est notamment ce qui a lieu pour les emplois industriels. On constate une diminution notable de l'emploi industriel de l'argent. L'habitude de la vaisselle d'argent s'est affaiblie : les bijoux en argent, les montres en argent sont remplacés par des bijoux et des montres en or. La montre en or n'a plus la même importance qu'il y a 25 ans ; mais elle est portée par un bien plus grand nombre de personnes.

En général, le fait de la substitution de l'or à l'argent soit dans les systèmes monétaires, soit dans les emplois industriels des diverses nations, n'a pas été dégagé avec assez de netteté. On n'a pas suffisamment tenu compte de ses origines, de ses

---

(1) Stanley Jevons, *Investigations*, p. 67-68.

(2) Dans le cours de l'année 1886 de nouveaux placers d'or abondants et importants ont été mis en exploitation dans l'Australie occidentale district de Kimberley, dans l'Afrique australe, dans la Mantchourie et jusque dans la Terre-de-Feu. On entrevoit un nouvel élan de la production.

causes et de sa puissance. Il correspond à une tendance invincible des populations qui, de tout temps, ont attribué une bien plus grande valeur à l'or qu'à l'argent. Cette tendance ne se modifiera pas. Elle repose sur des causes naturelles contre lesquelles il est inutile de s'inscrire et dangereux de lutter.

La contradiction que l'on rencontre chez tant de publicistes à l'égard de la fonction présente de l'or s'explique donc naturellement (1).

Tantôt on exagère l'utilité monétaire de l'or; on met en parallèle l'énormité des besoins avec l'insuffisance de la production; on entrevoit une contraction monétaire générale; on méconnaît l'action ou l'énergie des instruments monétaires qui remplacent l'or lui-même; on ferme les yeux devant la substitution des billets de banque, des chèques, des mandats télégraphiques, des virements, des titres au porteur à la monnaie; on prédit des crises permanentes à raison de la rareté de l'or et l'on constate en même temps que le cours de l'or est immuable, que l'or ne jouit d'aucune prime, qu'il en existe des accumulations immenses, que la rareté de l'or est un fantôme. Tous les raisonnements sont fondés sur la rareté de l'or, rareté qui n'existe pas.

Tantôt on se révolte contre la tendance de l'or à se substituer à l'argent. Cependant dès que l'or n'est plus rare, sa tendance fatale est d'aborder de nouveaux rivages, selon la belle comparaison de Turgot, car il sera ainsi satisfait aux désirs et aux besoins d'un plus grand nombre d'hommes. Tout ce qu'il peut être légitime de prévoir, c'est que l'or pourra ne pas se fixer, dès sa première visite, sur le rivage où il est porté. A-t-il quitté l'Angleterre? a-t-il quitté l'Espagne? a-t-il quitté la France? a-t-il quitté l'Allemagne? a-t-il quitté les États scandinaves? De 1873 à 1878, il a pu se produire, en Allemagne, quelques oscillations. Tout l'or, acquis par la guerre, n'a pu rester à demeure. Néanmoins l'approvisionnement d'or de l'Allemagne est un fait accompli. Le stock d'or de l'Allemagne dépasse actuellement 1,800 millions de francs. Il n'était en 1850 que de 250 millions, celui de la France n'était que de 400 millions, il atteint à près de 5 milliards. Une nouvelle expérience s'accomplit en Italie (2). Personne ne doute que l'or, après quelques oscillations, ne se fixe en Italie. Il en sera de même pour la Belgique et la Hollande, dont les stocks d'or ont triplé. Avec plus de sévérité dans la gestion de ses finances et la paix, l'Autriche pourrait préparer la suppression du papier-monnaie et de l'agio si élevé qu'elle subit.

Un publiciste éminent, qui a souvent, comme Stanley Jevons, tenté l'application des méthodes des sciences exactes aux problèmes économiques, M. Cournot, a mieux entrevu que beaucoup d'économistes contemporains, les causes et la direction générales de la révolution monétaire (3). Il a reconnu que les faits monétaires étaient avant tout dominés par ce qu'il y a d'empirique dans les choses humaines. Pour preuve, il lui a suffi de rappeler que tous les calculs des mathématiciens illustres qui avaient préparé la réforme monétaire de 1795 avaient été déjoués par les

---

(1) Ainsi dans le fascicule du *Banker's Magazine* de juin 1886 on trouve en même temps un article sur l'extension des besoins de l'or et sur l'économie dans l'usage monétaire de l'or.

(2) Voir le 4ᵉ rapport de la commission du cours forcé, février 1886, par M. le sénateur Lampertico. La difficulté de retenir l'or n'est plus économique, elle est financière : elle tient à la dette italienne.

(3) Cournot, *Revue sommaire des doctrines économiques*, 1877. La 3ᵉ section des *monnaies* est l'un des meilleurs écrits qui existent sur les questions monétaires.

changements survenus dans les faits (1). Les calculs étaient exacts ; les bases, supposées immuables, étaient mobiles. Les géomètres de la Révolution n'ont même pas tenu compte des faits monétaires de leur temps. Ils se sont trompés, comme Mirabeau se trompait, en attribuant à l'argent, à la fin du XVIII° siècle, une supériorité qu'il avait perdue.

M. Cournot, bien que trop favorable encore à l'argent, à raison de ce que la part de la nature est moins grande dans sa valeur que dans celle de l'or (2), s'incline néanmoins devant les deux grands faits monétaires de notre siècle, l'immense production de l'or et le développement des instruments monétaires auxiliaires. Pour lui le problème ne consiste pas à rechercher si l'argent n'a pas baissé — car cette baisse est fatale — mais si l'or n'y a pas participé. Dès que la production de l'or et l'accroissement des instruments auxiliaires ont pris des proportions nouvelles, ces proportions peuvent excéder les besoins, d'où baisse de la valeur de l'or, son emploi diminuant d'intensité. M. Cournot se rapproche ainsi de la théorie de Stanley Jevons et de Michel Chevalier, bien qu'il soit loin d'interpréter les faits comme eux. Les cotes de la prime de l'or, de 1851 à 1886, relevées plus haut, accusent, en effet, une tendance assez forte de la prime sur l'or à disparaître.

Néanmoins, on peut se demander si M. Cournot a fait la part assez large aux besoins d'or. La révolution monétaire contemporaine est universelle. Il ne s'agit pas seulement de garantir à l'Italie un stock d'or, il s'agit d'introduire la circulation de l'or dans des contrées autrement vastes. C'est cette extension qui garantit actuellement l'or contre toute chance de baisse. La substitution de l'or à l'argent doit s'opérer partout ; partout l'argent est condamné, ce qu'entrevoit fort clairement M. Cournot, au rôle de monnaie d'appoint : *Sic fata voluere*.

Les progrès, les étapes de cette substitution de l'or à l'argent expliquent les divers incidents monétaires qui marquent la période si intéressante de 1848 à 1886. Pourquoi l'afflux immense de l'or, depuis 1848, n'a-t-il exercé aucune action sur le prix de l'or ? pourquoi les prévisions de Michel Chevalier, de Wolowski, de Stanley Jevons, fondées sur des précédents historiques considérables, bien que mal appliqués, ont-elles été démenties ? C'est que l'or s'est lentement substitué à l'argent. Cette substitution, si clairement accusée déjà au XVIII° siècle, a été le facteur principal. On ne lui a pas attribué une place assez grande. Pourquoi, malgré le développement de la clientèle de l'or, l'extension de son domaine, une demande plus active, ne s'est-il pas produit de plus-value dans le prix de l'or ? c'est que la nécessité, l'utilité de l'or ont diminué en même temps que son emploi s'étendait. Croit-on que la France a besoin de 5 milliards d'or pour faire face à ses opérations ?

De sorte que les hypothèses, les prévisions, les théories des économistes qui redoutaient la rareté de l'or ont dû être abandonnées comme celles qui accusaient les désastres de l'abondance de l'or. M. Cernuschi, qui a pris une notable part aux polémiques monétaires contemporaines, a été lui-même contraint de s'incliner devant l'abondance de l'or.

Tels sont les faits qui expliquent la fixité des cours de l'or depuis 1844. Cette fixité indique que l'or n'a éprouvé de changement notable ni dans sa valeur intrin-

(1) Dito page 156
(2) Dito page 111

séque, ni dans son pouvoir d'achat. Les évaluations de M. Roswag doivent même être tenues pour excessives. Il était loin de les accepter comme définitives.

Les marchandises ne pouvaient avoir la même fixité. Elles ne l'ont jamais eue. Les variations de leurs prix dépendent de causes diverses. Dans ces causes la monnaie, à de très rares exceptions, n'exerce qu'une influence secondaire. C'est ce qu'Adam Smith, MM. Tooke et Newmarck ont reconnu. On en trouve la preuve dans les relevés des variations de prix, dus à M. Stanley Jevons (1). M. Stanley Jevons a calculé ces variations de 1782 à 1865. Il suffit de comparer entre elles les variations des deux dernières périodes de 20 ans. La première, de 1825 à 1845, a présenté une accalmie monétaire complète ; la seconde, de 1845 à 1865, a joui d'une activité monétaire extraordinaire.

Le rapprochement des variations des prix dans deux périodes si différentes ne peut manquer d'être instructif.

ANNÉES.	BLÉ.	COTON.	FER.	BOIS.	ANNÉES.	BLÉ.	COTON.	FER.	BOIS.
1825	139	63	114	133	1846	111	28	60	90
1826	»	40	»	»	1847	142	29	»	91
1827	119	»	»	»	1848	»	21	»	»
1828	»	4	»	93	1849	»	»	»	»
1829	134	41	»	101	1850	»	32	»	66
1830	»	»	»	98	1851	78	»	36	68
1831	135	33	»	104	1852	»	»	40	62
1832	»	»	61	»	1853	»	»	»	81
1833	»	»	65	»	1854	»	24	60	»
1834	»	»	»	»	1855	151	»	51	88
1835	80	55	»	»	1856	»	»	55	78
1836	»	»	86	126	1857	»	36	51	84
1837	»	»	74	»	1858	»	32	»	69
1838	»	38	77	»	1859	89	33	»	»
1839	143	41	»	»	1860	»	30	»	»
1840	»	36	»	111	1861	»	39	»	69
1841	»	37	»	113	1862	»	82	35	72
1842	»	»	»	»	1863	113	»	»	74
1843	»	»	»	»	1864	»	128	44	73
1844	»	»	43	84	1865	78	77	39	74
1845	103	24	59	96					

Dans la première période, celle d'accalmie monétaire, les prix du blé ont varié 6 fois avec des oscillations de 143 à 80 ; ceux du coton 7 fois, oscillations 63 à 24 ; ceux du fer 7 fois, oscillations 114 à 43 ; ceux du bois 9 fois, oscillations 133 à 84.

Dans la seconde période, celle d'agitation monétaire, les prix du blé ont varié 6 fois, amplitude des oscillations 142 à 78 ; ceux du coton 11 fois, oscillations 128 à 21 ; ceux du fer 7 fois, oscillations 60 à 35 ; ceux du bois 10 fois, oscillations 91 à 66.

Les amplitudes représentent 222 pour la première et 221 pour la seconde période.

Accalmie monétaire et accalmie politique dans la première ; agitation monétaire, disette de 1847, révolution de 1848, guerres de Crimée, d'Italie et de la sécession dans la seconde.

Toutes choses considérées, les variations des prix auraient donc été, au point de vue économique, plus importantes dans la première que dans la seconde période. Il en résulte que les variations des prix de 1845 à 1865, avec des amplitudes très

(1) *Investigations*, 41-47.

importantes, ne sont provenues des influences monétaires que dans une proportion imperceptible.

Si les variations des prix de 1845 à 1865 n'ont pas dépendu des faits monétaires, elles ont prêté, par leur fréquence et leur amplitude, aux hypothèses monétaires des publicistes. Mais les variations de 1825 à 1845 y prêtaient bien davantage puisque l'accalmie politique était complète. Seulement, en l'absence de faits monétaires, on a dû interpréter les variations des prix tout autrement.

Les influences monétaires auraient-elles été plus efficaces depuis 1865? c'est ce que je me propose d'examiner dans le livre suivant, en analysant la nature et les causes de la crise économique actuelle.

Dans le courant de 1887, il s'est produit une certaine prime sur l'or et une certaine hausse sur le prix de l'argent. A Paris, la prime sur l'or a atteint 6 pour 1,000 et, à Londres, le prix de l'once standard d'argent a touché à 46 pence; en même temps il se manifestait une grande reprise sur plusieurs marchandises, en particulier sur les métaux : cuivre, étain, zinc. Les raisonnements qu'on aurait pu faire sur ces divers mouvements auraient été prématurés. En effet, l'argent en barres a été ramené à 44 pence et la prime sur l'or s'est presque évanouie, au moment de la plus forte hausse sur les marchandises; nouvelle preuve de la nécessité, pour apprécier les oscillations monétaires, de ne les observer que sur de longues périodes.

TROISIÈME PARTIE.

La révolution monétaire.

CHAPITRE PREMIER.

De l'influence de la révolution monétaire sur le groupe occidental.

Nous assistons à une révolution monétaire, à une évolution dans la fonction et l'importance réciproque des éléments monétaires. Les métaux précieux sont utilisés dans des conditions différentes; leur emploi est moins fréquent, leur transport plus facile, la sécurité dont ils jouissent plus grande, leur action plus concentrée, plus immédiate, en même temps qu'ils sont ou suppléés, ou secondés, ou remplacés par des instruments monétaires plus nombreux et plus efficaces.

Toutes les révolutions rencontrent des obstacles, blessent des intérêts, soulèvent des luttes : c'est le cas de la révolution monétaire. Elle est combattue ; elle suscite des polémiques, des plaintes; elle atteint sérieusement des intérêts considérables ; elle ne s'opère pas sans avoir à vaincre de nombreuses difficultés ; mais elle est inévitable.

Tous les esprits ne se rendent pas un compte exact de cette révolution. Les uns n'y voient qu'un fait accidentel, résultat de fausses mesures de la part des gouvernements, d'erreurs de la part des particuliers, notamment sur ce point décisif que l'or serait supérieur à l'argent; ils s'inscrivent en faux contre cette prétendue supériorité, bien qu'acceptée dans tous les siècles. Les autres pensent qu'on peut y remédier par des expédients, par des décrets, par des lois, par des proclamations ; ils invoquent les textes du *Digeste* (1) ; ils posent comme un axiome la toute-puissance monétaire des législateurs, Rois ou Parlements, pour élever ou abaisser, à leur gré, la valeur des monnaies ou leur condition réciproque d'échange ; ils se refusent à prendre en considération les faits qui constituent l'histoire même de la monnaie. Ils ne voient aucun lien solidaire entre le cours des monnaies et le prix des métaux précieux, malgré les innombrables transactions des hôtels de monnaie et des banquiers qui n'acceptent jamais les monnaies qu'à raison de leur titre et de

---

(1) Au mois de février 1886, M. Cernuschi a fait devant un public nombreux, dans l'amphithéâtre de l'École des *Hautes Études commerciales*, une conférence sur la question monétaire. Le conférencier a traité le sujet à son point de vue particulier et avec beaucoup d'humour. Il avait donné pour épigraphe à son discours un texte du jurisconsulte Paul, duquel il paraissait résulter que la monnaie n'avait pas besoin d'avoir pour fondement la valeur des métaux précieux. Ce texte avait été retracé en grands caractères sur un immense tableau qui occupait tout le mur de la salle, devant lequel se tenait l'orateur. Ce texte a été reproduit dans la dernière brochure de M. Cernuschi, 1886, *Anatomie de la monnaie*. Paul, tout en se trompant sur le fondement de la monnaie, ne dit point que sa valeur proviendrait de la marque de l'État, mais *de la quantité*. Or, la valeur de la monnaie ne provient ni de la frappe, ni de la quantité, mais de la substance.

leur poids. L'illusion est telle que les banquiers eux-mêmes, qui font ce trafic, s'imaginent que la loi peut, d'un côté, revêtir la monnaie d'une valeur idéale, tandis qu'ils continueront, d'un autre côté, à l'essayer et à la peser. Tous les gouvernements ont manipulé la monnaie, tous ont pratiqué la hausse et la baisse, tous ont été conduits à reconnaître leur impuissance à en régler le cours selon leur fantaisie. Le plus ancien des gouvernements, le gouvernement chinois, se borne, depuis des siècles, à garantir le titre des lingots d'argent qui, avec les chapelets de Sapèques et la liberté illimitée de la circulation fiduciaire, servent aux transactions innombrables du plus vaste empire du globe. A-t-il été moins sage et moins avisé que les autres gouvernements? C'est ce que nous aurons à examiner.

A côté de ceux qui nient la supériorité de l'or et de ceux qui enseignent que les États, ensemble ou séparément, possèdent le pouvoir d'attribuer ou de restituer aux monnaies une valeur différente de celle des métaux précieux, se placent les personnes qui, l'histoire en mains, établissent la fatalité de la nouvelle évolution monétaire, l'inutilité des efforts pour la prévenir et concluent qu'il n'y a rien à faire. Sous ce dernier rapport, l'histoire dément leur assertion; elle atteste, en effet, que des refontes de monnaie importantes, dont trois en France de 1726 à 1803, ont adapté les monnaies aux changements monétaires. Il est vrai qu'à cet égard plusieurs polémistes, parmi lesquels M. Cernuschi s'est placé au premier rang, affirment qu'aucune refonte n'est nécessaire et qu'une simple loi, ou plutôt une convention internationale universelle suffit.

Jusqu'à présent il n'est intervenu aucune convention monétaire universelle, parce que la diversité des intérêts particuliers des États, les progrès de la civilisation générale ne l'ont pas permis.

Lorsque des évolutions monétaires se sont nettement accusées, les États y ont adapté leur système monétaire. Pendant le XVIII⁰ siècle la France a fait deux de ces adaptations; elle s'en est bien trouvée. Elle en a pratiqué une autre au commencement du XIX⁰; elle s'en est encore bien trouvée, tout en rendant un service signalé aux autres États. Mais, dans aucune de ces adaptations, l'idée n'est venue à ceux qui les opéraient, de les faire contrairement aux évolutions monétaires, aux changements dans la valeur des métaux précieux. Le rapport de l'argent à l'égard de l'or a été ramené de 14 $\frac{1}{2}$ à 15 $\frac{1}{2}$, parce que la valeur de l'argent avait baissé dans cette proportion.

L'importance toute nouvelle des stocks monétaires n'est pas favorable à la refonte des monnaies. Refondre 3 milliards d'argent ou 6 milliards d'or est une grosse affaire, une lourde dépense. Les conditions, à cet égard, de la plupart des États ne sont plus les mêmes qu'au siècle dernier.

Puis une adaptation d'une autre nature a eu lieu. L'Angleterre a choisi l'or pour seul instrument monétaire métallique, seul étalon, comme mieux en rapport avec sa richesse et sa prépondérance économique.

Son exemple a été suivi. La Suède, la Norwège, le Danemark, la Finlande, le Portugal, la Grèce, l'Égypte ont adopté l'étalon d'or. Enfin, à la suite de ses succès diplomatiques et militaires, l'Allemagne est entrée dans les mêmes voies. Elle y aurait complètement réussi sans deux circonstances, la recrudescence de la production de l'argent au moment où la consommation monétaire ou autre de l'argent diminuait, et la tentative de faire son adaptation personnelle en repassant son stock d'argent aux autres peuples et à leurs dépens.

Ces deux circonstances ont provoqué la coalition monétaire de l'Union latine qui a montré combien les intérêts économiques offraient de diversité et avaient pris d'importance.

Ainsi, l'Allemagne n'a pas voulu faire son adaptation monétaire dans les mêmes conditions que la France avait opéré la sienne pendant le xviii° siècle, c'est-à-dire à ses frais, en fondant sa monnaie d'argent. Peut-être a-t-elle hésité à aventurer les frais de cette refonte, en prévision de la baisse de l'argent.

Un fait monétaire plus grave devait se produire ; ce fait est en cours ; il exerce une grande influence sur la situation monétaire ; chacun peut s'en rendre compte. C'est la prétention des États-Unis d'exploiter les mines d'argent les plus riches qu'on connaisse à leur profit et aux risques de tous les autres peuples.

Jusqu'à présent les peuples, possesseurs de mines de métaux précieux, avaient produit l'or et l'argent à leurs risques, subissant les aléas des marchés. La prétention des mineurs américains, identique à celle des publicistes auxquels j'ai fait allusion, est de le produire à prix fixe. Et comme les autres États ne se sont pas montrés empressés de subir une pareille servitude, ils l'ont imposée à leur propre gouvernement qui est tenu de leur acheter leur argent à prix fixe. Fin mai 1887, le gouvernement fédéral possédait 1,200 millions d'argent, encavé sous des voûtes *ad hoc*, comme des silos arabes, et creusées dans les diverses parties du territoire, depuis Washington jusqu'à San-Francisco. Il a payé ces 1,200 millions, 20 p. 100 au moins au-dessus du cours actuel de l'argent. Si le mécanisme actuel continue de fonctionner, on verra, d'un côté, l'argent sortir des puits américains et le gouvernement fédéral creuser d'autres puits pour l'y enfouir (1).

En réalité, ni l'Allemagne, ni les États-Unis n'ont voulu adapter leur système monétaire à la révolution monétaire, dans laquelle ils étaient eux-mêmes de si puissants facteurs.

L'opinion publique, surtout dans le milieu commercial, ne paraît pas être au courant des causes et de tous les éléments de cette situation. Elle n'en a pas saisi l'étendue ; elle n'a pas compris que l'Europe, tous les États du globe se trouvaient en présence d'une révolution monétaire. L'idée s'est accréditée que la baisse de l'argent était due plutôt à la diminution de la frappe qu'à l'accroissement de la production. On a perdu de vue que l'arrêt de la frappe par les États de l'Union latine avait été la réponse à la prétention de l'Allemagne et des États-Unis de se défaire de leur argent, sous la garantie de la France, au compte des autres peuples.

La France avait, depuis longtemps, rempli un rôle monétaire prépondérant dans le monde. Elle est encore en mesure de le conserver, car elle est toujours la première puissance monétaire. De 1803 à 1872, la France a été le pivot de la circulation monétaire du groupe occidental.

A partir du moment où l'Angleterre a exclu l'argent de la circulation monétaire, l'argent a afflué en France. La France se relevait, avec une rapidité extraordinaire, de la crise de la Révolution ; elle s'enrichissait, elle avait besoin de métaux précieux ; elle devint le réservoir de l'argent qu'elle frappa en quantité prodigieuse.

---

(1) Les réservoirs à argent (*vaults*) construits par le Trésor de Washington sont situés à Philadelphie, San-Francisco, Carson, New-Orléans et New-York. Dans son dernier rapport, M. Kimball signale leur insuffisance et la nécessité de les agrandir et d'augmenter les moyens de surveillance. *Report*. 1885, 32-34. Dans le rapport de 1886, M. Kimball donne les plus curieux détails sur l'encombrement des voûtes de Philadelphie.

Tous les porteurs de lingots accouraient pour les livrer aux hôtels de monnaie de la France. La France les acceptait à un taux invariable. En 1848, la France se trouvait le principal détenteur de l'argent.

A cette époque, sous l'influence des découvertes d'or de Californie et d'Australie, un double courant s'établit, courant très curieux à connaître. Tous les lingots d'or affluèrent dans les hôtels de monnaie de la France comme ceux d'argent avaient afflué. La France les payait, comme l'argent, un prix invariable. Producteurs d'or, producteurs d'argent savaient que la France achetait toujours, c'est le courant d'or. L'immense stock actuel d'or de la France est l'œuvre de ce courant.

Le second courant est venu des besoins de l'Inde et de la Chine. L'argent de la France lui a été acheté à un bon prix pour l'Inde et la Chine. La France a substitué l'or à l'argent, sans qu'il lui en ait rien coûté. Ainsi l'or de Californie et d'Australie est venu en France, l'argent de France est passé dans l'Inde et en Chine. La France a opéré de 1850 à 1873 la même substitution que celle faite par l'Angleterre de 1774 à 1816. On a vu plus haut que, de 1850 à 1870, il était entré en France 10,189 millions d'or et qu'il en était sorti 3,170 millions d'argent.

Seulement cette substitution a eu lieu en fait et non en droit. En fait, la France possède beaucoup d'or et peu d'argent ; en droit, son étalon principal est l'argent, son étalon secondaire, l'or. Par suite, la France n'a pas encore restreint la valeur libératoire de l'argent. Aussi a-t-elle continué à frapper de l'argent jusqu'au moment où a commencé la troisième substitution de l'or à l'argent, celle de l'Allemagne. Il est incontestable que la France a soutenu le cours de l'argent, soit en maintenant la valeur libératoire de l'argent, soit en continuant la frappe. Les événements de 1870 l'y ont obligée.

La démonétisation de l'argent par l'Allemagne changeait la situation, qui a pris un caractère plus grave encore quand la production des mines d'argent a augmenté. Les deux faits se sont suivis de près. Ils devaient avoir l'un et l'autre pour résultat, la baisse de la valeur de l'argent, car l'emploi diminuait en même temps que la production se développait.

La fonction d'acheter et de frapper l'or et l'argent à prix fixe ne pouvait plus être remplie par la France, parce que le rapport de 15 $^1/_2$, base de la législation monétaire française, n'existait plus. Il fallait démonétiser l'argent ou fermer les hôtels de monnaie.

En 1865, la France avait formé l'Union latine pour préparer l'adoption de l'étalon d'or. Les circonstances ayant retardé cette adoption, l'Union latine a été utilisée d'une autre façon. La frappe et la circulation de l'argent ont été restreintes avec les plus justes ménagements.

Quelques publicistes, quelques chambres de commerce, en Angleterre notamment, ont fait à la France un reproche de cette politique. M. Barclay et M. Barbour ont été plus équitables. Ils ont reconnu que la France ne pouvait, à aucun titre, continuer à acheter et à frapper les lingots d'argent des États-Unis ou du Mexique sans les échanger contre son or et sans prendre à sa charge tous les risques d'un pareil échange(1). La France a soutenu, par sa législation et ses hésitations, le cours de l'argent au delà de ce que la prudence comportait. Elle n'a même pas su profiter

---

(1) Barclay. *Silver question*, p. 14. — Barbour, *the Theory of Bimetallism*, chap. x à xiv.

des événements. Sa suprématie monétaire actuelle provient moins de sa prévoyance que de la nature de son commerce et des faits mêmes.

CHAPITRE DEUXIÈME.

Du commerce d'exportation et de banque.

A partir de la fermeture des hôtels de monnaie de la France et de ses alliés monétaires, des intérêts divers et considérables se trouvèrent menacés : 1° les producteurs d'argent; 2° les exportateurs; 3° les banquiers : c'est-à-dire trois catégories de premier ordre dans le monde des affaires.

Ce sont les producteurs de mines qui ont provoqué les congrès monétaires où s'est manifestée l'opposition accentuée des intérêts comme des théories. J'ai montré plus haut combien est réduite la frappe de l'argent, et encore n'est-elle soutenue que par les États producteurs. Si les hôtels de monnaie étaient fermés dans l'Inde comme aux États-Unis, les mines devraient cesser l'extraction. Les frais de production ne seraient plus couverts.

Les banquiers perdent l'une des branches, la plus ancienne de leur profession, les opérations sur les métaux précieux (1). Ils perdent aussi sur les négociations du papier des exportateurs, remises directes et retours.

Mais les exportateurs dans les États où l'argent est le seul ou le principal instrument métallique monétaire souffrent davantage. En effet, payés en argent, ils ont à revendre cet argent non seulement à un cours déprécié, mais à un cours toujours incertain. Le cours est déprécié, parce qu'ils sont payés au cours des pays débiteurs (Inde, Indo-Chine, Mexique, Pérou, La Plata) et qu'ils ont à revendre en Europe; le cours est incertain, parce qu'il n'y a aucune proportion connue entre l'offre et la demande de l'argent.

On se rend facilement compte du danger d'être intermédiaire pour le règlement d'un moyen d'échange qui, monnaie, quand on l'accepte, n'est plus que marchandise quand on le cède.

Les chambres de commerce où les exportateurs et les banquiers exercent une grande influence, celles de Manchester, de Liverpool, de Glasgow, Paris, Bordeaux, se sont fait l'organe de leurs réclamations. Elles ont publié des travaux, parmi lesquels les livres de M. Barbour, secrétaire du conseil de l'Inde, de M. Barclay, président de la chambre de commerce de Manchester, les mémoires des chambres de commerce de Bordeaux et de Paris ont une importance particulière (2).

L'association des banquiers de Paris et des départements a, de son côté, fait paraître un travail intéressant sur ce sujet (3) qui a été également traité dans plusieurs réunions de l'association des banquiers de Londres. Il s'est même formé en Angleterre une ligue (*Bimetallic League*) pour l'étude des questions monétaires.

---

(1) Sur les bénéfices des changeurs, des banquiers, sur la nature de leurs fonctions, M. Bonnet a publié quelques pages d'un haut intérêt (*Études monétaires*, p. 130 à 135). Il rapporte que M. Ruggles estimait en 1867 à 10 millions les profits du maniement des métaux précieux entre l'Europe et l'Amérique. Quant à l'influence des banquiers sur le change, M. Luzzatti a donné à cet égard les plus curieux détails à la Société de statistique de Paris. (*Bulletin* de septembre 1883.)

(2) Bordeaux, 1874 et 1881. Le second mémoire a été rédigé par Marc Maurel dont la compétence est bien connue.

(3) Paris, 1885.

Ce sont néanmoins les discours de M. Goschen, chancelier de l'Échiquier, les études de M. Giffen, les nombreuses publications de M. E. de Laveleye et de M. Cernuschi qui ont le plus sérieusement appelé l'attention de l'opinion sur ces questions. M. E. de Laveleye a toujours partagé et défendu, avec son brillant talent de polémiste, les théories et les prévisions monétaires de Michel Chevalier, de Wolowski et de Stanley Jevons, tout en modifiant leurs conclusions. Dès 1879, dans un mémoire lu à la Société de statistique de Londres, M. Giffen signalait, avec l'autorité qui lui appartient, la baisse des prix et en trouvait la cause dans la plus-value de l'or. En 1883, dans une lecture à l'Institut des banquiers de Londres qui fit une grande impression, M. Goschen reprenait et développait, avec une remarquable précision, les divers arguments en faveur d'une crise monétaire générale. En 1885, MM. Goschen et Giffen ont renouvelé leurs avertissements (1). Ils affirment que le stock d'or actuel et la production ne répondent pas aux besoins et que quelque important que soit le concours des instruments monétaires supplémentaires, il y a insuffisance de monnaie métallique. M. E. de Laveleye est plus formel encore; pour lui la dernière crise économique a été une crise monétaire. Cette opinion est partagée par plusieurs publicistes (2). Elle a été soutenue avec éclat dans le *Nineteenth Century* par M. Frewen, et dans la *Revue d'Edimbourg* (3). Elle a fait des progrès assez sensibles en Angleterre et même en Allemagne. Elle a été moins favorisée en France, où l'extrême abondance de l'or ne permet guère aux esprits d'attribuer à sa rareté la cause de la baisse des prix. Quoique la baisse des prix n'ait pas un caractère général, elle est un fait tangible, elle existe pour un grand nombre de marchandises. C'est l'argument qu'invoquent les chambres de commerce, les banquiers, les exportateurs. Ils l'appuient sur l'axiome que les prix varient en raison directe de l'abondance ou de la rareté des métaux précieux et sur l'histoire monétaire du xvi° et du xvii° siècle, sauf à en faire une fausse application. L'axiome de la hausse ou de la baisse des prix, d'après les mouvements des métaux précieux, ne se vérifie que pour des périodes très étendues où la durée du temps permet d'éliminer les autres influences qui modifient les prix. Il a fallu un siècle d'afflux d'or et d'argent pour produire la hausse du xvii° siècle, et cette hausse a disparu au xviii° siècle, malgré un énorme accroissement des métaux précieux (4).

Les faits contemporains ne présentent pas assez de durée, assez d'amplitude pour permettre d'utiles comparaisons au point de vue monétaire. La question de la baisse des prix reste entière. Je ne reviendrai pas sur l'argument de l'insuffisance de l'or. Je crois y avoir répondu. C'est celui auquel MM. Giffen, Goschen et E. de Laveleye ont attaché le plus d'importance. Le retour actuel de l'or, l'abolition du cours forcé en Italie, la fixité du cours de l'or n'ont pas confirmé leurs prévisions, calculées d'après un laps de temps trop court. Ainsi, le premier volume des *Essais* de M. Giffen *sur les finances* débute par une étude sur la dépression de l'or et la

---

(1) Giffen, *Essays in finances*, 2° série. 1886. — Le dernier discours de M. Goschen a paru dans le *Times*, 24 juin 1885. Devenu chancelier de l'Échiquier. M. Goschen a pris l'initiative d'une enquête monétaire en cours et qui sera analysée dans la dernière partie de ce mémoire.

(2) *Contemporary*. mai 1886. C'est le travail le plus récent de M. E. de Laveleye sur la question monétaire. en dehors de ses communications au *Moniteur des intérêts matériels*.

(3) *Nineteenth Century*. octobre 1885 : *Edinburgh Review*. janvier 1886.

(4) Selon M. Newmarck. l'afflux de l'or et de l'argent n'a eu d'influence en Europe sur les prix que de 1570 à 1640. *History of prices*. VI° vol.. 7° partie.

hausse des prix en 1872, et se clôt par une étude sur l'appréciation de l'or et la baisse des prix en 1879. Dans l'histoire des faits monétaires une période de sept ans est sans importance. C'est l'observation fondamentale du livre de Tooke et du complément de Newmarck. Les faits monétaires proprement dits ne peuvent être distingués des autres, quant à leur influence sur l'état économique des peuples, qu'à de très longues distances. M. Newmarck a soutenu qu'en 1857, dix ans après la découverte des placers de Californie, cinq après les prédictions de Michel Chevalier, on ne rencontrait aucune trace réelle de l'influence économique de l'afflux de l'or.

En ce qui est de l'argument de la baisse des prix, il est nécessaire de l'aborder de plus près. C'est, en effet, celui qui exerce le plus d'influence. Il est difficile de faire accepter le fait de la rareté de l'or et de l'insuffisance des instruments monétaires. En France, il n'est pas possible de s'en servir.

Trois ans après le paiement du solde de l'indemnité de guerre, en 1877, la Banque de France s'est trouvée en possession d'un stock d'or supérieur à 1,500 millions, stock plus élevé que son encaisse totale en 1870 (1). Puis le mouvement financier des années 1878 à 1881, la crise de 1882, les achats de blé aux États-Unis, ont réduit ce stock d'or au-dessous de 500 millions. L'or était donc rare et les théoriciens semblaient autorisés à développer des thèses sur la rareté de l'or. Mais ce stock d'or de la Banque de France s'est reconstitué. Dans le premier semestre de 1886, il a atteint à près de 1,400 millions (2) ; il dépassait encore 1,200 millions au 30 juin 1887, malgré tous les tirages entrepris, de tous les points du globe sur un pareil stock. Au 1er mai de 1887, l'*encaisse or* du Trésor américain, des Banques de France, d'Angleterre et d'Allemagne s'élevait à 3,956 millions. Qui parlerait maintenant de la rareté de l'or? Mais, dans le courant de 1887, les prix se sont relevés ; toute trace de crise commerciale a disparu, quoique la situation monétaire n'ait pas changé ; l'argent en barres est à 44 p. $^1/_4$ et le cuivre a haussé de 100 p. 100 ; la plupart des marchandises ont monté. Donc la crise n'avait pas pour principe l'état monétaire.

CHAPITRE TROISIÈME.

De la baisse des prix.

Les révolutions monétaires sont longues à s'accomplir. Elles n'ont rien de brusque. Il est peu probable que les générations actuelles assistent au terme de celle qui a commencé en 1850. Leur lent développement les rend, par suite, contemporaines de changements nombreux dans les conditions économiques des peuples. A bien compter, de 1850 à 1886, il y a lieu d'enregistrer cinq de ces changements ou crises : 1857, 1864, 1873, 1878 et 1881. Pour chacune de ces crises, l'influence monétaire a été invoquée. Elle n'a dû y jouer qu'un rôle très secondaire, car les crises ont passé et la situation monétaire a persisté. Il y a vingt ans,

---

(1) Mouvements de l'encaisse de la Banque :

4 mars 1870	1,302 millions,
2 février 1877	2,220 dito,
10 février 1881, or . . .	542 dito.

(2) 1.392 millions. Fin mai 1886.

il se produisit sur les prix un mouvement en sens opposé : c'était un mouvement de hausse. Il souleva autant de plaintes que le mouvement de baisse actuel. Étudié de près par M. Victor Bonnet, dans plusieurs travaux qui, par la méthode qui y a présidé, peuvent s'appliquer aux circonstances présentes, ce mouvement fut également porté au compte des influences monétaires. En réalité, elles n'y eurent qu'une très modeste part.

L'Europe traverse, depuis 1884, une nouvelle crise (1). L'activité même de la production, la diminution notable des frais dans un grand nombre de ses branches, une extrême compétition entre les peuples sur les marchés internationaux, des dépenses militaires et des charges fiscales excessives, l'accroissement démesuré des dettes publiques ont provoqué une baisse considérable sur un grand nombre de marchandises et une sorte de malaise général. Il a été naturel, soit d'attribuer à cette baisse le caractère d'une crise, quoique les crises aient d'autres effets, soit d'en faire remonter l'origine non plus à ses véritables causes, mais à la dépréciation de la valeur de l'argent, à la suspension de la frappe, à l'action et aux décisions de l'Union latine, à l'insuffisance des instruments monétaires, à l'appréciation ou à la dépréciation de l'or (2).

En recherchant quelle avait été, depuis le commencement de notre siècle, la condition de la valeur de l'or, j'ai eu déjà à aborder le même sujet, mais en sens opposé. Les économistes et les statisticiens qui entrevoyaient la baisse de valeur de l'or, avaient soin de mettre en parallèle la hausse des marchandises. J'ai montré quelles avaient été, d'après les relevés mêmes de Stanley Jevons, les alternatives de hausse et de baisse de 1825 à 1865. Il est résulté de la comparaison des deux périodes, chacune de 20 ans, de ces 40 années, que les variations des prix avaient eu plus de fréquence et plus d'amplitude pendant la première période, caractérisée par l'accalmie monétaire, que pendant la seconde, caractérisée par l'activité monétaire.

Actuellement, il ne s'agit plus de la hausse, mais de la baisse des marchandises. Il y a un quart de siècle, on annonçait un surenchérissement général qui devait ruiner les rentiers et les capitalistes, puisqu'ils étaient censés recevoir moins avec une monnaie d'un pouvoir affaibli ; aujourd'hui c'est une baisse universelle qui

---

(1) M. Aug. Sauerbeck a publié dans le *Journal of statistical Society* (septembre 1886) une très remarquable étude sur les diverses questions abordées dans ce chapitre : je ne peux qu'y renvoyer le lecteur. Le mémoire de M. Sauerbeck est accompagné d'un graphique fort curieux sur le mouvement des prix de 1818 à 1885. Ce graphique établit, avec évidence, que la tendance des prix est à la baisse avec des oscillations diverses. 1825, 1840, 1867, 1873 ont été des années de hausse extrême ; 1832, 1849, 1879, 1885 de baisse extrême.

(2) Sur la question de l'appréciation de l'or consulter, en dehors des ouvrages ou discours de MM. V. Bonnet, Giffen, Goschen, les fascicules de l'*Economist*, 8 août 1885, 4 juillet dito, 3 octobre, 21 février dito, 20 février 1886 ; *Banker's Magazine* de New-York, novembre 1885, février 1886, et *Revue des Banques*, août 1883, janvier 1884, septembre et octobre 1885 ; *Statistical Society of London*, mars 1885 ; *Nouvelle Revue*, 15 novembre 1886. Il s'est produit, pendant le premier semestre de 1887, une certaine prime sur l'or. A Paris, cette prime s'est élevée jusqu'à 5 p 1,000. C'était un fait accidentel, tenant, en grande partie, à des achats d'or du Gouvernement français pour solder des barres argent qu'il avait à payer à Londres. Ces barres étaient destinées à fondre des pièces de 5 fr. pour l'Extrême-Orient. Ainsi le Gouvernement français trouvait avantage à ne pas se servir de sa monnaie d'argent.

Banker's Magazine (octobre 1886) contient deux articles sur l'appréciation et la prime de l'or ; mais dès juin 1887 cette prime était revenue à son cours normal.

accablerait les débiteurs puisqu'ils paieraient plus qu'ils ne doivent. Le plateau de la balance monétaire serait renversé (1).

Jusqu'à présent on avait enseigné que l'abondance, le bon marché, la décroissance du prix de revient étaient l'idéal économique, afin de faciliter l'accession des biens de ce monde au plus grand nombre (2). Il paraît qu'on faisait fausse route ; la rareté, la cherté, la restriction de la production seraient, paraît-il, les meilleures conditions de la sécurité et du bonheur général. Ces doctrines, ajoute-t-on, s'approprient particulièrement aux peuples, aux institutions, aux époques démocratiques. La hausse des prix garantit le travail, la baisse des prix l'amoindrit. La cherté convient aux démocraties et le bon marché aux monarchies. Dans ce ballottage des opinions, ce qui était axiome hier, devient sophisme aujourd'hui, pour refleurir demain.

Mais les opinions, les systèmes, les fluctuations des régimes économiques n'empêchent pas l'humanité de poursuivre sa route providentielle vers l'abondance et le bon marché ; elle la poursuit en accumulant les capitaux, en augmentant toujours la production, en réduisant, sans relâche, les frais de revient, en se conformant le plus strictement possible à la loi de la moindre action. Accumulation des capitaux, accroissement de la production, décroissance des frais de revient, telles sont, non pas les seules causes, mais les causes principales de la baisse des marchandises; baisse qui, à tout prendre, est un grand bienfait (3).

Je n'insisterai pas sur l'accumulation des capitaux, parce qu'elle est attestée par trop de faits contemporains, notamment par la baisse persistante du taux de l'intérêt, par la hausse des valeurs mobilières, par le développement des actifs successoraux. La moyenne annuelle des actifs successoraux dépasse, depuis plusieurs années, en France, 6 milliards, dont 3 milliards s'appliquent aux capitaux mobiliers.

M. Soetbeer a établi la moyenne du taux de l'escompte des principales banques de l'Europe, de 1851 à 1884 (4) :

PÉRIODES.	BANQUES d'Angl. terre.	BANQUES de France.	BANQUES d'Allemagne.	BANQUES de Hambourg.	A VIENNE.
1851-1860	4.12	4.16	4.39	3.40	4.44
1861-1865.	4.90	4.83	4.47	3.30	5.11
1866-1870.	3.62	3.07	4.67	3.27	4.54
1871-1875.	3.75	4.86	4.50	3.77	5.16
1876-1880.	2.87	2.65	4.17	3.24	4.34
1881-1884.	3.53	3.43	4.25	3.49	4.08

Bien qu'avec des intermittences le mouvement de baisse est nettement accusé, il résulte également d'un autre tableau, dressé par M. Soetbeer, pour les cours moyens de l'escompte sur les principales places de l'Europe en 1869 et 1884.

(1) M. Schading, professeur à l'Université de Copenhague, dans un mémoire sur le prix des marchandises, maintient cette grande tradition. (*J. des Économistes*, janvier 1887.)

Les dépositions des témoins entendus dans la grande enquête anglaise (1886) sur la crise commerciale ont toutes constaté l'immense progrès des classes les plus nombreuses. Le *Bulletin du ministère des finances* a donné (février et mars 1887) un résumé de l'enquête.

(2) Dans l'enquête anglaise, rappelée plus bas, aucune déposition importante ne paraît avoir attribué la crise économique aux influences monétaires : excès des impôts, coût des transports, concurrence acharnée, production exagérée, tels ont été les principaux arguments.

(3) C'est le point de vue développé avec talent par M. Firmez, ministre d'État en Belgique, devant la Conférence internationale de 1881 et dans son récent livre sur la crise.

(4) *Materialien*, p. 81.

	LONDRES.		PARIS.		VIENNE.		BERLIN.		FRANC-FORT.		AMSTER-DAM.		BRUXEL-LES.		HAM-BOURG.		ST-PÉTERS-BOURG.	
	Banq.	Part.	Banq.	Part.	Banq.	Part.	Banq.	Part.	Banq.	Part.	Banq.	Part.	Banq.	Part.	Banq.	Part.	Banq.	Part.
1869	3.12	3	2.50	2.25	1.37	4.50	1.25	3.25	3	2.50	3.50	3.50	2.5	2.50	»	2.75	6.37	6.12
1884	2.1	2.60	3	2.42	4	3.76	4	2.85	4	2.96	3.21	2.88	3.29	3.04	»	2.81	6	6
1885	»	3.04	»	3	»	4	»	1.14	»	»	»	2.71	»	3.23	»	»	»	»
1886	»	2.91	»	3	»	4	»	3.20	»	»	»	2.50	»	2.75	»	»	»	»

Le mouvement des fonds publics de la plupart des États, qui remplissent leurs
engagements (1), est dans le même sens.

	Fin 1875.	Fin 1884.	Fin 1885.	Fin 1886.	Décembre 1887.
3 p. 100 français . . .	66	84.02	80.20	82.15	82.30
Consolidés	92 $^1/_8$	99 $^{11}/_{16}$	99 $^1/_2$	100 $^3/_{16}$	101 $^{13}/_{16}$
5 p. 100 italien. . . .	73.35	90.35	98	101.95	97.90
4 p. 100 allemand. . .	»	»	»	»	106.90
Florin, or Autriche . .	»	81	89.40	94.75	91.20
Hongrois 4 p. 100. . .	»	»	83	86.20	83.55
Russe, 1877, 5 p. 100 .	»	92.70	102.50	101.40	101
Extérieure	»	»	54.75	66.70	67.75

Quant à l'accroissement de la production, voici quelques chiffres qui suffisent
pour indiquer son importance (2) :

PRODUITS.	1830.	1840.	1850.	1860.	1870.	1880.	1882.	1884.
Charbon (sur le globe). . . . ton.	»	61,000,000	»	111,000,000	»	311,000,000	»	380,000,000
Fer (Europe). ton.	1,168,000	»	4,280,000	»	10,550,000	»	19,820,000	20,417,000
Cuivre (le globe). d°	»	»	12,250	67,370	82,120	120,000	»	»
Coton le globe. liv.	636,000,000	1,190,000,000	»	2,391,000,000	2,471,000,000	1,039,000,000	»	»
Coton (Angleterre) fils . . . . liv.	223,000,000	407,000,000	525,000,000	1,027,000,000	991,000,000	»	1,324,000,000	»
Laine (le globe) d°	519,000,000	601,000,000	805,000,000	980,000,000	1,370,000,000	1,647,000,000	»	»
Acier (d°) . . ton.	»	»	71	»	620	»	5,081	»
Sucre (d°) . . . d°	»	»	1,197,500	»	»	5,300,000	»	5,983,000
Café . . . . . d°	95,000	255,000	320,000	422,000	505,000	»	580,000	»
Froment (Europe, États-Unis, hectol.)	»	»	»	»	484,000,000	»	610,000,000	»
Froment, autres États	»	»	»	»	»	»	162,000,000	»
Chevaux-vapeur .	»	2,370	6,310	11,104	19,500	28,300	»	»

L'influence de la diminution des frais de production a peut-être agi plus directement sur les prix. C'est à cette influence qu'il faut attribuer la part principale dans
la baisse. En 1800, on employait 6 tonnes de charbon pour avoir 1 tonne de fer;
en 1840, cette consommation était tombée à 3 tonnes et demie et à 3 tonnes en
1870. Depuis 1870, elle a été réduite à 2.2 tonnes. Progrès analogues pour l'acier.
Le rail d'acier ne coûte pas plus que le rail en fer. Il dure plus du double. Le prix
du fil de coton, en Angleterre, est tombé de 17 à 13 pence, celui du calicot de
8.2 à 2.2 pence (3).

Pour les produits agricoles, la diminution des frais de production du sucre, du
café, du blé n'est pas moins importante. L'Europe fournit en moyenne 1,550 mil-

---

(1) Le *Banker's Magazine* (novembre 1886) a publié un relevé de la hausse sur les obligations des
chemins américains. Elle a été très forte, variant de 20 à 40 p. 100.

(2) Tous les États ont augmenté en 1885 leur production de charbon qui, dans l'ensemble, s'est élevée
à 399,290,000 tonnes au lieu de 262,842,000 tonnes en 1875. Comparer les résultats de M. A. Sauerbeck :
De 1874 à 1884 la production des céréales aurait été portée de 6,278,000 bushels à 7,808,600.

(3) Ce point de vue a été développé avec soin par M. Cellerier dans un article de l'*Économiste français* du 12 juin 1886.

lions d'hectolitres de céréales dont les prix de revient tendent à s'égaliser; mais les États-Unis, le Dominion britannique, l'Australie, l'Égypte, l'Inde, le Japon peuvent livrer 3 milliards d'hectolitres de céréales à des prix tout à fait différents. Cette différence domine le prix du blé, et par le prix du blé, elle règle la plupart des autres prix. Telle est la cause principale de la baisse actuelle (1). L'élément principal de l'alimentation des peuples de l'Europe est produit à moindres frais : d'où un changement profond dans le prix de revient et la tendance à la baisse de toutes les marchandises. Ce n'est pas la baisse de l'argent qui est le pivot de ce mouvement, c'est celle du blé, d'autant plus que parallèlement, le sucre, le fer, le coton, la laine, matières premières de grande consommation, sont aussi en baisse. Si le salaire n'a pas encore participé à cette baisse, c'est à raison de l'excès des charges diverses portant sur les ouvriers qui, jusqu'à présent, ont pu rejeter tout l'effet de la baisse sur les profits. Toutefois, malgré les grèves, les salaires sont aussi menacés d'une baisse prochaine, surtout si les gouvernements continuent les excès de leurs armements et de leurs dépenses. M. Soetbeer a cité l'exemple d'une exploitation houillère dans le Hainaut (2). De 1860 à 1883, les bénéfices sont tombés de 10.2 p. 100 à 1.9 p. 100. Le salaire par ouvrier s'est élevé de 797 fr. par an à 1,173, pour baisser à 897 fr.

Il faut tenir compte également dans la baisse des prix de la diminution du coût des transports. Depuis dix ans tous les chemins de fer ont été amenés ou contraints à abaisser leurs tarifs. L'élément principal de cet abaissement a été la concurrence de la navigation maritime ou fluviale. La concurrence des canaux devient chaque année plus dangereuse. De 1868 à 1884, le fret des blés, par les canaux et les lacs de Chicago à New-York, ayant été ramené de 24.54 cents à 6.60, le coût du transport par voie ferrée est tombé de 42.6 cents à 13 cents (3). La baisse du fret a été plus grande encore par suite de l'ouverture du canal de Suez. La tonne de blé acquittait, en 1881, 62 sh. 6 d. par le Cap et 71 sh. 3 d. par Suez. Ces frets n'étaient plus, en 1884, que 20 sh. par le Cap et 17 sh. 6 d. par Suez.

La baisse actuelle des marchandises s'explique sans l'intervention d'aucune influence monétaire. D'ailleurs, cette baisse n'a pas le caractère universel, inéluctable, persistant, des baisses qui résultent de l'insuffisance des instruments monétaires. Les mêmes instruments monétaires servant à mesurer toutes les valeurs, leur excès ou leur rareté font nécessairement sentir leur action sur toutes les marchandises, comme le reconnaît l'article de la *Revue d'Edimbourg*, rappelé plus haut. Dans son fascicule du 20 février 1886, l'*Economist* a publié les *index-numbers* des prix des principales marchandises à trois périodes différentes : 1re période, 1845-1850 ; 2e période, 1866 ; 3e période, 1873-1885. J'en extrais les éléments comparatifs du tableau ci-dessous (4) :

---

(1) De là la baisse des rentes foncières; *Banker's Magazine*, février 1887.

(2) *Materialien*, p. 92.

(3) Article de M. Fowler. *Contemporary*, avril 1885.

(4) Le gouvernement italien a publié en 1886 (ministère de l'agriculture) une statistique des prix des principales denrées alimentaires de 1862 à 1885. Ce travail est accompagné de nombreux graphiques. Les moyennes, calculées sur les prix des 24 marchés les plus importants, pour les blés et les menus grains, constatent une période de hausse de 1862 à 1873 et de baisse de 1873 à 1885. Néanmoins, la moyenne des deux périodes est la même : froment, moyenne des prix de 1862 à 1873, **30,40** le quintal ; moyenne de 1874 à 1885, **29,94**.

MARCHANDISES.	1859.	1866.	1873.	1875.	1880.	1883.	1884.	1885.	1886.	
Blé	100	90	104	80	88	77	73	60	57	— 43
Café	100	179	171	173	151	82	106	84	85	- 15
Sucre	100	72	83	67	60	61	54	37	50	— 28
Thé	100	111	102	100	141	76	92	78	93	— 7
Tabac	100	222	167	256	180	240	211	228	216	+ 116
Bœuf	100	114	146	137	119	145	139	123	106	+ 6
Coton	100	383	173	121	110	89	92	93	80	— 20
Soie	100	200	169	115	135	126	117	89	93	— 7
Laine	100	105	96	145	117	106	91	92	90	— 10
Indigo	100	163	151	163	205	190	151	157	153	+ 53
Bois	100	91	127	132	105	108	113	87	70	— 30
Cuir	100	121	105	105	146	»	»	144	142	+ 42
Cuivre	100	121	83	105	81	80	71	54	50	— 50
Fer	100	110	88	107	92	78	69	69	66	+ 34
Étain	100	100	127	118	109	134	113	109	113	+ 13
Fil de coton. . .	100	123	154	136	120	100	97	92	83	- 17
Beurre	100	121	118	»	151	»	141	»	»	+ 41

Je complète ce tableau par celui des prix mêmes de quelques autres marchandises de 1883 à 1886 :

MARCHANDISES.	JANVIER 1883.			JANVIER 1884.			JANVIER 1885.			JANVIER 1886.		
	l.	s.	d.	l.	s.	d.	l.	s.	d.	l.	s.	d.
Fonte écossaise . .	2	9	5	2	2	11	2	2	5	2	1	»
Étain	101	»	»	83	»	»	75	»	»	92	17	»
Cuivre	66	10	»	67	5	6	48	»	»	40	17	6
Plomb	14	50	10	12	6	»	11	5	»	12	12	6
Lin	27	10	»	27	»	»	30	»	»	29	10	»
Laine : Australie . .	»	»	11	»	»	8 ½	»	»	9 ½	»	»	9 ½
Blé américain . .	2	6	»	2	2	»	1	12	»	1	16	6
Pommes de terre .	6	»	»	4	»	»	3	10	»	4	»	»
Sucre brun	»	12	»	»	12	6	»	8	6	»	11	9
Thé	»	»	4 ½	»	»	7 ½	»	»	6 ½	»	»	7 ½
Café	3	4	»	3	12	»	2	17	6	2	16	6
Huile	35	15	6	39	»	»	40	15	»	40	10	9

Ces deux tableaux constatent que la baisse n'a pas été universelle, qu'elle n'a pas été persistante, qu'elle tend à s'amoindrir au moment où la baisse de l'argent est le plus accusée : c'est qu'elle provient d'autres causes que la dépréciation de l'argent.

Les prix se sont relevés dans le courant de 1886. Les cotes de Londres, au 1ᵉʳ janvier 1887, donnaient : pour le blé, 66 au lieu de 57 ; pour le coton, 82 au lieu de 80 ; pour la soie, 130 au lieu de 93 ; pour la laine, 116 au lieu de 90 ; pour le café, 132 au lieu de 85 ; mais la baisse avait continué pour le sucre, le thé, le tabac, l'huile, le fer, le cuivre, le saindoux, le cuir.

Cette fluctuation (1) des prix avait été relevée par M. Fowler en 1885 ; elle s'est encore plus accentuée depuis. C'est ce que M. Mulhall a entrepris d'établir d'abord dans un article de la *Contemporary Review* (août 1885), puis dans son livre *the History of prices*. Prenant dans son ensemble le siècle qui s'est écoulé de 1782 à 1884, M. Mulhall montre qu'il se partage en quatre périodes (2) :

---

(1) *Economist*, 19 février 1887. Quant à l'argent après la baisse énorme du mois d'août 1886, il s'est légèrement relevé, pour revenir entre 44 et 43 ¹/₂ l'once standard.

(2) Comparer les résultats généraux de M. Mulhall avec ceux plus spéciaux auxquels est arrivé, quant à la France, M. Biollay, *des Prix en 1790*. Paris, 1886.

Contemporary Review, janvier 1887, p. 149.

Réforme sociale, 15 novembre 1886, un article de M. Cheysson.

Économiste français (12 février 1887), tableau des prix des denrées de consommation à Paris : —

1° 1782 à 1820, période de hausse constante, représentée pour un grand nombre de marchandises par la proportion 2,000 à 3,187 ;

2° 1820 à 1850, période de baisse, proportion 3,187 à 1,914 ;

3° 1850 à 1870, période de hausse, proportion 1,914 à 2.190 ;

4° 1870 à 1884, période de baisse, proportion 2,190 à 1,797.

Cette périodicité correspond à la loi même de la production qui ne peut procéder que par oscillations, comme tous les faits humains. La période actuelle est la résultante de l'oscillation précédente ; chaque élan dans la production entraîne un mouvement en sens opposé. Je rappelle un seul exemple, de 1860 à 1884, la production du fer est passée de 7,900,000 tonnes à 19,930,000 tonnes.

Résumant, pour les principales marchandises du marché anglais, le mouvement des prix de 1841 à 1884, M. Mulhall constate une baisse moyenne de 8 $\frac{1}{2}$ p. 100 : 100 livres ne vaudraient plus que 91.50 liv. Dans l'ensemble des faits, ne faut-il pas reconnaître, avec l'honorable M. Pirmez, que c'est là un bien et que le but de la production est d'abaisser les prix, afin d'appeler de nouveaux consommateurs ? Voici les deux échelles dressées, à cet égard, par M. Mulhall :

ANNÉES.	VALEUR en nombre.	VOLUME.
1841-1850	100.0 p. 100	100.0 p. 100
1851-1860	105.7 —	104.1 —
1861-1870	130.4 —	124.6 —
1871-1880	112.7 —	105.5 —
1881-1884	97.5 —	91.5 —

Divers autres faits confirment l'opinion que la révolution monétaire n'a pas l'influence qu'on lui a attribuée sur la situation économique. Je n'entends pas dire qu'elle n'ait atteint des intérêts, qu'elle n'ait diminué ou supprimé des profits : bien loin de là. Mais elle n'a point ce caractère calamiteux qu'on lui a donné. J'en trouve la preuve :

1° Dans le taux de l'intérêt qui se maintient à bon marché, tandis qu'il aurait dû se relever avec la baisse générale des prix ;

2° Dans le taux de l'escompte ;

3° Dans la hausse des valeurs mobilières de tout genre qui ne participent en rien à la crise monétaire ;

4° Enfin, dans la stabilité des salaires, c'est la considération décisive.

Tableau dressé par M. Mulhall des salaires en Angleterre.

	SCHILLINGS PAR SEMAINE.				PROPORTION.		
	1780.	1820.	1840.	1880.	1780.	1840.	1880.
Forgeron	17	24	21	32	100	124	190
Maçon	17	25	23	35	100	136	206
Charpentier	15	20	20	30	100	130	206
Plombier	18	25	22	35	100	122	195
Fileur	12	16	18	24	100	150	200
Berger	6	8	10	15	100	167	250

Dito, 19 février : Des variations des prix depuis soixante ans ; les résultats de M. Sauerbeck seraient favorables à une baisse définitive de 18 p. 100 depuis 1818 à 1885.

Uebersichten, 1887 : M. Neumann-Spallart a traité les mêmes questions dans les premières pages du nouveau volume *der Uebersichten, Jahrgang* 1883-1884, p. 25-49 : 1° Progrès de la production ; 2° Mouvements des prix.

Comparant les prix aux salaires, M. Mulhall fait observer que la puissance d'achat de l'ouvrier a augmenté de 44 p. 100, mais que cette puissance d'achat a été diminuée de plus de moitié par la hausse du loyer. La hausse du loyer peut être prise pour criterium de la révolution monétaire. Évidemment, la baisse de l'argent y a été étrangère.

M. Soetbeer est arrivé aux mêmes résultats que M. Mulhall. Il a dressé ses calculs sur les cours de 100 marchandises cotés à Hambourg, et a trouvé les proportions suivantes pour les moyennes des prix :

1847-1850. . .	10,000	»		1875-1880. . .	12,716.21	27 p. 100
1851-1860. . .	11,963.89	19.6 p. 100		1881	12,372.05	23 —
1861-1870. . .	12,610.75	26.1 —		1882	12,383.65	23 —
1871-1875. . .	13,571.27	35.7 —				

Les prix représentaient 41 p. 100 de baisse sur 1873 et 23 p. 100 de hausse sur 1850. Aussi a-t-il conclu à une diminution du pouvoir d'achat de l'or depuis 1850. Cette diminution aurait varié de 26 à 16 p. 100. Elle aurait été de 20 p. 100 en 1882. Ces résultats, si opposés à ceux obtenus par d'autres statisticiens, montrent l'inconvénient d'étudier les faits monétaires à de trop courtes distances. On en trouve la preuve même dans les calculs d'un statisticien émérite comme M. Soetbeer. En effet, ces supputations ont été faites d'après des moyennes générales ; mais certaines marchandises ont baissé et pour celles-ci le pouvoir de l'or aurait augmenté. Ce seraient celles sur lesquelles MM. Giffen et Goschen ont fondé leur théorie de l'appréciation de l'or, tandis que, d'une manière générale, M. Soetbeer est conduit à une dépréciation de l'or, ou diminution du pouvoir d'achat.

Dans sa dernière publication, *Materialien für Erläuterung und Beurtheilung der Edelmetallverhältnisse*, M. Soetbeer a donné de nouveaux et plus abondants détails sur les mouvements des prix de 1850 à 1884. Il les a résumés dans le tableau qui suit :

Évaluation du pourcentage du rapport des prix.

GROUPES DE MARCHANDISES.	1847-1850.	1851-1860.	1861-1870.	1871-1875.	1876-1880.	1881-1884.
Agriculture, 20 produits.	100	126.93	128.75	112.69	135.19	134.01
Bétail, 22 produits	100	123.44	133.11	151.57	116.76	152.99
Fruits, 7 produits.	100	121.85	117.72	131.50	135.91	147.98
Denrées coloniales sans le coton, 10 produits. .	100	115.76	118.49	130.72	126.38	120.79
Minéraux, 11 produits.	100	110.285	99.60	116.90	94.35	83.38
Textiles, 7 produits.	100	105.51	130.18	117.17	102.33	96.81
Divers, 11 produits	100	107.65	125.06	114.98	94.79	93.11
Marchandises de fabrication anglaise, 11 produits	100	100.13	129.01	125.14	111.70	103.19
Ensemble 114 produits.	11,400	13,179.62	11,068.69	15,151.41	13,977.11	13,618.55
Pourcentage	100	115.61	123.11	132.30	122.61	119.49

Ainsi les prix ont monté, de 1850 à 1875, dans des proportions si différentes que les moyennes générales ne peuvent caractériser les mouvements des prix. On en trouve la preuve dans les chiffres afférents à la dernière période. La plupart des produits manufacturés sont en baisse notable sur les prix de 1875 et même de 1850 ; mais tous les produits agricoles (d'Europe ou des colonies) sont en hausse sensible sur 1850 et même sur la moyenne des prix de 1850 à 1884.

Aussi M. Soetbeer a-t-il maintenu (1) son opinion que la rareté de l'or n'était pour rien, pas plus que la démonétisation de l'argent, dans la baisse des prix. Cette

____

(1) *Materialien*, p. 104.

baisse existe, du moins dans les produits industriels et certains produits agricoles; mais elle n'a point une origine, une cause monétaire. Elle provient de l'accroissement de la production, en présence d'une demande limitée.

Certainement la rareté de l'or n'est pour rien, et la démonétisation n'est que pour fort peu de chose dans l'état actuel des prix (1), par contre il est difficile d'admettre que le pouvoir d'achat de l'or ait diminué dans les proportions que semble accepter M. Soetbeer. Tout ce qu'il est prudent de reconnaître, eu égard à l'extrême complexité des influences diverses et à l'extrême brièveté de la période de temps (pas encore 40 ans) sur laquelle on opère, c'est que l'abondance réelle de l'or dans plusieurs États, malgré une demande constante, doit faire supposer que, loin de se trouver en présence d'une sérieuse hausse de la valeur de l'or, notre époque pourrait, si la production de l'or continuait (2), constater plus tard un certain affaiblissement de son pouvoir d'achat.

Bien qu'il faille toujours distinguer entre la valeur intrinsèque de l'or et son pouvoir d'achat, la fixité du prix de l'or et l'évanouissement de toute prime, parfois même un agio, sont des faits qu'il importe de ne jamais perdre de vue.

CHAPITRE QUATRIÈME.

De l'influence de la révolution monétaire sur le groupe oriental.

Les effets de la révolution monétaire n'ont pas été ou ne sont pas plus graves pour le groupe oriental que pour le groupe occidental; peut-être sont-ils moindres. Sur ce point, il règne dans les esprits une certaine confusion qu'il est utile d'éclaircir.

Les révolutions monétaires exercent une double influence, ou bien elles modifient la condition monétaire intérieure des États, ou bien elles changent leurs relations monétaires réciproques. Leur influence est ou nationale ou internationale. Il est même nécessaire de faire une seconde distinction entre les relations monétaires internationales des États formant le groupe occidental et celles des États du groupe oriental.

C'est au chapitre suivant que seront examinés les effets internationaux divers de la révolution monétaire.

On a vu plus haut combien avaient été restreints, quant aux États du groupe occidental, les effets intérieurs, pour chacun d'eux, de la révolution monétaire. Pour aucun d'eux, il ne s'est encore produit d'embarras réel dans la circulation intérieure. En Russie, la situation monétaire est dominée par le régime du papier-

---

(1) On peut donner comme exemples la hausse énorme qui a eu lieu sur les cafés pendant le premier semestre de 1887 et sur le cuivre pendant le second, comme la baisse sur les sucres, malgré tous les efforts législatifs.

(2) La production de l'or a été assez active en 1885, elle s'est élevée à 527,500,000 fr. On annonce pour 1887 une nouvelle augmentation. Des mines abondantes ont été découvertes en Sibérie, à *Khilkow*, dans la vallée de l'Oussouri. Le gouvernement impérial vient de décider la construction d'un chemin de fer pour rapprocher ces mines des principales villes de Sibérie. On ne connaît pas encore les résultats des placers de Kimberley, mais ils sont sérieusement exploités. D'après l'*Économiste français* (1887, n° 10) des placers d'or auraient été découverts dans les environs de Tombouctou. D'autre part, la recherche de l'or est très sérieusement conduite dans la colonie du Cap par de riches sociétés anglaises.

M. Sauerbeck est aussi favorable à l'opinion que l'or peut, en Europe, se substituer à l'argent.

monnaie; aux États-Unis par une législation d'exception. Ni ce régime, ni cette législation ne procèdent de la révolution monétaire.

La condition intérieure du groupe oriental est plus favorable encore. Les États qui le constituent sont considérables par leurs masses, comme la Chine et l'Inde; ils forment chacun un monde indépendant, comme le Japon, la Perse, l'Indo-Chine, les colonies hollandaises ou espagnoles. Ils ne possèdent que l'argent pour instrument monétaire; mais l'argent leur suffit quant à la circulation intérieure métallique. Dans la Chine, la circulation fiduciaire est plus importante que la circulation métallique; dans l'Inde, elle tend à se développer beaucoup.

Les renseignements sur la condition monétaire de la Chine sont encore imparfaits. On ne connaît que très approximativement son stock métallique et le mouvement d'importation ou d'exportation des métaux précieux. Il n'existe pas en Chine de législation impériale pour la circulation monétaire, métallique ou fiduciaire. L'argent, sous forme de lingots très minces, et la sapèque de cuivre circulent partout en grande abondance, avec une garantie officielle du titre. Le cours de l'argent varie chaque jour sur chaque place, en chaque lieu, comme celui du riz, du thé et de la soie (1). Aucun fait n'est encore venu indiquer que la révolution monétaire ait fait sentir son influence en Chine.

Il n'en est pas de même au Japon. Il existe au Japon une législation monétaire pour la circulation métallique comme pour la circulation fiduciaire. L'or et l'argent sont frappés par l'État avec les garanties de poids, de titre et de valeur. En 1884, la frappe a porté sur 569,475 yens d'or et 3,599,912 yens d'argent. Le Japon figure sur les statistiques générales de l'Hôtel des monnaies de Washington. Le mouvement d'entrée ou de sortie des métaux précieux se constate annuellement au Japon. Le Japon possède, en outre, des mines d'or et d'argent. Fin 1885, sa circulation monétaire était estimée à : or et argent, 56,607,748 dollars; billets d'État, 93,380,233 yens; billets de banque, 30,914,148 yens. D'après les rapports officiels, les monnaies métalliques, les billets d'État ou de banque étaient reçus au pair par les administrations publiques. Dans les transactions privées, le yen d'or valait une prime de 19 sen et le yen d'argent de 9 sen sur le yen-papier. Ces détails indiquent que, dans l'intérieur du Japon, la révolution monétaire n'a pas eu encore d'influence.

Bien que l'on possède quelques détails sur la frappe de l'or et de l'argent en Perse pour 1883, il n'est pas possible d'être fixé sur la condition monétaire de la Perse. La Perse continue à se dépeupler et à s'appauvrir.

En ce qui est des colonies hollandaises et espagnoles, elles n'offrent d'intérêt monétaire qu'au point de vue international.

(1) La forme, le poids et le titre des lingots d'argent varient par province; ils s'évaluent en taëls. Le taël est une monnaie de compte. Le poids et le titre sont indiqués sur les lingots d'argent par des fonctionnaires *ad hoc*. Chaque province a son taël et la manière de calculer la valeur du lingot change avec chaque taël. Il y a cependant un taël officiel (Haikouan) d'après lequel se règlent les impôts. Ce taël équivaut à 37 $^{1}/_{4}$ gr. d'argent fin, et représente, au cours de 171 fr., 6 fr. 35 c. (Dr Haupt, *Histoire monétaire*, 328). [*Rapport des consuls américains sur le crédit chez les divers peuples*, 1885, et *Revue des banques*, octobre 1887.]

M. O. Haupt évalue le stock argent de la Chine à 3,750 millions de francs, y compris les monnaies étrangères et tous les lingots. Il y a certainement un stock d'or en Chine, mais on ne saurait en calculer l'importance. Les sables aurifères de la Mongolie et de la Chine du Nord produisent une certaine quantité d'or.

Les faits, les chiffres manquent pour les divers États de l'Indo-Chine. L'argent y est le seul instrument monétaire ; mais toute l'activité commerciale de l'Indo-Chine étant sous la dépendance des Chinois ou des Anglais, les questions monétaires qui les concernent se rattachent à la Chine ou à l'Inde.

C'est surtout pour ce qui intéresse la condition monétaire de l'Inde qu'il importe de maintenir la distinction des faits monétaires nationaux et des faits monétaires internationaux. Ceux-ci sont de premier ordre pour l'Inde ; il n'en est pas de même des autres. Quoique placée sous l'empire de l'Angleterre, l'Inde, par sa population, l'étendue de son territoire, la nature de ses produits et de son commerce, ses traditions, ses principales divisions, forme un monde à part. L'Inde n'est pas une contrée riche. Sa condition économique s'est améliorée ; néanmoins, eu égard à ses 250 millions d'habitants, l'Inde est pauvre (1). La splendeur de quelques villes, les trésors de quelques familles, les profits de plusieurs belles cultures, telles que l'opium, le café, l'indigo, le thé, ne doivent pas faire illusion sur l'état réel des populations. Elles ont cependant l'habitude séculaire de faire des réserves d'argent en bracelets, plaques, colliers ou lingots pour parer aux dépenses extraordinaires des familles ou aux famines périodiques. C'est ce qui explique le mouvement d'importations de l'argent et même de l'or dans l'Inde. Ce mouvement remonte fort au delà de l'ère chrétienne.

Le régime monétaire de l'Inde (2) est centralisé ; il est sous la dépendance du gouvernement anglais. L'argent est le seul instrument métallique monétaire. La monnaie d'or, ancien étalon monétaire, *n'a pas de cours légal*. Au contraire, la frappe de la roupie n'est pas limitée. Elle a lieu dans les Hôtels de monnaie des trois Présidences. L'importance de la frappe a été de 621,898,000 fr. de 1881 à 1884, c'est-à-dire de 155,400,000 fr. par an (3) : soit à peu près le quart de la production totale de l'argent. Bien que l'or n'ait pas de cours légal dans l'Inde anglaise, le stock d'or de l'Inde s'accroît. D'après M. Soetbeer, les importations d'or dans l'Inde auraient représenté, de 1881 à 1884, 378.1 millions, et les exportations 243.2 : excédent, 134.9 millions (4). On évalue le stock métallique de l'Inde à 8 milliards, dont 3 milliards d'or. Il y a donc dans l'Inde un stock d'argent considérable, sur lequel la perte est de 25 p. 100.

---

(1) Sur la condition économique de l'Inde, consulter le grand ouvrage de Hunter (*India's Gazetteer*) et les deux abrégés qui en ont été faits. La situation que Hunter accuse est conforme au surplus à celle révélée par les travaux de MM. Strachey et de Sir Temple. L'Inde est une des parties du globe où l'humanité est le plus misérable. Voir *Contemporary Review* (janvier 1887) un article de M. Grant Duff. L'abrégé du livre de M. Hunter a été publié chez Longmann en 1881.

(2) M. Douglas (X.) a publié, en 1886 (Londres, *Simpkin, Marshall et C*^{ie}), une notice excellente sur la condition monétaire de l'Inde. Il y établit que, avant 1835, l'or était l'étalon monétaire de l'Inde, et que ce sont les agents de l'Angleterre qui, non seulement ont substitué l'étalon d'argent à l'étalon d'or, mais qui ont maintenu l'étalon d'argent malgré toutes les plaintes. Depuis le 1er janvier 1853, la monnaie d'or n'a plus *cours légal* dans l'Inde.

(3) En 1885, le monnayage de l'argent dans l'Inde a été de 20.685,407 dollars.

(4) Je donne les chiffres de M. O. Haupt, *Histoire monétaire*, 216 et 249. M. Burchard n'a évalué que le stock argent, 1,037 millions de dollars. D'après la chambre de commerce de Bombay, dans l'année finissant au 31 mars 1885, il aurait été importé dans l'Inde 4,651,000 liv. st. or et 7,650,000 liv. st. argent : ensemble 310 millions, soit plus du quart de la production totale.

En 1886, les importations de métaux précieux dans l'Inde se sont élevées à 15,167,081 liv. st. ; elles n'avaient atteint ce chiffre qu'en 1878.

L'Inde a accompli, depuis 1870, de notables progrès au point de vue de la circulation des instruments de crédit : billets de banque, chèques, mandats postaux et télégraphiques, valeurs mobilières au porteur, rentes sur l'État, etc. Elle participe à tous les progrès de la civilisation anglaise. M. Mulhall évalue la circulation monétaire de l'Inde à 4,838 millions : 475 millions or et 300 millions papier, le surplus argent.

Quel a pu être sur la condition économique de l'Inde l'effet de cette baisse ? Deux opinions sont en présence à cet égard :

Selon la première, développée avec talent par M. H. Schmidt, par M. Foreton Frewen et par M. M. Fowler, cette baisse aurait été favorable à l'Inde en provoquant un accroissement considérable de l'exportation des produits de l'Inde, en favorisant la culture du blé, en donnant lieu à des importations plus grandes de métaux précieux.

Selon la seconde, l'augmentation des exportations de l'Inde aurait pour raison celle de ses charges extérieures ; elle serait une cause d'appauvrissement et non de richesse. La culture du blé n'aurait pas fait de nouveaux progrès depuis l'amélioration des récoltes en Europe. Les importations de métaux précieux ne seraient pas plus fortes qu'avant 1875. Les prix des marchandises resteraient stationnaires ; les salaires seuls, sous l'influence des travaux accomplis dans l'Inde, jouiraient d'une plus-value réelle.

La contradiction de ces opinions a été rendue plus vive encore par les appréciations des publicistes américains, qui ont soutenu que les prix de produits, tels que le blé et le coton, ne dépendaient plus des États-Unis, mais de l'Inde ; que ce changement était très favorable à l'Inde ; qu'il était dû à sa condition monétaire, à l'influence de son stock et de ses demandes d'argent.

Cette contradiction a donné lieu, entre l'*Economist* et le *Times* (1), à une controverse persistante et curieuse, entretenue, sous le voile de l'anonyme, par des écrivains également compétents.

De cette controverse, il faut momentanément écarter tout ce qui a trait aux exportations et aux importations de l'Inde et à l'influence de l'Inde sur les prix des marchandises du commerce général. Ce sont là des questions internationales, réservées pour le chapitre qui suit. Restent les faits caractérisant la situation particulière de l'Inde : la culture du blé, le prix des marchandises dans l'Inde même, le taux des salaires, l'état général de l'Inde.

Nous possédons sur ces divers points des livres récents d'une grande valeur : d'abord le rapport de M. le sénateur Lampertico (2) sur le développement de la culture du blé aux États-Unis, en Australie et dans l'Inde, puis l'ouvrage de M. Barbour, secrétaire financier du gouvernement de l'Inde.

D'après M. Lampertico, la culture du blé n'a pas continué à se développer dans l'Inde depuis la baisse des prix. L'exportation des blés, qui avait été de 10,000 tonnes en 1882, est tombée à 7,000 tonnes en 1885 (3). La production du blé pourra cer-

---

(1) Le *Times* a publié (octobre 1886) un rapport sur la culture du blé dans le Pendjab. Il en résulte : 1° que cette culture est stationnaire ; 2° que les cultivateurs donnent la préférence aux menus grains.

(2) *Atti della commissione d'inchiesta per la Revisione della tariffa Doganale, parte agraria*, 1885.

(3) En 1886, les importations de blé de l'Inde en Angleterre ont été exactement les mêmes qu'en 1884 ; mais la valeur a représenté 8,000.000 liv. st. en 1886 contre 8,895.000 liv. st. en 1884.

tainement reprendre ; elle trouve à sa disposition dans l'Inde de vastes territoires favorables ; elle s'y fait encore à meilleur marché qu'aux États-Unis, malgré la hausse du salaire agricole ; mais son principal aiguillon n'est point monétaire. C'est moins dans la baisse de l'argent qu'il faut le chercher que dans la hausse du prix du blé en Europe. En Europe, le blé se règle sur le cours de l'or et nullement sur celui de l'argent.

D'après M. Barbour (1), et ses observations sont confirmées par l'*Economist* dans de très nombreux articles, les prix des marchandises dans l'Inde seraient stationnaires, avec tendance plutôt vers la baisse que vers la hausse, et l'importation des métaux précieux, quoique toujours considérable, ne serait pas en voie d'accroissement. A cet égard, l'*Economist* a publié des statistiques d'un grand intérêt. La première est le résumé du mouvement des prix dans l'Inde de 1870 à 1884 :

Nombre de seers (2) achetés avec 1 roupie.

MARCHANDISES.	1884.	1882.	1880.	1878.	1876.	1874.	1872.	1870.
Riz	13.3	17.0	14.5	9.6	4.5	13.8	17.9	15.2
Blé	16.6	15.2	12.8	10.4	17.2	14.9	16.9	12.5
Millet . . .	24.9	25.6	24.7	13.3	26.0	23.05	23.5	19.5
Sel	14.8	14.3	11.4	12.9	14.8	14.8	14.3	13.6

Ces prix sont des moyennes établies sur les mercuriales de tous les districts. Il suffit d'y jeter les yeux pour s'apercevoir que les années, auxquelles ils correspondent, se divisent en deux séries bien accusées : l'une de baisse à peu près continue de 1870 à 1878, sans rapport avec la crise monétaire, et l'autre de reprise, sans que cependant les prix de 1884 soient uniformément supérieurs à ceux de 1882, ni que, pour aucune des marchandises dénommées, les prix de 1884 à 1878 aient atteint ou dépassé les prix cotés dans la période précédente.

Pour les salaires moyens, l'*Economist* (3) produit les chiffres ci-dessous :

	AGRICULTURE.		INDUSTRIE.	
	roup.	ann.	roup.	ann.
1884	6	11	16	15
1886	6	8	15	8
1876	6	10	14	3

(1) *Theory of Bimetallism*, chapitres 20 à 22. Voir également dans le *Banker's Magazine* (novembre 1886) l'extrait d'un rapport de M. O'Connor, établissant que les prix des marchandises dans l'Inde ont subi une baisse plus grande que celle de l'argent par rapport à l'or.

(2) Le seer est la 40e partie du Bazar Maund, poids de 37 kilogr. 251 gr. ou 100 livres troy.

(3) Voir le fascicule du 17 octobre 1885.

L'*Economist* a repris la question dans les fascicules des 6 mars et 24 avril 1886. Il présente des résultats un peu différents pour des périodes plus éloignées. De 1866-1869 à 1880-1884 le prix, en argent, du blé dans l'Inde aurait baissé de 17 p. 100, tandis que le prix, en or, du blé à Londres aurait baissé de 21 p. 100.

L'importation des blés de l'Inde en Angleterre et en Europe a donné ouverture à des polémiques que les protectionnistes ont exploitées avec une habileté merveilleuse. Les producteurs de blé de l'Inde étaient censés dominer les marchés et écraser les cours, bien que ces cours restassent assez rémunérateurs pour leur garantir des bénéfices dans l'Inde. Payés en or à Londres, ils l'auraient échangé contre de l'argent qu'ils versaient dans la circulation de l'Inde à sa valeur légale. De là des discussions sans fin. En réalité, la baisse des blés a été telle, par suite de l'immense production, que les bénéfices ont disparu et qu'elle n'a pu être compensée par les agios sur l'or ou sur l'argent.

Enfin, comparant le prix moyen du blé en Angleterre au prix moyen du blé dans l'Inde de 1870 à 1884, il trouve les résultats suivants :

	ANGLETERRE par quarter.		INDE par cwts.	
	shell.	den.	roup.	
Année 1870 . . .	46	11	4	
1884 . . .	36	8	3	
Baisse. . . .	10	3	22 p. 100	1	25 p. 100

La baisse du prix du blé aurait donc été plus forte dans l'Inde qu'en Angleterre. C'est assez naturel, car la baisse des produits de grande consommation a toujours lieu d'abord sur les lieux de production. C'est même cette baisse du prix du blé dans l'Inde qui exerce son contre-coup sur le marché américain.

La baisse du prix du blé dans l'Inde et la hausse des salaires prouvent que, dans l'Inde comme en Europe, les influences économiques directrices ne proviennent pas des faits monétaires, puisque cette baisse et cette hausse sont contradictoires. La hausse des salaires a pour cause les travaux qui s'exécutent dans l'Inde et les progrès généraux du pays, malgré sa grande pauvreté. La baisse du prix des blés provient de la diminution des demandes ou des prix en Europe. Cette baisse de prix ne saurait concorder avec l'affirmation du développement de la culture du blé dans l'Inde et des exportations. Elle ne concorde pas non plus avec l'influence que les importations d'argent devraient exercer sur les prix. Ils sont stationnaires ou en baisse lorsqu'ils devraient être en hausse.

Sur le second point, l'accroissement des importations nettes d'argent, les remarques de l'*Economist* n'ont pas été moins péremptoires. De 1865 à 1874, ces importations ont représenté 67,829,000 liv. st. ; de 1875 à 1884, elles sont tombées à 63,071,000 liv. st. Il est vrai que, pendant la même période, la frappe d'argent passait de 56,865,000 liv. st. à 63,973,000 liv. st. ; mais, dans les stocks métalliques, l'argent monnayé n'est pas seul à faire sentir son influence, en Orient surtout. De sorte que le second fait, cette accumulation, cette absorption illimitée d'argent dans l'Inde, dont on a exagéré et altéré le caractère, n'a pas la portée qu'on lui a attribuée.

Quant à la situation générale de l'Inde, non seulement elle est loin d'être prospère, malgré des progrès auxquels la question monétaire est étrangère, mais elle est péniblement aggravée par les effets de la baisse de l'argent sur les relations internationales de l'Inde.

Toutes les questions relatives à la situation économique de l'Inde, notamment à sa dette envers l'Angleterre, aux finances de l'Inde, à la culture des céréales dans l'Inde, et à la concurrence sur les marchés du globe des produits agricoles de l'Inde et des États-Unis ont été l'objet d'un mémoire de M. *Arthur Knatchbull Connell*, lu et discuté devant la Société de statistique de Londres. Ce mémoire, accompagné de nombreux documents, constitue le travail le plus complet et le plus spécial qui ait été publié sur la situation économique de l'Inde. M. *Knatchbull Connell* confirme entièrement les trois faits qui dominent la situation de l'Inde sous la domination anglaise : le développement énorme de la population grâce à la paix anglaise, l'exploitation sans merci des labeurs de cette population par l'aristocratie anglaise, la pauvreté réelle de l'Inde, malgré des progrès plus apparents que réels. Ainsi, pour la construction des chemins de fer dans l'Inde, sur une dépense totale de 3,875 millions de francs, 1,875 millions ont été soldés en Angleterre ; mais c'est l'Inde qui doit la somme totale. Mêmes procédés pour tous les autres travaux. Le gouvernement anglais a pris toutes les mesures nécessaires pour substituer partout les produits de l'industrie anglaise à ceux des industries particulières de l'Inde. L'immense population de l'Inde est systématiquement réduite à la culture de la terre. De là un morcellement inouï. La moyenne des fermes varie de 5 à 6 acres; jamais elles n'excèdent 25 acres. Sur ces fermes vit de privations une population extrêmement dense, accablée d'impôts généraux et locaux, sans prévoyance, sans avances, exploitée par une couche d'usuriers atroces (1). Une pareille condition agricole est impuissante à lutter contre aucune agriculture. Par suite, la culture du blé n'a fait et ne peut faire, dans les contrées centrales de l'Inde, qui seules y conviennent, aucun progrès comparable à ceux accomplis dans l'Australie, aux États-Unis et surtout en Europe.

Les peuples qui perdent leur indépendance ne peuvent jamais échapper à la misère. Il en est de l'Inde comme de l'Irlande. Le propre de la conquête, c'est d'exploiter le vaincu.

L'Angleterre a procédé dans l'Inde comme Rome pour tous les peuples vaincus. Elle s'est réservé l'or; elle a imposé l'argent à ses sujets. Rome tirait de grands profits de cette situation. L'Angleterre fait de même.

CHAPITRE CINQUIÈME.

De l'influence internationale de la révolution monétaire sur les relations économiques des États.

C'est, en effet, au point de vue beaucoup plus général des relations internationales des États que se manifeste particulièrement l'influence de la révolution monétaire. Elle prend, à ce titre, un caractère réellement universel, réellement international, soit que l'on considère les rapports réciproques des États compris dans chacun des deux groupes principaux, soit les rapports des deux groupes entre eux.

Jusqu'à présent, il ne s'est produit, sous l'influence nettement accusée de la révolution monétaire, aucun fait décisif qui ait modifié les relations respectives des États du groupe oriental.

Il n'en est pas de même en ce qui est du groupe occidental; la constitution de l'Union latine, la fabrication obligatoire du dollar d'argent par le Trésor des États-Unis sont des faits considérables, dus à l'influence évidente de la révolution monétaire.

D'autres faits, provenant de la même influence, ont un caractère plus général encore, tels que : le coût extraordinaire des remises de l'Inde à l'Angleterre, l'accroissement des impôts, la diminution des importations de produits fabriqués anglais, le développement des manufactures dans l'Inde, la concurrence que les blés et les cotons de l'Inde soutiennent contre les blés de Russie, les blés et les cotons américains, concurrence qui tend à investir l'Inde de la maîtrise des prix du blé et du

---

(1) *Journal of the Statistical Society*, juin 1885. J'en extrais la note ci-après :

« D'après les renseignements que j'ai relevés sur les rapports de plusieurs employés, une famille de « 6 personnes a besoin de 1 livre $1/2$ de grain par tête et par jour, soit 550 livres par an. Les vêtements « et le sel coûtent par tête 150 livres de grain. L'impôt, la taxe des canaux, la rente et les semences repré- « sentent 600 livres par acre. L'acre produit en moyenne 22 bushels qui représentent 4,000 kilogr. pour « une ferme de 5 acres, sur laquelle vit une famille de 6 personnes. En calculant la dépense ci-dessus à « 3.500 kilogr., il reste à la famille net 6 hectolitres et les pailles. »

coton, la suprématie monétaire de la France, l'extension de l'Union latine dont la France est le centre et la force; enfin la tendance à l'union et à l'égalisation des intérêts monétaires de tous les peuples. Tous ces faits concernent les deux groupes directement ou indirectement et montrent les liens, de plus en plus étroits, de leurs intérêts. L'agriculture russe peut être plus éprouvée par la concurrence des blés de l'Inde que par celle des blés américains; la suprématie monétaire de la France, manifestée par un stock d'or sans parallèle, peut accroître la sphère de son action politique. Les effets de la révolution monétaire sont donc multiples, différents, complexes, quand on les envisage au point de vue international. D'où la nécessité de les dégager clairement pour chaque État et de procéder à une répartition des États d'après leur situation monétaire.

CHAPITRE SIXIÈME.

Répartition des États d'après leur système monétaire.

Classés d'après leur système monétaire, les États des deux groupes occidental et oriental appartiennent à cinq catégories monétaires :

1° États soumis au papier-monnaie; ce sont : la Russie, l'Autriche-Hongrie, la Grèce, la Roumanie, la République Argentine, le Brésil, le Chili, le Pérou, le Canada, Haïti, le Japon ;

2° États à étalon d'or et à monnaie d'or ; ce sont : l'Angleterre, la Suède, la Norwège, le Danemark, le Portugal, les colonies australasiennes et celle du cap de Bonne-Espérance ;

3° États à étalon d'or avec monnaie d'or et d'argent; ce sont : les États-Unis, l'Allemagne, la Turquie, la Finlande, l'Égypte, la Perse, la Colombie, Cuba et les îles Philippines ;

4° États à étalon d'argent avec monnaie d'argent et d'or; ce sont : la France, la Belgique, la Suisse, l'Italie, la Bulgarie, la Serbie, la Hollande, l'Espagne, le Maroc, Tunis et tous les États de l'Amérique centrale ou méridionale non placés dans les catégories précédentes ;

5° États à étalon d'argent avec monnaie d'argent; ce sont : l'Inde, l'Indo-Chine, la Chine et les colonies hollandaises.

Les tableaux reproduits plus haut permettent d'étudier et de comparer l'importance économique de ces cinq groupes (1).

Il a déjà été fait plusieurs classements du même genre. Les deux derniers présentent de l'intérêt à raison des divergences qu'ils accusent. L'un est dû à MM. Franke et Bohne, de Louisville (Kentucky) ; il a été communiqué au congrès tenu en 1885 à Chicago par l'Association des banquiers américains; l'autre est celui de M. O. Haupt.

MM. Franke et Bohne n'ont formé que trois groupes, savoir :

Groupe de l'or : Royaume-Uni, Allemagne, États scandinaves, Portugal, Turquie, Canada, Brésil, République Argentine, Perse, Australasie et Cap de Bonne-Espérance ; population, 138,600,000 ;

Groupe de l'argent : Russie, Autriche-Hongrie, Mexique, Amérique centrale, Équateur, Pérou, Chine, Inde, Siam, Burmah, Colonies hollandaises, Égypte, Abyssinie, Tripoli, Tunis ; population, 772,000,000 ;

---

(1) Dans ce classement, l'Italie n'a pas été comprise dans les États à papier-monnaie, quoiqu'elle possède encore des billets d'État; de même pour la Turquie, parce que la circulation en Turquie est métallique.

Groupe de l'or et d'argent : France, Belgique, Suisse, Italie, Hollande, Grèce, Roumanie, Espagne, États-Unis, Colombie, Vénézuéla, autres États américains, Japon, Algérie : population, 181,000,000.

La répartition faite par M. O. Haupt est également en trois groupes : double étalon, étalon d'or, étalon d'argent ; à chaque groupe un tableau spécial est attribué. Je reproduis chacun de ces tableaux pour faciliter les comparaisons avec les chiffres des autres statisticiens.

Pays à étalon d'argent.

En millions de francs.

PAYS.	OR.	ARGENT.	APPOINT.	BILLON.	BILLETS A DÉCOUVERT.	TOTAL.
Autriche	200	300	70	24	1,006	1,600
Russie	968	36	190	25	1,667	2,886
Chine	»	3,750	»	»	»	3,750
Inde	»	4,000	»	»	»	4,000
Straits	»	600	»	»	»	600
Bolivie	»	16	»	»	»	16
Colombie	»	24	»	»	»	24
Chili	»	22	»	»	»	22
Maurice	»	20	»	»	»	20
Mexique	20	240	»	2	»	262
Ensemble	1,188	9,008	260	51	2,672	13,180

Pays à étalon d'or.

En millions de francs.

PAYS.	OR.	APPOINT.	BILLON.	BILLETS A DÉCOUVERT.	TOTAL.
Angleterre	2,750	540	40	300	3,630
Australie	550	37	»	»	587
Canada	80	30	»	220	330
Le Cap	170	12	»	»	182
Malte-Gibraltar	40	10	»	»	50
Danemark	69	26	1	34	130
Norwège	32	7	1	25	65
Suède	63	22	1	78	164
Finlande	22	12	1	»	35
Portugal	230	50	11	24	315
Égypte	675	70	17	»	762
République Argentine	75	15	»	200	290
Brésil	»	30	4	397	431
Cuba	100	5	»	220	325
Ensemble	4,856	866	76	1,498	7,296

Pays à double étalon.

En millions de francs.

PAYS.	OR.	ARGENT.	APPOINT.	BILLON.	BILLETS à découvert.	TOTAL.
France	4,450	3,500	250	60	675	8,935
Algérie	55	40	20	»	36	151
Belgique	270	240	33	15	262	820
Grèce	8	2	11	4	70	95
Italie	560	100	171	75	850	1,756
Suisse	80	70	18	4	61	233
Allemagne	2,300	560	555	56	626	4,097
Espagne	470	420	180	57	302	1,429
États-Unis	3,240	1,135	390	78	1,622	6,465
Hollande	132	315	16	3	126	592
Colonies hollandaises	6	400	38	»	»	444
Roumanie	15	47	30	6	78	176
Turquie	370	180	50	»	»	600
Japon	470	220	»	»	200	970
Haïti	2	10	4	»	4	20
Ensemble	12,428	7,239	1,766	358	4,992	26,783

M. O. Haupt n'ayant pas ouvert de compartiment spécial aux pays à papier-monnaie, a dû comprendre le Brésil et la République Argentine dans les pays à étalon d'or, quoique l'or soit en très médiocre quantité dans la République Argentine et comme inconnu au Brésil. De même la Turquie, le Japon, l'Allemagne n'ont pas le double étalon, quoiqu'ils possèdent une monnaie d'argent.

Des observations analogues s'appliquent à la nomenclature faite par les Américains. Il n'est pas possible de comprendre le Brésil dans le groupe de l'or, non plus que la Russie, l'Autriche, l'Égypte dans le groupe de l'argent.

Sous le bénéfice de ces remarques, l'utilité et la portée de cette répartition parlent d'elles-mêmes. Ainsi, la supériorité métallique des États à double étalon, même sans y comprendre l'Allemagne, est d'évidence. Ce seul fait suffit pour montrer l'influence que la substitution de l'or à l'argent et l'amoindrissement de la valeur de l'argent doivent exercer sur chacun de ces groupes.

CHAPITRE SEPTIÈME.

De l'influence de la révolution monétaire sur les États à papier-monnaie.

Les États à papier-monnaie sont au nombre de onze. Leur situation est loin d'être la même. Il est indispensable de s'en rendre compte. Si on met à part le Pérou qui traverse une crise très grave et Haïti, les États à papier-monnaie présentent tous des conditions d'avenir excellentes ; tous sont en mesure, dans un temps donné, de renoncer au régime du papier-monnaie. Ils supportent, quant à présent, un agio qui est très élevé pour la Russie et l'Autriche-Hongrie. Le rouble, qui vaut 3 fr. 99 c., ne se cote que 2.40, et le florin, qui vaut 2.46, ne se cote que 1.98. Le peso d'argent de Buenos-Ayres vaut 5 fr. et le milreis d'argent brésilien 2.59.

La situation monétaire du Brésil et de la République Argentine est améliorée par leurs rapports incessants avec les États les plus prospères, les plus riches en métaux précieux. Le commerce, les nouveaux immigrants y font affluer les monnaies d'or et d'argent de l'Angleterre, de la France, de l'Allemagne, des États-Unis, de l'Espagne et de l'Italie. Il existe à Buenos-Ayres des banques considérables qui sont investies de l'émission comme du contrôle de la circulation fiduciaire. Au Brésil, la situation est moins favorable, parce que l'État a retiré aux banques l'émission et le contrôle de la circulation fiduciaire qu'il exerce lui-même. Le mouvement économique, les conditions de climat et de développement immédiat sont, en outre, préférables dans la République Argentine qu'au Brésil. Pour l'une comme pour l'autre, le papier-monnaie n'est qu'un accident, qui se produit souvent dans les États très jeunes où l'activité économique est sans cesse sollicitée par de nouvelles forces et de nouveaux besoins. Pour ces États, pourvus d'immenses ressources, le papier-monnaie est moins coûteux qu'une circulation monétaire d'argent. Nul doute que du régime du papier-monnaie ils ne s'élèvent rapidement à une circulation monétaire d'or. Déjà l'or est l'unité monétaire au Brésil. La République Argentine a le peso d'or ou d'argent pour unité monétaire ; la pièce de 20 fr. française or y circule comme en France.

Le montant de la circulation métallique est évalué par M. O. Haupt, pour la République Argentine, à 90 millions de francs, dont 75 millions or, et celui de la circulation fiduciaire à 200 millions de francs.

Au Brésil, la circulation fiduciaire s'élève à plus de 400 millions de francs, d'après M. O. Haupt, et à 700 millions d'après M. Burchard. L'un et l'autre n'indiquent aucun stock métallique.

Au Chili, on a adopté le double étalon ; mais la circulation est presque exclusivement fiduciaire. On ne porte pas le stock d'argent à plus de 20 ou 24 millions de francs, tandis que le papier-monnaie émis représente 160 millions de pesos.

Au Canada et dans tout le Dominion la valeur libératoire de l'argent a été limitée à 50 dollars. L'unité monétaire est le dollar américain or. Le stock monétaire est assez important : or, 80 millions de francs ; argent, 30 millions de francs ; par contre, la circulation fiduciaire à découvert s'élève à 220 millions, dont 70 millions de billets d'État.

Le Pérou a pour unité monétaire le sol ou piastre d'argent ; mais vis-à-vis d'un stock argent de 6 millions de francs, la circulation fiduciaire était de 106 millions de sols, soit 530 millions de francs.

A Haïti, le gouvernement, après avoir concédé à la Banque d'Haïti le monopole du papier-monnaie, n'en a pas moins procédé à l'émission de 1 million de gourdes (piastres) de papier d'État. Haïti possède le double étalon avec un stock de 20 millions, dont 16 millions or.

La Grèce avait une bonne situation monétaire avec l'étalon d'or, lorsque ses derniers armements l'ont ramenée temporairement au régime du papier-monnaie.

La Roumanie, malgré de notables efforts, n'a pu s'en affranchir. Elle possède également le double étalon avec une circulation fiduciaire de 112 millions de francs et un stock métallique de 100 millions dont 15 en or.

Le Japon est dominé par le papier-monnaie. Les émissions de l'État représentent 88,880,512 yens et celles des banques 30,479,000 yens (1). On évalue le stock métallique du Japon à 145 millions de yens dont 90 millions de yens or. Le Japon a le double étalon. Le Japon possède quelques mines d'or et d'argent.

La Roumanie et le Japon ont été assez éprouvés par diverses expériences monétaires faites au hasard. Ils sont à même de se débarrasser du papier-monnaie avec plus de suite dans leur politique monétaire.

En Autriche-Hongrie, les progrès sont aussi considérables, surtout en Hongrie et en Bosnie. Néanmoins, la situation économique ne peut être, quant à l'avenir, comparée à celle de la République Argentine ni du Brésil. On évalue qu'en Autriche-Hongrie la circulation monétaire s'élève à 2,200 millions, dont un quart en numéraire et un douzième environ or. L'agio est de 0.49 par florin, sur le taux de 2.46 le florin, soit 20 p. 100. Il est toutefois bien inférieur à l'agio sur la roupie qui est de 0.75 sur 2.50, soit 30 p. 100. Ainsi, en Autriche-Hongrie le régime du papier-monnaie est moins onéreux que le régime monétaire de l'Inde. L'Inde perd 10 p. 100 de plus sur son argent que l'Autriche-Hongrie sur son papier.

En Russie, l'agio est plus élevé qu'en Autriche-Hongrie. Le taux est de 39 p. 100 au lieu de 20 p. 100. Dans l'Inde, le taux est de 30 p. 100. Si la baisse de l'argent continue, si la roupie tombe, ce qui semble probable, à 1.25 ou 1 schelling, l'agio sur le papier-monnaie russe sera moins onéreux que le change sur la roupie.

Il est très intéressant de voir la perte sur le papier-monnaie en Russie se rapprocher de la perte sur l'argent dans l'Inde. Le papier-monnaie russe représente ce-

___

(1) Le yen se divise en cent sen. Le yen d'or vaut 5 fr. 16 c. et le yen d'argent 5 fr. 39 c.

pendant 2,700 millions sur une circulation monétaire de 3,400 millions. Dans l'Inde, la circulation monétaire est de 5,700 millions, sur laquelle l'argent entre pour 5,400 millions. Le contraste est complet entre les deux États.

L'éventualité d'une amélioration de la circulation monétaire est cependant plus éloignée pour la Russie que pour l'Inde. La baisse de l'argent a un caractère universel, tandis que l'agio sur le rouble russe est un fait particulier aux conditions de développement de l'Empire russe. Celui-ci est plus permanent que celui-là.

La Russie a l'étalon d'argent pour unité monétaire, quoiqu'elle ne possède qu'une circulation d'argent très réduite : 36 millions de francs pour 100 millions d'habitants et 968 millions or. Sa circulation fiduciaire est de 1,073 millions de roubles en moyenne : soit 3,700 millions au cours de 2 fr. 40 c. le rouble.

Quels ont pu être, pour les États à papier-monnaie (1), les effets de la baisse de l'argent ? Les réflexions qui précèdent ont préparé la réponse. Ces États n'en ont pas éprouvé de directs. Leur condition financière n'a pas varié ; elle ne s'est pas aggravée. L'agio sur leur papier-monnaie s'est plutôt amélioré, tandis qu'augmentait celui sur l'argent. Il a autant ou mieux valu pour eux posséder une circulation de papier qu'une circulation d'argent.

La Russie est le plus important des États à papier-monnaie ; c'est celui où la circulation fiduciaire est le plus développée, celui où le papier-monnaie semble établi le plus définitivement, parce que, comme le dit M. de Clercq (2) dans ses *Études sur les finances et sur le change en Russie*, le papier-monnaie est étroitement associé à toute la vie nationale de ce vaste empire et que tout événement considérable ne peut se produire qu'avec le concours et l'appui du papier-monnaie. Néanmoins, la condition monétaire de la Russie est moins troublée que celle de l'Inde. Il faut ajouter que l'Empire russe est tout autrement vaste que l'Inde, qu'il ne possède pas les immenses réserves d'argent et de l'or de l'Inde, et que, comme l'Inde, il est obligé de faire, chaque année, des remises considérables en or sur les marchés étrangers. Il y a plusieurs causes, toutes intéressantes à connaître, quoique d'ordre différent, à ces contradictions apparentes.

D'abord la Russie a une production annuelle d'or de 120 millions de francs, production qui, maintenue pendant un certain laps de temps, lui permet de soutenir son papier-monnaie. On estime que de 1829 à 1886 la production d'or de la Russie a dépassé 4 milliards de francs ; c'est une grande ressource. Pour en apprécier l'importance, il suffit de se placer dans l'hypothèse, réalisée précisément par l'Allemagne, de supposer la Russie abondante en mines d'argent et dépourvue de mines d'or. La production de 120 millions d'argent par an serait un embarras pour la Russie ; elle élèverait l'agio de son papier-monnaie. Combien il vaudrait mieux pour l'Allemagne produire 50 millions d'or par an que 50 millions d'argent ! Cette provision d'or permet à la Russie de solder en or, sans embarras, tous les règlements qu'elle fait à l'étranger. Elle n'a pas, comme l'Inde, à vendre des marchandises ou de l'argent pour se procurer de l'or.

À la cause géologique, il faut joindre la cause politique. La Russie est un peuple, un État, jouissant de son entière indépendance. L'Inde est une agglomération de

---

(1) Voir livre IV et chap. VIII, *la Situation monétaire des États-Unis*.

(2) De Clercq, *les Finances de l'empire de Russie*, 1886. — Amsterdam. *Bulletin du ministère des finances* (mars 1887).

races, de peuples, d'États, dominés par l'Angleterre. La Russie, maîtresse de ses destinées, ne subit aucune influence étrangère dans la direction de ses intérêts économiques. Ceux de l'Inde sont subordonnés à la condition générale de l'Empire anglais.

De là ce fait que les valeurs russes sont plus recherchées sur les marchés de l'Europe continentale que celles de l'Inde. Le crédit de la Russie est national; celui de l'Inde est étranger. Si les liens qui rattachent l'Inde à l'Angleterre étaient rompus, le crédit de l'Inde s'effondrerait.

On s'explique donc comment la Russie fait face plus facilement que l'Inde à ses engagements, bien qu'en apparence ses ressources soient inférieures. M. de Clercq n'évalue pas au delà de 109 millions le montant des remises que le gouvernement russe est tenu de faire chaque année en Europe. Il a cependant emprunté, depuis 1871, 1,364 millions de roubles. La hausse des fonds russes atteste la puissance du crédit de la Russie. Ce crédit n'est entamé ni par ses emprunts, ni par son papier-monnaie. La possession de mines d'argent ne dispenserait pas actuellement la Russie d'avoir recours au papier-monnaie.

La pratique du papier-monnaie a-t-elle sur le mouvement des importations et des exportations des États à papier-monnaie une influence accusée? Cette question, ayant été posée à l'égard de l'Inde et ayant joué un grand rôle dans les polémiques contemporaines, il est nécessaire de l'examiner en ce qui concerne tous les États à papier-monnaie.

ÉTATS.	IMPORTATIONS (1,000 FR.).			EXPORTATIONS (1,000 FR.).		
	1870.	1874.	1883.	1870.	1874.	1883.
Autriche-Hongrie.	1,075,000	1,219,200	1,292,000	1,000,000	936,400	1,508,000
Russie.	840,000	1,178,600	1,393,000	991,000	1,079,000	1,600,000
République Argentine.	232,000	302,000	432,300	130,200	232,700	320,000
Canada.	124,500	637,000	815,500	415,600	416,500	510,500
Chili.	106,250	192,000	272,000	129,000	177,500	398,500
Pérou.	128,500	»	55,300	152,500	»	39,700
Roumanie.	82,900	122,700	359,900	177,875	131,700	227,600
Japon.	55,675	140,000	140,000	81,000	92,000	177,500
Brésil.	400,500	389,700	520,000	411,000	472,600	647,000

Les accroissements du mouvement commercial de la Roumanie, du Brésil et de la République Argentine méritent d'être signalés. Ils proviennent de la prospérité générale de ces trois États. Et comme l'accroissement des exportations est loin d'être plus accentué que celui des importations, qu'il est même inférieur, il est difficile d'y reconnaître l'influence que le papier-monnaie est censé exercer sur les exportations à raison de sa dépréciation.

Il est vrai que les exportations de l'Autriche-Hongrie et celles de la Russie ont profité, de 1870 à 1883, d'une augmentation de 50 p. 100; mais les importations ont présenté une plus-value parallèle pour la Russie et notable pour l'Autriche-Hongrie.

Cela me conduit à examiner l'affirmation que la dépréciation de l'argent dans l'Inde, en obligeant l'Inde à accroître la culture du blé, aurait porté un préjudice sensible aux exportations de blé dans la Russie, principalement à Londres, qui est le plus grand marché de blé du globe. Nous touchons ici aux intérêts internationaux de l'ordre le plus élevé. Voici, à cet égard, les renseignements que fournissent de 1870 à 1884 les relevés du *Board of Trade* sur l'importation des blés en Angleterre :

BLÉS ET FARINES importés de	1872.	1875.	1880.	1884.
Russie . . . . cwts	17,958,000	10,157,000	3,963,000	5,720,000
Allemagne.	5,183,000	6,613,000	2,821,000	3,273,000
France	4,553,000	3,573,000	350,000	211,000
Dominion-Canada. . . .	2,457,000	4,069,000	4,543,000	2,618,000
États-Unis. . . .	9,604,000	25,372,000	44,781,000	35,562,000
Australasie	556,000	2,842,000	4,613,000	5,369,000
Inde	169,000	1,334,000	3,230,000	7,980,000

Ces chiffres sont l'expression d'une grande révolution économique ; mais comment y reconnaître l'influence d'une révolution monétaire ? Les blés de la Russie ont, il est vrai, été remplacés, en partie, sur le marché de Londres : n'en est-il pas de même de ceux de l'Allemagne, de la France, du Canada ? Les blés de l'Inde ont pris, en effet, une grande importance ; mais ils n'occupent sur le marché de Londres qu'une place tout à fait inférieure à celle des blés américains et à peine supérieure à celle des blés australasiens. Sur une importation totale de 84 millions de cwts en 1883 et de 66 millions en 1884, les blés de l'Inde n'ont représenté que 11,200,000 en 1883 et 7,900,000 en 1884.

CHAPITRE HUITIÈME.

De l'influence de la révolution monétaire sur les États à étalon d'or et à monnaie d'or.

Ces États se caractérisent par une grande prospérité, comme il résulte de la comparaison de leur mouvement commercial de 1863 à 1883 :

ÉTATS.	IMPORTATIONS (1.000 FR.)			EXPORTATIONS (1.000 FR.)		
	1863.	1880.	1883.	1863.	1880.	1883.
Danemark	89,800	263,000	403,900	51,600	195,000	280,000
Suède	94,000	322,400	467,400	98,600	270,000	359,150
Norvége	70,800	174,800	225,800	48,800	126,000	162,500
Finlande	7,100	28,700	39,200	9,070	21,000	58,700
Portugal	115,200	156,200	202,300	63,800	91,600	130,200
Cap et Natal		234,400	207,100		121,300	123,600
Australasie	727,800	1.185,485	1.551,700	716,200	1,230,800	1,494,100
	1870					
Royaume-Uni	6,222,975	10.363,000	10,682,000	4,922,500	7,224,000	7,410,000

La progression est constante. Elle ne présente qu'une exception, relative à la colonie du cap de Bonne-Espérance et de Natal qui a traversé une crise locale, étrangère à la question monétaire. Les résultats de 1884 et surtout ceux de 1885, sauf pour le Royaume-Uni, ont été moins favorables, il est vrai ; néanmoins, la prospérité est demeurée la même pour ces divers États: leur condition est toujours jugée bonne. On ne constate de réclamation qu'en Angleterre, dont les importations ont baissé à 9,418 millions en 1885 et les exportations à 6,827 millions.

L'Angleterre est à la fois le plus grand centre commercial du globe et le marché des métaux précieux. C'est donc en Angleterre que les effets de la révolution monétaire doivent se faire le plus vivement sentir et qu'il faut les étudier avec le plus de soin. L'Angleterre est, en outre, le foyer de l'Empire anglais, le plus vaste et surtout le plus disséminé qui ait encore été fondé. Dans cet empire sont compris l'Inde qui n'a que l'argent pour monnaie et l'Australie qui n'a pour monnaie que l'or. Sauf l'Inde, toutes les colonies importantes anglaises ont pour étalon monétaire l'or. Mais, par son commerce, l'Angleterre est en rapports incessants, soit avec les États à étalon d'or, soit avec les États à étalon d'argent. Il importe, avant tout, de se rendre compte de la situation du commerce anglais avec ces divers États, en distinguant, comme les statistiques officielles, les produits anglais des produits étrangers. Cette distinction permet de rechercher l'influence de la révolution monétaire sur l'industrie anglaise qui, portant ses marchandises sur tous les marchés, doit donner, par ses alternatives, le reflet des modifications monétaires auxquelles elles sont exposées.

Tableau des exportations de produits anglais 1872-1884.

ÉTATS.	1872.	ANNÉE minimum.	ANNÉE maximum.	1884.
	liv. st.	liv. st.	liv. st.	liv. st.
Inde	18,471,394	18,053,478 (1871)	31,874,084 (1883)	30,584,395
États-Unis.	40,736,597	14,552,076 (1878)	40,736,597 (1872)	24,426,636
Australie	14,141,673	9,898,800 (1870)	25,365,087 (1883)	23,895,858
Allemagne.	31,618,749	16,943,700 (1880)	31,618,749 (1872)	18,729,269
France	17,268,839	11,848,139 (1870)	18,295,856 (1871)	16,746,358
Hollande	16,211,775	8,890,513 (1881)	16,845,750 (1873)	10,937,046
Belgique	6,490,962	4,481,070 (1870)	8,500,700 (1884)	8,500,703
Dominion	10,193,277	5,443,130 (1879)	10,293,177 (1872)	8,652,586
Italie.	6,557,538	4,983,676 (1879)	7,444,195 (1873)	6,904,114
Brésil.	7,519,719	5,366,834 (1870)	7,678,453 (1873)	6,471,564
Turquie.	7,630,143	5,624,910 (1877)	7,748,907 (1878)	6,393,568
Indo-Chine	5,292,745	4,646,772	6,351,489	5,851,818
Java et Moluques. . . .	750,705	750,705	2,291,756	2,291,756
République Argentine. .	3,911,419	1,543,532	4,904,082	5,810,711
Chine.	6,624,111	3,738,125	6,628,236	4,153,202
Japon.	1,961,327	1,282,899	3,290,906	2,255,451
Russie	5,021,180	3,686,735	6,936,306	4,120,555
Cap et Natal.	3,705,854	1,858,509	7,495,554	4,102,281
États Scandinaves. . .	5,473,630	3,910,039	7,920,461	6,029,312
Espagne.	3,614,448	2,513,777	4,064,231	3,868,533

Il semble difficile, après l'examen de ce tableau, de ne pas reconnaître le danger d'attribuer les oscillations des mouvements économiques aux influences monétaires. En Allemagne et en Australie, l'étalon monétaire est le même ; l'accroissement des exportations des produits anglais est énorme en Australie, la diminution très forte en Allemagne. L'Inde et la Chine ont une circulation d'argent : le développement des exportations de produits anglais dans l'Inde est de 70 p. 100 ; la diminution en Chine est de 45 p. 100. Les États-Unis et la France ont une situation monétaire analogue : abondance d'or et d'argent, grande circulation fiduciaire ; la diminution d'exportation en France est à peine de 5 p. 100 ; elle est de 40 p. 100 aux États-Unis. La différence n'est pas moins grande avec la Hollande et avec la Belgique, avec le Brésil et avec la République Argentine.

L'argument de la diminution des exportations anglaises dans l'Inde se promène dans tous les journaux. Elle n'a été que de 1,300,000 liv. st. de 1883 à 1884, tandis que, malgré l'étalon d'or en Australie, la diminution des exportations de 1883 à 1884 s'est élevée à 1,469,329 liv. st. ; proportion 5 $^{1}/_{2}$ p. 100 au lieu de 4 p. 100 pour l'Inde.

Voyons maintenant les importations :

Tableau des importations en Angleterre, 1870-1884.

ÉTATS.	1872.	ANNÉE minimum.	ANNÉE maximum.	1884.
	liv. st.	liv. st.	liv. st.	liv. st.
États-Unis	54,943,668	49,804,081 (1870)	107,081,260 (1880)	86.278,541
France	41,803,444	29,848,488 (1871)	46,518,571 (1875)	37,437,014
Inde	33,682,156	24,698,213 (1879)	39,921,427 (1882)	34,448,132
Australie	15,625,866	14,075.264 (1876)	28,310,607 (1881)	28,310,697
Hollande	13,108,473	13,108,473 (1872)	25,909,373 (1880)	25,876,898
Allemagne	19,231,873	15,404.218 (1870)	27,907,626 (1883)	23,620,682
Russie	24,320,333	14,043,221 (1881)	24,721,375 (1871)	17,315,411
États Scandinaves	12,709,644	10,120,704 (1871)	18,078,312 (1883)	15,777,359
Belgique	13,211,644	11,247,864 (1871)	16,178,345 (1883)	15,146,175
Dominion	9,130,919	8,515,364 (1870)	13,388,988 (1880)	11,039,729
Espagne	9,316,820	6,067,018 (1871)	11,623,663 (1883)	10,157,885
Chine	13,454,526	9,624,557 (1870)	14,958,647 (1876)	10,140,977
Égypte	16,455,731	6,145,421 (1878)	16,455,731 (1872)	9,701,459
Cap et Natal	3,717,465	2,873,910 (1870)	6,274,895 (1882)	5,948,600
Indo-Chine	4,054,254	2,798,479 (1871)	6,010,528 (1882)	5,664,716

Les contrastes de ce tableau ne sont pas moins intéressants que ceux du précédent : ainsi, commençant par les importations de l'Inde, qui jouent un si grand rôle dans les discussions internationales du problème monétaire, la différence en plus des importations entre 1872 et 1884 est réduite à 800,000 liv. st., tandis que de 1882 à 1884 la différence en moins s'élève à 5,500,000 liv. st., malgré l'étalon d'argent de l'Inde ; au contraire, et malgré l'étalon d'or, les importations de l'Australie ne cessent de croître et atteignent précisément leur maximum au moment où celles de l'Inde baissent de 5,500,000 liv. st. L'antithèse est complète. Elle n'est pas moins remarquable entre la Chine et l'Indo-Chine, vastes pays à argent. De 1876 à 1884 les importations de la Chine perdent 4,800,000 liv. st., tandis que celles de l'Indo-Chine conservent, à peu près, leur niveau le plus élevé. Ainsi le fait du développement des importations des pays à argent est fictif. La proportion de diminution a été de 15 p. 100 pour l'Inde et de 33 p. 100 pour la Chine, pays à argent ; elle a été de 15 p. 100 pour l'Allemagne et pour le Dominion, pays à étalon d'or.

La comparaison la plus saisissante est celle à faire entre les propres colonies en dépendances de l'Angleterre et les grands États orientaux. Rapprochons, de 1870 à 1884, les importations du Dominion et de l'Australie, colonies à étalon d'or, de celles de l'Inde et de la Chine, à étalon d'argent.

Importations en Angleterre de 1870 à 1884 des produits de :

(100,000 livres sterling.)

	1870.	1871.	1872.	1873.	1874.	1875.	1876.	1877.	1878.	1879.	1880.	1881.	1882.	1883.	1884.
Inde	25,0	30,7	33,6	29,8	31,1	30,1	30,0	31,2	27,1	24,6	30,1	32,6	39,9	38,8	31,4
Chine	9,6	11,9	13,4	12,5	11,1	13,6	11,9	13,4	13,6	11,0	11,8	10,7	9,6	10,1	10,1
Australie.	14,0	14,5	15,6	17,2	18,5	20,5	21,9	21,7	20,8	21,9	25,6	25,9	25,1	25,9	28,3
Dominion	8,5	9,2	9,1	11,7	11,8	10,2	11,0	12,0	9,5	10,1	13,3	11,3	10,3	12,2	11,0

Le mouvement de l'Australie, quant à sa puissance d'accroissement, est plus grand que celui de l'Inde ; le mouvement du Dominion est supérieur à celui de la Chine.

Ces faits donnent la clé de la politique monétaire de l'Angleterre à laquelle je reviendrai sous un autre chapitre. Je tenais surtout à détruire l'affirmation que les importations en Angleterre des grands États d'Orient avaient pris un accroissement extraordinaire sous l'influence de la révolution monétaire, comme à établir que les exportations anglaises dans l'Inde n'avaient pas sensiblement baissé. D'après des bases, à peu près identiques, les importations en Angleterre ont diminué de 15 p. 100 et les exportations de produits anglais de 4 p. 100. C'est précisément l'inverse de la situation que beaucoup de publicistes et d'hommes politiques accusent à l'appui de théories ou de vues particulières. Ils se méprennent et ils propagent des idées inexactes sur le caractère et la portée de la révolution monétaire.

CHAPITRE NEUVIÈME.

De l'influence de la révolution monétaire sur les États à étalon d'or avec monnaie d'argent.

Parmi ces États qui constituent une sorte de transition, qui remplissent la fonction d'intermédiaires avec le groupe suivant, les États-Unis et l'Allemagne ont seuls un rang considérable. Dans les deux groupes précédents, nous avons rencontré les situations monétaires nettement définies : États à papier-monnaie, États à circulation d'or. Avec ce troisième groupe commence à se dessiner une condition différente où les résultats de la révolution monétaire se touchent du doigt. Ce sont les États qui ont adopté l'étalon d'or, mais qui n'ont pu renoncer encore à la circulation de l'argent. L'Allemagne et les États-Unis l'ont tenté et y ont échoué. Les causes de leur insuccès ne sont pas les mêmes.

§ 1. — *L'Allemagne.*

Sous l'influence de ses succès militaires et de ses progrès économiques, plus grands que les premiers, l'Allemagne a entrepris de changer complètement sa circulation monétaire. Il y a été procédé en vertu des lois des 4 décembre 1871 et 9 juillet 1873. A la fin de 1871, la circulation métallique de l'Allemagne se composait principalement d'argent et, dès la fin de 1880, principalement d'or. M. Neumann-Spallart a donné à cet égard les chiffres ci-après :

Circulation métallique de l'Allemagne.

MONNAIES.	1870.		MONNAIES.	1880.	
	Or.	Argent.		Argent.	Or.
Or monnayé . . . . marcs	90,960,000	»	Or monnayé . . . . marcs	»	1,176,654,386
Argent monnayé . . marcs		1,350,203,000	Argent monnayé . . marcs	427,087,218	»
Espèces autrichiennes. . .	»	150,000,000	Argent monnayé . thalers	450,000,000	
Argent en barres		48,945,000	Or en barres		50,000,000
	90,960,000	1,549,148,000		877,087,218	1,525,654,386

Il est probable que, depuis 1880, la circulation monétaire de l'Allemagne a dû se modifier. M. Mulhall a évalué pour l'année 1884 le stock métallique de l'Allemagne à 75 millions de liv. st. d'or et à 45 millions d'argent, soit 1,890 millions de francs d'or et 1,134 millions de francs d'argent. M. Burchard réduit ces résultats à 1,738 millions de francs d'or et 1,697 millions de francs d'argent. M. Soetbeer a donné les résultats suivants : or monnayé, 1,500 millions de marcs ; or en barres, 72 millions ; Trésor de guerre, 120 millions ; Trésor de l'Empire, 145 millions ; thalers autrichiens, 450 millions ; monnaie allemande d'argent, 442 millions ; monnaie d'appoint, 40 millions. Ensemble : or, 1,837 millions de marcs ; argent, 892 millions de marcs.

M. Neumann-Spallart évalue le stock métallique de l'Allemagne pour 1885 à 2,636 millions de marcs, dont 1,744 d'or (*Uebersichten*, 1887).

D'après les déclarations de M. Jacobi, secrétaire d'État aux finances, l'Allemagne avait fait rentrer dans les caisses du Trésor 1,080,486,138 marcs en pièces anciennes d'un et de deux thalers. Elle en a converti 383 millions de marcs en monnaies d'argent de l'Empire ; 697 millions de marcs ont été convertis en barres. Ces barres ont fourni un poids total de 3,737,322 kilogr. d'argent fin. De ces 3,737,322 kilogr., il a été vendu jusqu'à la suspension, en mai 1879, des ventes d'argent, 3,551,431 kilogr. ; 16,214 kilogr. ont été convertis en monnaie nouvelle, de sorte qu'il restait 169,677 kilogr. Depuis lors, l'Empire n'a plus vendu de métal-argent ; mais la frappe de monnaie d'argent n'a pas cessé. En 1881, il y avait en circulation pour 427 millions de marcs de monnaies d'argent de l'Empire et le relevé au 31 octobre 1886 nous montre la somme de 488 millions de marcs, de sorte que depuis 1881 on a frappé de l'argent pour 21 millions, au moyen de barres et de monnaies anciennes.

Cette transformation n'a coûté à l'Allemagne que 44,069,440 marcs, malgré une perte de 125,797,574 marcs sur un ensemble de ventes d'argent ayant produit 567,139,992 marcs net.

Dans cette transformation, l'indemnité payée par la France à l'Allemagne n'a joué qu'un rôle monétaire secondaire, quoique son influence économique ait été considérable. Le règlement de l'indemnité et de ses accessoires (5,315,758,853 fr.) n'a donné lieu qu'à un mouvement direct d'espèces de 512,294,000 dont 273 millions or français. Le surplus d'or que l'Allemagne s'est procuré a été par elle acheté sur le marché ou est provenu des paiements que les banques étrangères, notamment celles de Londres et de Hambourg, lui ont faits pour compte de la France.

Le Gouvernement a publié l'état des diverses pièces d'or, appartenant à la plupart des États, qu'il a démonétisées et refondues. Dans cet état, les pièces d'or français entrent pour 847 millions, dont 273 proviennent seules de l'indemnité. Il y a longtemps que la France s'est récupérée de cette sortie d'or.

Ainsi l'Allemagne a pu accomplir, sans grands frais et sans embarras, la transformation de sa circulation monétaire. On évalue à 1,747 millions le montant de la fabrication d'or faite en vertu des lois de 1871 et 1873. Si on en retranche le montant des ventes d'argent réalisées et les 123 millions d'or que l'Allemagne possédait en 1870, on trouve que l'indemnité de guerre a fourni, à concurrence de 1,057 millions de francs, les ressources pour opérer cette transformation.

Les résultats de cette transformation ont été l'un des plus considérables que la politique de la Prusse ait réalisés ; mais elle les aurait obtenus tout aussi facilement sans la guerre de 1870. La puissance de la Prusse ne provient pas de cette guerre, mais de ses progrès extraordinaires depuis Frédéric II, de l'accroissement de la population, plus fort que celui de l'Angleterre, de sa culture scientifique, de ses puissantes institutions; même sans la guerre de 1866, la supériorité de la Prusse se serait imposée à l'Allemagne et par suite à l'Europe.

Il est facile de se rendre compte de la nécessité où l'Allemagne s'est trouvée d'opérer sa transformation monétaire par ce double fait : d'une part, cette transformation lui a donné une supériorité économique certaine sur la Russie et l'Autriche-Hongrie, États à papier-monnaie et à étalon d'argent ; d'autre part, elle lui a permis de marcher de pair avec les États en possession, comme l'Angleterre, la France et les États-Unis, d'une circulation monétaire d'or; elle a obéi, en opérant cette transformation, à une nécessité de premier ordre.

On a attribué aux ventes d'argent de l'Allemagne la baisse de l'argent. Il est incontestable que la transformation de la circulation métallique de l'Allemagne devait diminuer la demande de l'argent-métal et en accroître l'offre. Mais ces ventes auraient été absorbées facilement sans l'incessante et croissante production des mines d'argent. Peut-être les ventes allemandes ont-elles été trop précipitées ; peut-être l'Allemagne a-t-elle trop compté sur l'insouciance habituelle de la France. Il aurait été plaisant, après lui avoir pris 5 milliards de capitaux, de lui troquer les vieux thalers germaniques contre les napoléons; ce sont là des détails dans de grandes opérations. En tout cas, il est certain que l'Allemagne a arrêté ses ventes d'argent et qu'elle détient encore de 800 à 900 millions d'argent (1), représentés en partie par de vieilles monnaies dépréciées. La France en détient aussi, mais en très bonnes monnaies.

Malgré les avantages de cette transformation, il s'est produit en Allemagne, comme en Angleterre, un certain mouvement contre l'étalon d'or. Ce mouvement a son centre dans les grands ports d'exportation de Brème et de Hambourg. Ces deux places font un commerce important avec les États d'Orient; elles se plaignent des pertes auxquelles les expose la baisse de l'argent dans l'Inde, de la concurrence des importations de marchandises d'Orient, de la difficulté de placer les produits fabriqués allemands. Ces plaintes sont analogues à celles des négociants ou des fabricants de Londres, de Manchester et de Glasgow. Sont-elles mieux fondées?

Bien que les statistiques douanières de l'Allemagne soient moins complètes que celles de l'Angleterre et de la France, les renseignements qu'on peut y puiser suffisent pour apprécier les réclamations du commerce d'exportation ou des manufacturiers allemands.

---

(1) L'Allemagne a cédé, en 1886, à l'Égypte au cours de 46 pence son stock d'argent en barres.

Importations en Allemagne, 1880-1884.

(En millions de marcs.)

	1880.			1881.			1882.			1883.			1884.		
	Zollverein.	Hambourg.	Brême.	Zollverein.	Hambourg.	Brême.	Zollverein.	Hambourg.	Brême.	Zollverein.	Hambourg.	Brême.	Zollverein.	Hambourg.	Brême.
Angleterre	351	»	»	565	»	»	397	»	»	179	154	60	507	141	61
Autriche-Hongrie	102	»	»	435	»	»	595	»	»	175	»	10	434	»	12
Russie	356	»	»	355	»	»	390	»	»	110	»	12	418	»	14
Belgique	194	»	»	211	»	»	238	»	»	272	13	4	232	15	5
France	215	»	»	252	»	»	244	»	»	267	58	3	214	55	1
Hollande	183	»	»	217	»	»	271	»	»	238	31	1	242	31	4
Suisse	140	»	»	154	»	»	175	»	»	179	»	»	154	1	»
Italie	63	»	»	76	»	»	58	»	»	62	8	»	85	8	»
Amérique du Nord	181	»	»	176	»	»	115	»	»	136	118	195	125	122	117
Amér. centrale et Sud	54	»	»	30	»	»	59	»	»	65	211	53	78	196	56
Afrique	17	»	»	12	»	»	14	»	»	11	15	1	13	19	4
Asie	66	»	»	29	»	»	37	»	»	38	21	35	33	21	37
Australie	7	»	»	5	»	»	3	»	»	4	5	1	5	4	»

Exportations d'Allemagne, 1880-1884.

(En millions de marcs.)

	1880.		1881.		1882.		1883.		1884.	
	Zollverein.	Brême.	Zollverein.	Brême.	Zollverein.	Brême.	Zollverein.	Brême.	Zollverein.	Brême.
Angleterre	437	»	443	»	512	»	552	20	514	16
France	284	»	318	»	311	»	313	»	286	»
Autriche-Hongrie	291	»	316	»	326	»	336	39	337	37
Belgique	161	»	168	»	171	»	174	4	162	4
Hollande	227	»	239	»	259	»	256	4	229	5
Suisse	168	»	169	»	173	»	172	12	191	9
Russie	213	»	183	»	192	»	181	18	169	11
Amérique du Nord	187	»	195	»	194	»	179	79	180	88
Amérique centrale et Sud	21	»	31	»	37	»	43	18	48	16
Afrique	5	»	5	»	5	»	5	»	6	»
Asie	27	»	29	»	24	»	27	1	35	1
Australie	1	»	3	»	7	»	5	1	6	1

Il résulte de ces deux tableaux : 1° que le développement des exportations allemandes est parallèle aux importations allemandes ; 2° que, à l'exception des États américains, les intérêts commerciaux de l'Allemagne sont encore secondaires ; 3° qu'ils ne sont pas en progression ; que les importations d'Orient sont en diminution ; qu'au contraire les exportations sont en augmentation ; 4° que les rapports commerciaux de l'Allemagne avec les États à monnaie d'or ont plus augmenté que ses rapports avec les États à argent ou papier-monnaie.

Le fait le plus curieux, relevé par ces tableaux, est contradictoire avec les réclamations des places de Hambourg et de Brême, les importations d'Orient ont diminué, les exportations en Orient ont augmenté : ce devrait être l'inverse.

§ 2. — Les États-Unis.

Aux États-Unis, la situation s'accuse plus complexe, plus grave, parce que des intérêts beaucoup plus considérables sont en présence : 1° les producteurs d'argent ; 2° les banquiers, capitalistes et négociants en rapport avec l'Europe ; 3° les négociants en rapport avec l'Orient ; 4° les agriculteurs du Far-West, et 5° les manufacturiers. Il faut ajouter que le maniement de ces divers intérêts de premier ordre appartient à des hommes d'affaires d'une capacité éprouvée. La lutte est par suite sérieuse, presque dramatique.

Néanmoins, un fait domine ces divers intérêts ; les mines d'argent les plus productives se trouvent aux États-Unis ; la baisse de l'argent aura pour inévitable résultat de réduire les profits des mines d'argent au remboursement des frais de production ; les États-Unis sont exposés à subir tout le poids de la révolution monétaire ; cette révolution menace de les priver d'une des richesses naturelles de leur territoire. On comprend dès lors l'ardeur avec laquelle les propriétaires des mines défendent leurs bénéfices.

Dans cette défense, ils ont rencontré l'énergique concours d'autres intérêts, plus puissants qu'eux, qui se considèrent également comme victimes de la révolution monétaire : ce sont les producteurs de blé, de maïs, de coton, de pétrole, de fer et de tissus de tout genre. Ces producteurs soutiennent, à l'unisson des manufacturiers de Manchester et des propriétaires russes, ceux-ci pour les blés, ceux-là pour les cotonnades, que la condition monétaire de l'Inde lui a valu la maîtrise des prix ; car, au moment où éclate en Europe une réaction protectionniste violente, se manifestent aussi les symptômes de l'identité des intérêts des peuples, de la solidarité qui les relie et de l'union économique qui sera plus tard leur régime commercial et leur loi. La révolution monétaire n'est qu'un des actes préparatoires à cette future union.

Au Congrès de l'Association des banquiers américains, tenu à Chicago au mois de septembre 1885, cette question de la maîtrise des prix des grandes marchandises internationales a fait le sujet de nombreuses discussions, résumées dans un très intéressant article du *Banker's Magazine* : « Autrefois la Grande-Bretagne fai-
« sait le prix pour l'ensemble des blés du monde, et jusqu'en 1877 Liverpool rem-
« plissait la fonction de contrôleur. A la suite des mauvaises récoltes de l'Europe,
« de 1878 à 1881, ce fut aux États-Unis qu'échut la prérogative de fixer le prix de
« ce surplus, et, durant cette période de grande spéculation, les spéculateurs de
« Chicago demeurèrent les maîtres de la situation. Depuis 1882, l'Inde, grâce au
« développement de ses chemins de fer et à la baisse de l'argent, équivalant à
« 15 cents (0,75) par bushel en sa faveur, est devenue le facteur principal ; c'est
« elle qui fait le prix. Ceci a lieu, bien que le propre surplus de l'Inde soit beau-
« coup moindre que celui de l'Amérique, même que celui de la Russie, non pas
« conformément à l'action des lois naturelles du commerce, mais à leur encontre.
« La spéculation américaine sur le blé et la production excessive de l'argent, sous
« l'influence du monnayage obligatoire du Trésor fédéral, ont été les facteurs prin-
« cipaux qui ont transmis des États-Unis à l'Inde le sceptre de la suprématie sur
« les blés (1). »

M. A. Pierce, auteur de cet article, poursuit sa démonstration, en établissant comment les États-Unis, sous l'effet des mêmes causes, ont successivement perdu le sceptre de la suprématie du coton, du pétrole, du porc même, ne retenant le sceptre que sur le maïs. Il montre combien est devenue ardente, énergique, la compétition de tous les peuples sur le marché universel. De tous côtés surgissent de nouveaux producteurs. Les blés du Canada et de la Plata dominent le marché américain ; les porcs allemands et français dominent le marché européen ; le pétrole russe est offert de tous côtés ; l'Égypte produit du coton en abondance ; enfin, pour tous les produits de son agriculture, l'Inde peut écraser les prix et contrôler tous les marchés. M. Pierce attribue cet état de choses à la fièvre de spéculation qui

____

(1) Fascicule de février 1886.

règne aux États-Unis et à la production de l'argent qui fournit « à l'Inde et aux « peuples à argent un moyen d'échange dont le bon marché ajoute autant de valeur « à ce qu'ils ont à vendre que l'or, moyen d'échange des autres peuples, en prend « à ce que ceux-ci peuvent offrir ». (*Banker's Magazine*, 1886, p. 569.)

Cet article a le mérite de poser clairement les grandes questions de la compétition actuelle entre les principales nations. Mais les doctrines de M. A. Pierce ne sont pas celles des *farmers* du Far-West ni des manufacturiers américains, encore moins des producteurs d'argent. Les uns comme les autres sont d'opinion que l'intérêt des États-Unis est précisément de s'assurer cette plus-value que, d'après M. Pierce lui-même, l'argent attribuerait aux marchandises des peuples à argent sur les peuples à or, et que loin de se rapprocher des peuples européens, compétiteurs redoutables et consommateurs peu nombreux, les Américains doivent s'entendre avec les peuples orientaux dont la compétition est moins active, dont les masses sont plus profondes et qui ont l'étalon d'argent. Faudrait-il que les États-Unis devinssent un peuple à argent comme la Chine, comme l'Inde, comme l'Indo-Chine ? Ils y trouveraient plus d'avantages. Le groupe des peuples à argent deviendrait le groupe principal ; il s'accroîtrait plus tard de la Russie ; il entraînerait dans son orbite les États de l'Amérique du Sud et le Japon.

Ces idées sont partagées par les *farmers*, spéculateurs et négociants de la partie occidentale des États-Unis dont les rapports avec la Chine et l'Inde peuvent se développer plus tard ; elles sont combattues par tous les Américains de la partie orientale, la plus peuplée et la plus riche actuellement. C'est encore à la statistique qu'il faut s'adresser pour éclairer ces discussions qui méritent d'être suivies de près, car elles correspondent aux luttes d'intérêts importants et respectables.

Je vais décomposer l'ensemble des importations et des exportations des États-Unis entre les deux groupes principaux des peuples à argent et des peuples à or. Cette division permettra de reconnaître quels sont les véritables clients *actuels* des producteurs américains.

PEUPLES À CIRCULATION D'OR.

Importations et exportations des États-Unis, 1872-1885.

(En 100,000 dollars.)

	IMPORTATIONS.							EXPORTATIONS.						
	1872.	1874.	1876.	1878.	1880.	1883.	1885.	1872.	1874.	1876.	1878.	1880.	1883.	1885.
Royaume-Uni	215,7	180,0	123,3	107,2	219,6	182,5	146,7	265,4	315,3	233,0	357,4	466,7	382,7	394,0
Dominion	36,3	34,3	29,0	25,3	33,2	37,7	36,9	29,4	15,4	33,0	35,2	30,7	30,6	35,9
Possessions anglaises	9,4	4,9	4,5	7,7	7,8	11,0	61,5	8,7	9,3	10,2	3,5	9,2	14,7	21,0
Allemagne	46,2	48,9	35,3	34,7	52,2	65,0	63,2	49,3	42,0	51,6	54,8	57,0	54,2	60,8
France	43,1	57,6	50,9	43,3	69,3	71,8	56,9	31,4	42,9	30,7	55,3	100,0	19,2	41,5
Italie	7,5	8,4	7,6	6,7	59,3	16,7	11,4	5,4	8,3	7,7	9,7	12,3	7,5	11,6
Espagne	4,4	4,5	3,2	3,2	5,0	6,2	4,7	9,4	11,6	10,1	8,2	14,6	11,8	11,9
Belgique	5,5	5,7	5,4	3,9	11,5	10,9	8,6	13,5	20,8	15,7	23,5	34,1	21,8	25,3
Hollande	2,5	2,5	2,4	2,7	6,9	1,8	5,6	11,1	13,3	12,2	13,2	17,2	14,3	16,6
Danemark	0,7	0,3	0,5	0,3	0,6	0,6	0,9	1,6	2,2	1,5	1,0	1,1	5,2	1,3
Portugal	0,4	0,5	0,5	0,4	0,7	1,0	1,2	1,4	1,5	3,2	1,0	1,5	5,4	4,6
Suède et Norvège	1,7	2,0	0,5	0,1	0,6	1,8	3,0	0,7	2,3	1,4	2,5	2,3	2,5	2,4
Autriche	1,0	0,1	0,9	0,2	1,5	2,9	7,7	1,4	1,6	1,5	2,5	2,3	1,7	2,4
Suisse							16,4							0,4
Turquie	0,8	1,1	0,4	0,5	1,2	2,1	3,5	1,2	2,5	3,3	1,4	1,9	1,3	1,4
Australie	3,7	1,7	1,1	1,1	2,5	1,9	7,7	2,9	2,8	1,4	6,7	1,7	9,8	9,3

PEUPLES A CIRCULATION D'ARGENT.

Importations et exportations des États-Unis, 1872-1885.

(En 100,000 dollars.)

	IMPORTATIONS.							EXPORTATIONS.						
	1872.	1874.	1876.	1878.	1880.	1883.	1885.	1872.	1874.	1876.	1878.	1880.	1883.	1885.
Inde	11,2	11,1	12,8	12,0	21,0	19,4	19,5	0,4	0,4	0,3	0,8	2,2	2,1	3,7
Chine	26,7	18,5	12,8	18,1	24,0	20,1	15,6	2,9	2,1	4,7	6,8	3,9	7,3	6,3
Japon	6,5	6,4	15,4	7,4	14,5	15,0	11,2	0,9	1,1	1,0	2,2	2,5	3,9	2,5
Indo-Chine	7,2	3,8	5,9	4,5	6,2	1,9	1,5	0,1	0,4	0,6	1,4	2,6	10,3	3,0
Mexique	4,0	4,3	5,1	5,2	7,2	8,0	9,0	5,5	5,9	6,2	7,4	7,8	16,6	12,7
République Argentine	9,1	4,5	3,6	4,9	6,2	6,2	4,1	1,4	2,6	1,5	2,1	1,8	3,5	5,0
Brésil	30,1	43,8	45,1	42,9	51,9	44,4	50.2	5,9	7,7	7,3	8,6	8,6	9,2	8,6
Amérique centrale	1,5	2,8	1,5	2,9	3,3	5,1	6,1	0,9	0,8	0,9	1,2	1,7	2,0	3,1
Chili	0,7	0,6	0,7	0,6	1,2	0,4	0,5	1,8	2,8	2,1	1,9	0,9	2,8	3,2
Colombie	6,1	7,3	5,0	5,8	8,1	5,1	3,8	4,4	5,2	4,0	4,1	5,3	7,8	6,3
Pérou	1,6	1,2	1,4	1,5	0,9	2,5	2,0	4,0	1,9	1,0	1,0	0,9	0,4	1,0
Uruguay	3,3	2,5	1,8	2,4	1,5	3,9	2,1	1,6	1,1	1,1	1,0	0,9	1,4	1,3
Vénézuéla	1,6	5,3	5,5	7,3	6,0	5,9	6,6	0,9	1,9	2,8	2,8	2,3	2,7	2,4
Hawaï	1,2	1,0	1,3	2,6	4,6	8,2	7,9	0,6	0,6	0,6	1,7	2,0	3,8	3,5
Russie	1,9	1,2	1,1	0,6	0,7	2,5	2,7	6,9	10,3	11,6	11,1	13,2	19,1	11,2
Autriche	1,0	0,4	0,9	0,2	1,5	2,9	7,7	1,4	1,6	1,5	2,8	2,3	1,7	2,4
Cuba	65,7	85,1	56,0	56,9	65,4	65.5	57,1	13,8	17,1	12,8	11,9	11,2	17,6	10,9
Porto-Rico	11,3	6,8	4,1	4,8	5,4	5,4	6,8	2,5	2,0	1,8	1,5	2,0	2,2	2,2
Autres colonies espagnoles	7,7	6,3	5,9	8,0	6,7	10,6	12,4	0,1	0,1	0,1	0,3	0,1	0,3	0,2
Haïti	1,5	1,6	3,1	3,2	4,9	4,3	3,8	3,2	4,7	5,6	4,8	4,6	4,5	4,0
Antilles françaises	2,2	1,4	1,8	2,8	2,7	2,8	3,1	1,5	1,1	1,1	1,5	1,9	2,3	2,3

Ces deux tableaux donnent une réponse catégorique aux théories des producteurs d'argent et des spéculateurs de Chicago. La clientèle des produits américains, agricoles et manufacturés, se trouve parmi les peuples à circulation d'or. Les peuples à circulation d'argent vendent aux États-Unis pour 235 millions de produits et leur en achètent pour 95 millions; les peuples à circulation d'or leur en achètent pour 650 millions de dollars et leur en vendent pour 420. Il n'y a aucune comparaison à établir entre ces deux groupes. Il en résulte qu'au point de vue monétaire, les États-Unis ont un intérêt supérieur à se rapprocher des peuples avec lesquels se font leurs principaux échanges. La différence entre les achats du groupe d'argent et les achats du groupe d'or est irréductible. Elle pourrait s'aggraver beaucoup, car dans le groupe d'argent ont été englobés des États très prospères : le Brésil, la République Argentine, Cuba, le Chili, les républiques de l'Amérique centrale, l'Uruguay, appelés, par la force des choses, à adopter l'étalon d'or. Or, les achats de l'Inde, de la Chine, de l'Indo-Chine et du Japon ne s'élèvent pas à plus de 15 millions de dollars.

La solidarité des intérêts des États-Unis avec ceux des peuples orientaux est donc une illusion ou un sophisme.

Cette situation apparaît plus claire encore, si on se rend compte des changements qui ont eu lieu dans l'état actuel de la circulation monétaire aux États-Unis.

J'extrais les éléments du tableau ci-après de la dernière publication de M. Kimball :

TABLEAU.

Circulation monétaire au 1er juillet 1885.

	OR.	ARGENT.	PAPIER-MONNAIE.
	dollars.	dollars.	dollars.
Or en barres au Trésor	66,847,095	»	»
Or monnayé	512,174,656	»	»
Certificats d'or.	139,901,646	»	»
Argent en barres au Trésor	»	4,654,586	»
Dollars, argent, au Trésor.	»	165,413,112	»
Argent, en circulation	»	38,471,269	»
Argent, monnaie d'appoint	»	74,939,820	»
Certificats d'argent.	»	140,323,140	»
Notes du Trésor.	»	»	346,738,966
Notes des banques.	»	»	318,776,711
Notes fractionnelles	»	»	6,964,175
	748,923,397	423,802,127	672,479,852

Y a-t-il témérité à affirmer que ce tableau tranche toute discussion? En réalité, l'or seul circule aux États-Unis, parce qu'il suffit à la circulation. Pour une masse (1) de 203,884,381 dollars, il n'a pu entrer dans la circulation, sur un territoire aussi étendu que les États-Unis, occupé par 60 millions d'hommes, que 38 millions de dollars. Tout le reste demeure enfoui dans les réservoirs du Trésor, cherchant des consommateurs qui ne se présentent pas. Quant aux transactions, il y est très complètement pourvu par 749 millions de dollars or, soit près de 4 milliards d'or, et par près de 3 milliards de papier-monnaie. Si on ajoute à ces instruments monétaires les 6,000 banques des États-Unis et les 31 *clearings*, mieux organisés et plus actifs que dans aucun autre pays, on se convaincra que non seulement les États-Unis n'ont pas besoin d'argent, mais qu'ils surabondent d'or. Par suite ils en exportent.

D'où ce fait que les Américains extraient l'argent de leurs mines, non pas pour leur compte — car ils n'en ont nullement besoin — mais pour compte de qui il appartiendra; c'est ce qu'avait entrevu, dès 1872, M. Bagehot; c'est ce qui lui faisait dire que la baisse de l'argent ne s'arrêterait que lorsque les frais de production ne seraient plus couverts par le prix de l'argent. Aussi tant qu'il y aura avantage à extraire de l'argent aux États-Unis, au Mexique, en Russie, il en sera extrait, quelle que soit la baisse de l'argent.

La comparaison de la situation respective des éléments monétaires des États-Unis à diverses époques n'est pas moins probante.

Mouvement de la circulation monétaire des États-Unis, 1879-1886.

En 1,000 dollars.

	1879.			1881.			1883.			1886.		
	Or.	Argent	Papier.	Or.	Argent.	Papier.	Or.	Argent.	Papier.	Or.	Argent.	Papier.
Au Trésor	112,703	32,419	41,125	167,781	96,085	22,771	157,875	117,6[illegible]	30,956	113,18[illegible]	122,012	346,738
Banq. nationales	35,039	6,160	126,49[illegible]	107,222	7,112	7,639	97,57[illegible]	10,217	103,817	1[illegible]5,077	11,182	318,644
Banq. d'États. .	10,937	»	25,911	19,001	»	27,390	18,255		28,250	31,255	.	.
En circulation .	119,620	67,693	456,097	267,663	82,930	567,415	3[illegible]	89,912	5[illegible]8,825	2[illegible]7,001	221,182	
Cais. d'épargne.	»	»	14,513	»		11,782	»		12,979	.		.
Totaux	278,395	106,572	667,380	562,587	186,956	707,031	579,825	238,511	728,530	3[illegible]8,315	361,106	435,382
										1[illegible]1,471	115,977	
										679,5[illegible]	150,[illegible]3	

Si on rapproche ces résultats du tableau de la circulation monétaire en 1885, on constate que, depuis 1879, le stock or a augmenté de 470 millions de dollars, le

----
(1) D'argent.

stock argent de 317 millions de dollars, et le stock papier de 105 millions de dollars. Entre 1879 et 1886, l'accroissement est encore plus grand, en tenant compte des certificats d'or (131,474,000 dollars) et d'argent (115,977,000 dollars).

La condition monétaire des États-Unis se résume donc ainsi : accroissement du stock d'or et du stock d'argent, au delà des besoins de la circulation ; d'où augmentation très limitée de la circulation fiduciaire et de la circulation de l'argent. Mais la production de l'argent étant maintenue, quoique les débouchés manquent, le stock d'argent s'accroît sans que la circulation de l'argent s'accroisse.

Au surplus, le total des instruments de la circulation monétaire aux États-Unis ayant été porté, au 1er juillet 1886, d'après le tableau dressé par M. Kimball, à 1,815 millions de dollars, il est bien difficile que l'argent ne soit pas délaissé. Il recule devant le papier et devant l'or. Cette somme de plus de 9 milliards de francs se décomposait ainsi : or, 591,700,000 dollars ; certificats d'or, 131,474,145 dollars ; notes, 664,384,200 dollars ; argent, 312,192,700 dollars ; certificats d'argent, 115,977,675 dollars.

CHAPITRE DIXIÈME.

De l'influence de la révolution monétaire sur les États à étalon d'argent avec monnaie d'or et d'argent.

De même que la seconde catégorie des États à étalon d'or comprend les États à étalon d'or et à monnaie d'argent, la première catégorie des États à étalon d'argent comprend les États à étalon d'argent avec monnaie d'argent et d'or. Ces États ne sont pas les plus importants, la France exceptée, mais ce sont les plus nombreux. Ils occupent une place considérable dans la révolution monétaire, parce que ce sont ceux qui marquent le mieux la substitution que cette révolution a pour but d'accomplir. Dans les États à étalon d'or, la substitution est faite, bien qu'incomplètement ; dans les États à étalon d'argent avec monnaie d'or, elle se prépare, mais elle n'est pas faite, du moins en droit.

Parmi ces États, la France, la Hollande, la Belgique, l'Italie, l'Espagne ont seules des relations internationales étendues et variées. Le Mexique possède une situation monétaire importante, sans être en mesure d'exercer une influence indépendante sur les affaires internationales. Ainsi, le Mexique continuera à produire de l'argent sans prendre en considération ni l'influence générale de cette production sur les autres États, ni les moyens de la rendre plus avantageuse.

Les autres États secondaires de ce groupe, la Bulgarie, la Serbie, le Maroc, Tunis, les États de l'Amérique centrale et méridionale, non compris dans les catégories précédentes, n'exercent aucune influence monétaire. Leur système monétaire est même, en général, à l'état transitoire. La plupart tendent à se rapprocher du système monétaire français.

Tous les autres, la Hollande exceptée, forment l'Union latine. La Hollande, grande puissance coloniale, possède une situation particulière importante.

§ 1. — *L'Union latine.*

L'Union latine est le fait qui montre le mieux l'influence de la révolution monétaire (1).

(1) *Annales de l'École libre des sciences politiques,* octobre 1886. — L'Union latine n'est pas vue d'un bon œil par les Allemands ni par les Américains. (*Banker's Magazine,* juin 1887.)

La supériorité du système monétaire français avait peu à peu été reconnue, malgré la réaction générale contre les idées françaises à la suite des guerres de la Révolution et de l'Empire. Au moment où éclata la Révolution de 1848, plusieurs États étaient disposés à adopter le système monétaire de la France. Le Gouvernement pacifique et libéral de 1830 avait plus propagé l'influence de la France que les guerres de la Révolution et de l'Empire.

Les événements de 1848 retardèrent ce mouvement au point de vue politique à raison de leur caractère ; la découverte des mines de Californie et d'Australie le retarda au point de vue monétaire.

Les luttes politiques, l'installation du second Empire, la guerre de Crimée détournèrent les esprits de toute préoccupation monétaire. L'or affluait en France ; il se substituait à l'argent. Personne ne s'en plaignait. La polémique soulevée par Michel Chevalier restait sans écho dans le pays. Une discussion s'étant engagée, au sein de l'Académie des sciences morales et politiques (mai 1852), sur la question monétaire, entre Michel Chevalier et Léon Faucher, à propos du remarquable mémoire dans lequel Léon Faucher combattait l'opinion de la diminution de valeur de l'or, MM. Blanqui et Dunoyer se rangèrent du côté de Léon Faucher. Personne n'intervint en faveur de Michel Chevalier. Charles Dupin clôtura la discussion en faisant observer que les faits monétaires ne pouvaient être appréciés qu'à long terme.

Toutefois, après la paix de Paris et la crise financière de 1857, le ministre des finances réunit à Paris une commission pour examiner la situation monétaire de la France. Cette commission est le premier anneau de la série de commissions et de conférences qui n'est pas encore close. Cette commission paraît avoir été fort embarrassée de se prononcer entre ceux qui prévoyaient un cataclysme parce que l'argent quittait la France pour l'Inde et la Chine et ceux qui se réjouissaient de l'invasion de l'or ; elle proposa un droit à la sortie sur l'argent. Cette proposition excita une hilarité universelle et la commission s'évanouit.

Quelques années plus tard, la Belgique et la Suisse adoptèrent une convention pour la refonte et l'abaissement de leur monnaie d'appoint. Tel est le premier nucléus de l'Union latine. La France modifia dans le même sens sa monnaie d'appoint. Ce fait détermina la Belgique à demander la réunion en France d'une commission de délégués français, italiens, suisses et belges pour s'entendre sur la question monétaire.

La Belgique avait, comme la Hollande et sans les mêmes raisons, démonétisé l'or en 1850. Dès 1861, elle se trouva obligée de revenir sur cette faute.

La proposition de la Belgique fut acceptée ; elle a été le fondement de la convention du 23 décembre 1865 qui constitue entre la France, la Belgique, l'Italie et la Suisse l'Union monétaire latine pour le poids, le titre, le module et le cours des monnaies d'or et d'argent. Les bases de cette union consistèrent à fixer le titre de la monnaie d'appoint, à conserver à l'argent et à l'or pleine valeur libératoire et à convenir que la pièce de 5 fr. à 900/1,000 s'échangerait entre les caisses publiques des États contractants. La question de l'étalon monétaire fut examinée, mais sans décision. Dès cette époque, la condition subordonnée de l'argent était reconnue par les principaux publicistes et économistes.

L'influence de cette convention a été considérable. Elle marque l'apogée de l'influence française sous le second Empire. Les désastres du Mexique n'ont pas encore éclaté ; la guerre de 1866 et ses résultats n'ont pas changé l'équilibre de l'Europe.

Beaucoup d'États dans l'Amérique méridionale adoptèrent alors le système monétaire de la France (1). Il en fut de même de l'Espagne.

Ce premier mouvement en provoqua un second, particulièrement dirigé par l'honorable M. Esquirou de Parieu, en faveur de l'étalon d'or et de l'unification générale des monnaies d'or au moyen de l'adoption de la pièce d'or de 25 fr. De là la Conférence monétaire universelle de 1867 et les deux enquêtes spéciales de 1868 et 1869.

Ainsi, l'Union latine a été fondée pour régulariser, d'un commun accord, mais conformément au système monétaire français, le système monétaire de la France, de la Belgique, de la Suisse et de l'Italie, en laissant de côté les questions que soulevait la révolution monétaire. Au contraire, les conférences qui ont suivi cette convention ont eu pour objet principal l'examen de ces questions.

La Conférence universelle de 1867 présente un très haut intérêt. Elle fut précédée par la réunion d'une commission spéciale française. Les chambres de commerce furent consultées ainsi que les receveurs généraux. 18 chambres de commerce et 29 receveurs généraux se prononcèrent pour l'étalon d'or unique, 34 chambres et 28 receveurs pour le double étalon ; tous demandèrent le maintien de la pièce de 5 fr. La commission consacra plusieurs séances au problème de la fixité du rapport de l'or et de l'argent. MM. Wolowski et Dumas défendirent avec une grande habileté le double étalon. M. Wolowski, s'appuyant sur l'avis de M. E. Seyd père, insista sur le retour certain de l'Angleterre au double étalon. C'est la question encore pendante. Jadis partisan de la démonétisation de l'or, Michel Chevalier se montra résolu partisan de celle de l'argent. La commission, par 5 voix contre 3, se prononça pour le maintien du double étalon. La conférence internationale ne partagea pas cette opinion.

Elle se réunit au mois de juin 1867. Elle tint huit séances. Vingt-deux États y furent représentés. La conférence, après des discussions d'un grand intérêt, prit pour base de ses délibérations la coordination des systèmes monétaires divers d'après la convention du 23 décembre 1865. Ce vote fut rendu à l'unanimité. C'est un vote considérable et qui est un hommage à la France. La conférence vota également à l'unanimité le principe de l'étalon unique, chaque État demeurant autorisé à garder transitoirement l'étalon d'argent. L'adoption de la pièce de 25 fr. ne rencontra que trois votes hostiles : Prusse, Bade, Wurtemberg. Le titre à 9/10 fut accepté par tous les délégués. On ne put cependant s'entendre ni sur le rapport de l'or et de l'argent, ni sur le cours des monnaies.

L'influence de cette conférence internationale fut considérable (2). Tous les États prirent des mesures pour en exécuter les dispositions. L'Espagne et la Grèce adhérèrent au système monétaire de 1865. L'Autriche, la Suède, la Roumanie, frappèrent des pièces d'or correspondant directement ou par leurs multiples aux pièces d'or françaises. L'Angleterre, les États-Unis, les États allemands, préparèrent la modification de leurs monnaies d'or.

En France deux enquêtes furent ouvertes (3) : la première en 1868, la seconde

---

(1) La Colombie avait adopté le système français dès 1854, le Pérou en 1864. Le Chili l'adopta en 1870.

(2) États représentés : France, Angleterre, Russie, Autriche, Prusse, Danemark, Suède, Norvège, Espagne, Portugal, Italie, Bavière, Bade, Wurtemberg, Belgique, Pays-Bas, Turquie, Grèce, Suisse, États-Unis.

(3) Travaux, dépositions, délibérations des conférences, enquêtes et commissions de 1867, 1868, 1869 ont été publiés en trois volumes in-4°.

en 1869. La commission de 1868 se prononça en faveur de l'étalon unique d'or, en conservant provisoirement l'étalon d'argent ; elle demanda la limitation de la frappe de l'argent et la fixation à 100 fr. par chaque paiement de sa valeur libératoire.

L'enquête de 1869, qui se prolongea jusqu'en 1870, est une des plus intéressantes parmi celles réunies par le gouvernement impérial. Les procès-verbaux des dépositions et des délibérations ont échappé aux incendies de la Commune et ont été publiés. C'est un document important. L'influence de la Banque de France et de la maison de Rothschild y fut considérable. J'aurai occasion, en traitant des théories monétaires contemporaines, d'examiner les principales dépositions et les avis des membres de la commission, notamment ceux de MM. Dumas et Michel Chevalier, qui personnifièrent la discussion. La commission vota le principe de l'étalon unique d'or, la fabrication d'une pièce d'or de 25 fr. et l'interdiction de la frappe des pièces de 5 fr.

Les événements de 1870 modifièrent profondément la situation. Ils enlevèrent à la France le prestige de la prépondérance politique ; ils rendirent, pour de longues années, impossible l'exécution de ses projets d'unification monétaire. En même temps la production de l'argent prenait un nouvel essor aux États-Unis et l'Allemagne se décidait à adopter l'étalon unique d'or. Elle présumait trop de ses ressources et de la complaisance de ses voisins. La démonétisation de l'argent en Allemagne et l'accroissement de la production de l'argent aux États-Unis firent affluer des masses d'argent en France. Les ateliers monétaires français, qui n'avaient pas frappé pour 1 million en métal-argent en 1872, en frappèrent pour 173 millions en 1873. Diverses décisions ministérielles ralentirent cette frappe. Mais le 31 janvier 1874 intervenait une nouvelle convention entre les États de l'Union latine. Cette convention limitait pour chacun d'eux la frappe de l'argent.

Cette convention changeait le caractère de l'Union latine. A un but d'uniformité monétaire, elle substituait une sorte de coalition contre les conséquences de la révolution monétaire. Quatre ans après, la convention du 5 novembre 1878 précisait plus nettement la situation. Les contractants, après avoir confirmé les dispositions du pacte de 1865, suspendaient toute frappe nouvelle d'argent ; ils limitaient même les monnaies d'appoint. Cette suspension n'était, en réalité, que la mise à exécution d'un des vœux les plus formels des conférences et des commissions de 1867, 1868, 1869. Le trouble causé dans la marche des faits monétaires par les événements de 1870 s'était dissipé, on était ramené à l'état de choses antérieur.

L'Union latine devait durer jusqu'au 1er janvier 1886 ; elle a été prorogée pour cinq années avec diverses clauses relatives à sa liquidation.

Depuis 1878, la situation monétaire, qui a motivé les conventions de 1874 et 1878, s'est aggravée. Tout indique qu'à l'expiration du nouveau délai, il y aura lieu de prendre un parti à l'égard des questions proposées à la Conférence internationale de 1867.

On doit remarquer que cette conférence s'est occupée des divers problèmes qui sont encore à résoudre : l'unité de l'étalon monétaire, la conservation de l'étalon d'argent, la fixité du rapport entre la valeur de l'or et celle de l'argent. La conférence a maintenu transitoirement l'étalon d'argent et ne s'est pas prononcée catégoriquement sur le rapport de valeur entre l'or et l'argent.

Il est vrai que deux nouvelles conférences internationales ont été tenues à Paris en 1878 et 1881, sur l'initiative des États-Unis ; mais ces deux conférences n'ont pas eu l'importance de celle de 1867. Les circonstances ne le comportaient pas. Elles n'étaient plus les mêmes. En 1867, la production d'argent aux États-Unis représentait une valeur de 13,500,000 dollars ; en 1878, cette production était évaluée à 45 millions de dollars. Non seulement les États-Unis étaient demeurés le principal facteur de la production d'or ; ils étaient aussi devenus le principal facteur de la production d'argent. La suspension de la frappe par l'Union latine les atteignait d'autant plus directement que la Hollande, la Russie et l'Autriche-Hongrie avaient cessé, depuis longtemps, de frapper de l'argent. Ils proposèrent aux principaux États de l'Europe de décréter la libre frappe de l'or et de l'argent et l'adoption d'un rapport fixe de valeur. C'était condamner implicitement la politique monétaire qui avait prévalu à la conférence de 1867. Cette conférence s'était refusée à adopter un rapport fixe de valeur entre l'or et l'argent ; en outre, elle avait, en principe, sinon en fait, reconnu la nécessité de limiter la frappe de l'argent.

Les travaux des deux conférences ont été publiés ; ceux de la conférence de 1878 par les soins du gouvernement américain et ceux de la conférence de 1881 par les soins du gouvernement français ; ce sont des ouvrages considérables, remplis de documents officiels ; néanmoins ces recueils n'offrent peut-être pas autant d'intérêt que les recueils des conférences et enquêtes de 1867 à 1869. Pour ces dernières, les délibérations accusent un mouvement général dans les esprits ; l'intérêt particulier n'y joue aucun rôle ; les témoins et les commissaires déposent et discutent sous l'empire d'idées générales et désintéressées. Les théories combattent les unes contre les autres. En 1878 et en 1881, les intérêts ont remplacé les théories. La lutte revêt un caractère différent ; aussi les deux conférences n'aboutirent à aucun résultat.

L'influence de l'Union latine n'en devint que plus étendue. Les débats firent connaître au public la portée des questions débattues. En 1881, les agents américains avaient réussi à convertir le gouvernement français à leur système ; mais l'opinion publique et les délégués des autres États de l'Union latine paralysèrent les agissements des représentants français ; aujourd'hui la situation est entièrement élucidée. L'opinion publique, en France du moins, est revenue aux idées qui prévalaient en 1867. Elle accepte l'étalon d'or avec la restriction de la frappe et de la valeur libératoire de l'argent. Ce sont exactement les conclusions de la commission de 1868. Il est probable que telle sera la législation monétaire qui sera adoptée lors de la dissolution de l'Union latine.

Cette Union a été favorable à tous les États qui en ont fait partie. Elle a permis à la Belgique et à la Suisse de traverser, sans embarras monétaires, la période de 1865 à 1885. Elle a été du plus grand secours à l'Italie pour rétablir ses finances et entreprendre l'opération de l'abolition du cours forcé. Enfin, au milieu des épreuves si diverses auxquelles la France a été exposée depuis 1870, elle a servi à montrer la puissance et même la suprématie monétaire de la France, la supériorité de son système monétaire ; aussi, malgré les difficultés de cette pénible période de 1870 à 1885, le mouvement général des États à adopter le système monétaire de la France a continué. En 1871, le Vénézuéla et le Japon, en 1873 la Serbie et la République Argentine, en 1879 la Perse, en 1880 la Bulgarie, en 1881 la Roumanie, sont entrés dans la clientèle monétaire de la France. Cette clientèle ne peut que s'accroître.

Il ne suffit pas cependant de rendre compte de ce qui concerne l'Union latine pour expliquer l'influence que la révolution monétaire a pu avoir sur les États à double étalon avec monnaie d'argent et d'or. Plusieurs de ces États ont des intérêts particuliers séparés dont il est nécessaire de s'occuper, notamment l'Espagne, l'Italie, la Belgique, la Hollande et le Mexique ; je réserve ce qui est spécial à la France pour le livre suivant.

L'Union latine a été prorogée jusqu'au 1ᵉʳ janvier 1891, par une convention qui règle les conditions de la liquidation, sans rien prévoir pour les arrangements monétaires futurs. Tous les alliés monétaires de la France ont paru hésiter avant de renouveler l'Union.

La France les a traités avec amitié, car elle n'avait et n'a encore besoin d'aucun d'eux. À peine la convention était-elle signée que la suprématie monétaire de la France se manifestait à nouveau. Italie, Belgique, Suisse, n'ont pas eu à regretter que la Banque de France ait pu reconstituer un rocher d'or de 1,400 millions. Sans la France, l'Italie aurait été impuissante à supprimer le papier-monnaie.

Aussi, en 1891, les alliés monétaires de la France auraient encore besoin de son bon vouloir.

§ 2. — *L'Espagne et l'Italie.*

Ces deux États nous offrent l'exemple de deux nations catholiques qui, après une longue décadence, se relèvent. Leur relèvement n'est pas également accentué, quoiqu'il soit également certain.

Le relèvement de l'Italie est un des faits les plus remarquables et les plus consolants de notre siècle, parce qu'il a son principe dans un retour à la fois moral, religieux et scientifique. Le relèvement de l'Italie lui prépare, pour le siècle prochain, de brillantes destinées, si elle évite les aventures ; en celui-ci il lui a procuré, en outre de l'indépendance nationale, qui est sans prix, l'accroissement de sa population et de belles institutions populaires. Ses finances ont aujourd'hui pour base un bon système monétaire. Ce système est celui de la France ; mais l'Italie avait dû le modifier par un assez long recours au papier-monnaie. En 1881, avant l'opération de l'abolition du cours forcé, la circulation monétaire de l'Italie comprenait : or 215 millions, argent 294 millions, billets d'État 940 millions, de banque 755 millions. Fin décembre 1885, la situation s'était modifiée de la manière suivante : or 564 millions, argent 526 millions. Billets de banque 920,835,893 lires, billets d'État 524,724,040 lires.

L'amélioration est sensible. Aussi le change italien sur les principales places de l'Europe a-t-il pu toucher au pair ou aux environs du pair. Autre symptôme, le 5 p. 100 italien, malgré un lourd impôt de 8 p. 100, a dépassé un moment le pair. Dans quelques années, l'Italie pourra convertir sa dette. L'abondance de l'or et l'Union latine ont singulièrement aidé l'Italie dans tout cela. Elle ne s'est pas mal trouvée d'être revenue à la clientèle de la France. Malgré ces progrès, l'Italie doit encore multiplier les efforts pour maintenir le change au pair, à raison des remises énormes qu'elle est obligée de faire à Paris et à Londres pour le service de sa dette. À certains égards, elle est dans la situation subordonnée de l'Inde. Son complet affranchissement sera la récompense de sa sagesse (1).

----

(1) Le Gouvernement a dû remettre en 1881 : Paris, 63.312.073 lires ; Londres, 16,877.931 ; Berlin, 3,554,557. En 1885, les exportations d'or ont été de 126,627.905 lires et les importations de 12,717,229 lires. Dans le dernier semestre de 1887, l'Italie s'est éloignée de la France. Qu'est-il arrivé ? Le cours du 5 p. 100 est tombé de 101 à 95 et le change contre l'Italie a haussé de plus de 2 p. 100. Pas d'argument plus catégorique.

Dans son mouvement commercial, l'Italie n'a pas rencontré trop d'obstacles à la libre direction de sa politique monétaire, elle n'a pas encore d'intérêts coloniaux. Ses principales relations sont en Europe. En 1884, sur un ensemble d'exportations de 1,096 millions, la part des États de l'extrème Orient n'était que de 23,895,000 lires. Les importations, au contraire, s'élevaient à près de 100 millions (99,772,000 lires).

Le mouvement des métaux précieux est devenu favorable à l'Italie ; en 1885, elle avait dû, dans les quatre premiers mois, exporter en or 91,942,000 lires contre 2,935,700 importées ; en 1886, elle n'a exporté que 21,683,000 lires or contre 17,255,000 importées. Par contre, elle a exporté argent 100,255,000 lires et elle a importé 61,110,000 fr. Mais depuis 1887 la situation est moins bonne.

Malgré ses progrès économiques la situation monétaire de l'Italie demeure délicate. Sans l'Union latine, cette situation deviendrait difficile ; elle s'effondrerait en cas de guerre. Le maintien de la paix est la condition de la prospérité de l'Italie. Tous les Italiens n'en sont pas convaincus ; ils exagèrent leurs dépenses militaires ; ils se lancent dans des entreprises coloniales ; ils se demandent s'ils n'ont pas fait fausse route en limitant le papier-monnaie, en achetant de l'or. En toutes choses ils ont marché trop vite et devancé les temps. Certains de leurs publicistes soutiennent qu'une circulation d'argent aurait mieux convenu à l'Italie qu'une circulation d'or. Il est difficile de partager cette opinion. Tout indique que l'Italie, au point de vue économique et monétaire, a suivi de meilleurs conseils qu'au point de vue politique et militaire. Dès qu'elle devait payer en or les intérêts d'une dette énorme, l'Italie avait intérêt à multiplier les efforts pour acquérir une circulation d'or. Mais cette circulation, elle ne la conservera qu'avec beaucoup de prudence, la paix et l'amitié de la France.

Le relèvement de l'Espagne n'est pas aussi complet, aussi profond que celui de l'Italie. Il est cependant très réel. L'Espagne est restée une grande nation coloniale ; sa marine marchande se reconstitue. Ses vieilles clientèles de l'Amérique du Sud se renouent. Elle a, depuis 1870, accompli de grands progrès. De 1872 à 1884, le mouvement des importations est passé de 526 à 893 millions et celui des exportations de 501 à 719 millions.

Il est resté beaucoup d'or en Espagne malgré les guerres, les révolutions et les exportations. Aussi l'Espagne a-t-elle pu éviter le régime du cours forcé et les pertes de l'agio. Sa situation monétaire est bonne ; elle serait meilleure encore si l'Espagne, après avoir adopté le système monétaire français, était entrée dans l'Union latine, si elle avait restreint la frappe de l'argent à temps. Actuellement, on évalue sa circulation monétaire à : or 470 millions, argent 600 millions, billets de banque 463 millions.

Les belles colonies de l'Espagne ont un système monétaire dont l'or est la base. Quant au mouvement commercial de l'Espagne, il a lieu exclusivement avec l'Europe, les colonies espagnoles et les deux Amériques.

§ 3. — *La Belgique et la Suisse.*

Par la nature même des choses, la Belgique et la Suisse sont des clientes de la France. Elles lui tiennent encore de plus près que l'Italie et que l'Espagne. Combien ces deux derniers peuples sont heureux cependant de pouvoir placer sur le marché français, l'Italie pour 500 millions et l'Espagne pour 300 millions de produits en moyenne ! La Belgique y place également pour 400 millions et la Suisse pour

375 millions. Ainsi pour ces quatre peuples le marché français leur offre un débouché de 1,575 millions par an. Voilà certes une riche cliente. C'est cette clientèle qui est la base de l'Union latine. Aussi chaque fois que la Belgique ou la Suisse ont voulu s'émanciper des obligations qui résultent de toute clientèle, elles y ont toujours perdu.

La Belgique en a fourni l'exemple, dès 1832, en repoussant les pièces d'or françaises. Retour à l'or en 1847, mais sans accepter le même titre que les pièces françaises. Les pièces belges sont mal reçues; le gouvernement belge profite des discussions monétaires de l'époque pour démonétiser l'or, comme la Hollande. Nouveaux ennuis, nouveaux regrets. Enfin la Belgique se décide en 1861 à accepter entièrement le système français. C'est à son initiative qu'est due l'Union latine; mais la Belgique n'en a pas moins tenu à affirmer son indépendance en se livrant à une frappe exagérée de pièces de cinq francs, dont elle a eu le profit. Aussi, lorsqu'en 1885, le moment de liquider l'Union latine est venu, la question s'est posée de savoir au compte de qui la Belgique avait, de 1865 à 1878, frappé pour 495 millions d'argent. Ne voulant pas perdre 25 p. 100 sur ce stock, les délégués belges ont soutenu l'opinion qu'ils avaient monnayé pour compte de la France. C'est en effet en France que ces pièces avaient afflué. La France a transigé. La situation monétaire de la Belgique est, au surplus, excellente : or, 270 millions; argent, 277 millions; circulation fiduciaire, 367 millions. La Belgique n'a pas de colonies. Ses exportations en Orient n'ont pas d'importance (12,597,000 fr. en 1884) contre importations 67,722,000 fr.

Situation monétaire de la Suisse : or, 79 millions; argent, 89 millions; billets de banque, 131 millions. Jusqu'à présent la Suisse a été un allié monétaire fidèle de la France. Dans les conférences de 1867 et 1869, son délégué, M. Feer Herzog, a joué un rôle important. Instruit, éclairé, ferme dans ses opinions, M. Feer Herzog a eu une grande part au mouvement d'idées qui a présidé aux délibérations de ces réunions; peut-être était-il trop exclusivement porté vers l'adoption immédiate de l'étalon d'or. Il en est résulté un courant d'opinion en faveur de l'étalon exclusif d'or et la stipulation par la Suisse de la faculté de se séparer de l'Union latine avant le terme convenu de 1891. Ce serait, à notre avis, une faute de la part de la Suisse.

La Belgique et la Suisse, quoique placées dans de meilleures conditions économiques que l'Italie, se trouvent également sous la dépendance monétaire de la France; elles en feront facilement l'expérience en 1891. La France n'a nulle besoin des pièces suisses et belges. Elle leur interdira son territoire. L'effet sera immédiat.

§ 4. — La Hollande.

La Hollande appartient au même groupe géographique que la Belgique et la France du Nord, mais sa condition économique est différente. Sur un mouvement commercial de 1,969 millions de florins en 1884, 707 sont au compte de l'Allemagne, 513 de l'Angleterre, 276 de la Belgique. La Belgique, au contraire, achète à la France pour 100 millions de plus qu'à l'Angleterre ou qu'à l'Allemagne. Sur un mouvement commercial de 2,763 millions, la France en absorbe le quart. La Hollande est, en outre, une grande puissance coloniale dans l'Extrême-Orient. Ses importations à Java, en Chine, dans l'Inde ont représenté 107 millions de florins en 1884 et ses exportations 43 millions.

La Hollande a dû, par suite, approprier son système monétaire à ses relations commerciales principales. A raison de ses belles colonies d'Asie, avec lesquelles elle a entretenu un mouvement d'échanges de 118 millions de florins en 1884, elle avait cru devoir céder à l'opinion des économistes et des hommes d'État qui prévoyaient le remplacement de l'or par l'argent. Elle démonétisa l'or en novembre 1847. Mais la démonétisation de l'argent par l'Allemagne et la limitation de la frappe d'argent par l'Union latine obligèrent la Hollande à revenir à la monnaie d'or (loi du 4 juin 1875). C'est l'un des exemples les plus intéressants de la dépendance monétaire des États secondaires et de la solidarité monétaire des États. L'argent ayant conservé son pouvoir libératoire en Hollande, les rapports de la Hollande avec ses colonies et les grands États orientaux ne présentent pas les mêmes difficultés qu'en Angleterre; les mêmes monnaies s'échangent à Amsterdam et à Batavia (1). Les exportateurs à Java et à Sumatra peuvent accepter des florins sans être obligés de les revendre sur place : leur cours en Hollande est ferme. Les importateurs de cafés ou de poivres à Amsterdam ne peuvent faire de bénéfices sur l'or parce qu'ils sont payés en argent, au besoin ; c'est la situation inverse à celle qui existe entre l'Angleterre et l'Inde.

La Hollande aurait eu intérêt, sans l'influence de ses colonies, à entrer dans l'Union latine. Il lui est difficile de consentir à limiter rigoureusement sa circulation d'argent, quoiqu'elle soit obligée, comme les faits l'ont établi, à conserver une circulation d'or. Elle se trouve dans les mêmes conditions, moins impérieuses toutefois, que l'Angleterre; seulement l'Angleterre sacrifie complètement ses rapports monétaires avec l'Inde à ses autres intérêts monétaires. En cela, elle va trop loin.

La Hollande, de même que les États de l'Union latine, a suspendu toute frappe de l'argent.

M. O. Haupt évalue le stock monétaire de la Hollande à : argent, 158,500,000 fl. ; or, 63,000,000 fl. ; circulation fiduciaire, 60,000,000 fl. M. Soetbeer donne des chiffres plus élevés pour la circulation fiduciaire; 81 millions de florins, et inférieurs pour l'or : 35 millions de florins ; les mêmes pour l'argent. La différence pour l'or tient à ce que M. Soetbeer n'a pas admis les lingots d'or dans ses calculs (2).

§ 4. — Le Mexique.

La condition actuelle du Mexique est l'argument invincible contre la théorie mercantile. On évalue que, depuis 1537, il a été frappé au Mexique pour 121,335,223 piastres d'or et pour 3,086,298,214 p. d'argent. Combien en est-il resté au Mexique? Le stock est estimé à : or, 4 millions de piastres; argent, 60 millions (2). Néan-

---

(1) L'assimilation du système monétaire de la Hollande et de celui de ses colonies a été faite par une loi du 1er mai 1854.

La conséquence de cette assimilation pourrait être, il est vrai, comme le remarque M. O. Haupt dans sa notice sur la Hollande (*Histoire monétaire*, chapitre xiii), un reflux d'argent en Hollande. C'est l'épée de Damoclès, observe M. O. Haupt; mais la Hollande ménage ses colonies, et elle n'a pas tort.

(2) Les divers stocks ci-dessus indiqués sont ceux donnés par M. O. Haupt (*Histoire monétaire*). On peut les comparer avec ceux indiqués dans les tableaux du chapitre sixième, livre premier.

M. Soetbeer (*Materiellen*, 1877-1878) donne :

Belgique : or, 270 millions ; argent, 210 millions de marcs ;

Suisse : or, 100 millions de francs ; argent, 60 millions de francs ;

Italie : or, 565 millions de francs ; argent, 250 millions de francs.

moins, le Mexique est encore un producteur d'argent (à peu près 125 millions de francs par an). En 1885, l'ensemble du mouvement commercial du Mexique a été de 82 millions de dollars : 410 millions de francs. Dès lors, le Mexique continuera à produire l'argent jusqu'au moment où les plus riches mines ne pourront plus faire face aux salaires des mineurs; une production annuelle régulière de 125 millions d'argent est suffisante pour maintenir la baisse des prix, les mines du Mexique comptant précisément parmi les plus riches et les mineurs mexicains parmi les moins exigeants : le Mexique est un facteur de premier ordre dans la crise monétaire; toutes les mines des États-Unis pourraient être fermées, que les mineurs du Mexique continueraient à extraire (1).

Les mêmes réflexions s'appliquent aux mines d'argent de Bolivie, du Pérou et de l'Allemagne.

CHAPITRE ONZIÈME.

De l'influence de la révolution monétaire sur les États à étalon d'argent avec monnaie d'argent.

Ces États forment le noyau principal du groupe oriental, ce sont : l'Inde, la Chine, l'Indo-Chine et les colonies hollandaises. La Perse, le Japon, les colonies espagnoles s'en sont détachés.

§ 1er. — *Les colonies hollandaises.*

La législation monétaire de la Hollande place ses grandes colonies asiatiques et océaniennes dans une condition exceptionnelle en les assimilant à la mère-patrie. Cette assimilation est un fait très considérable, non seulement en ce qui concerne la Hollande et ses colonies, mais pour tous les peuples colonisateurs, notamment pour l'Angleterre. La plus grande difficulté actuelle de la crise monétaire, c'est l'opposition entre le régime monétaire de l'Inde et celui de l'Angleterre.

Pour la Hollande, la possession de Java, de Sumatra, des Moluques, est la raison de son influence politique et coloniale. L'Empire anglais n'est pas dominé par l'occupation et l'administration de l'Inde. L'assimilation monétaire de ses colonies s'imposait donc à la Hollande. Les colonies hollandaises ont un autre avantage. Leur stock monétaire métallique argent est modéré, environ 400 millions de francs. Aussi est-il complété par une circulation fiduciaire représentant 82 millions de francs, contrôlée par la banque de Java qui dispose d'une encaisse supérieure à 63 millions de francs. La circulation d'un papier garanti est partout préférable à celle de l'argent.

Il existe également un certain stock d'or dans les colonies hollandaises.

Pour ces deux causes, assimilation monétaire, circulation bien réglée, les colonies hollandaises ont échappé, jusqu'à présent, aux embarras qui troublent la situation économique et financière de l'Inde. Quant à l'éventualité de l'invasion subite de la Hollande par les florins argent de Java et de Sumatra, on peut la considérer comme tout à fait chimérique.

M. O. Haupt fait remarquer toutefois que cette assimilation n'a pu protéger com-

____

(1) De 1537 à 1885, les Hôtels du Mexique ont frappé 618.067,713 liv. st. argent et 23,983,105 liv. st. or : ensemble 16.047.500.000 fr. En 1885, la frappe argent a été de 129 millions de francs ; *c'était la plus forte depuis dix ans. Elle a été dépassée en 1887.*

plètement les colonies hollandaises contre les conséquences de la baisse de l'argent. En effet, l'Indo-Chine et les grandes îles de Java et de Sumatra forment une sorte de contrée mixte où se rencontrent toutes les races humaines, leurs marchandises et leurs monnaies d'argent : piastre mexicaine, roupie de l'Inde, taël chinois, lingots d'argent de tout genre, y affluent. Marchands, immigrants, pèlerins, coolies les portent et les rapportent avec eux. Ces monnaies ne jouissent pas de l'assimilation : elles ne circulent qu'à leur valeur de métal comme en Chine. Mais cet état de choses est encore bien préférable à celui de l'Inde où l'argent circule à une valeur fictive, surtout à celui de l'Angleterre où l'argent n'a pas de valeur libératoire.

§ 2. — *L'Indo-Chine.*

L'Indo-Chine est le plus grand carrefour du globe. C'est le point de rencontre, de contact entre le plus vaste, le plus populeux groupe de l'humanité, le groupe chinois qui comprend, avec ses diverses dépendances, plus de 300 millions d'habitants, et le surplus de l'Asie, la côte orientale de l'Afrique, l'Europe. L'activité commerciale y est considérable. Toutes les races humaines s'y donnent rendez-vous ; toutes les marchandises s'y échangent, toutes les monnaies y affluent. Quoique l'argent, sous toutes formes, piastre mexicaine, roupie, taël, yen, tical de Siam, écu de cinq francs, dollar, y soit le seul instrument monétaire, les monnaies d'or d'Angleterre, de France, de Portugal, de Hollande, d'Espagne s'y troquent également. Cette présence de l'or est déjà un avantage ; un avantage plus réel provient du fait que l'argent n'a pas le cours légal. Il se prend au poids et au cours du jour. Il faut reconnaître dans ce fait l'influence dominante de la Chine. Si la prépondérance politique de la Chine a disparu, sa prépondérance commerciale existe encore dans l'Indo-Chine. Il est à prévoir qu'avec le temps, la place prise par la France dans l'Indo-Chine modifiera le pêle-mêle monétaire qui y règne ; mais il ne sera guère possible à la France de chasser la sapèque, ni la roupie, ni la piastre mexicaine, de longtemps du moins.

Le gouvernement français pourra être tenté, et on lui a déjà demandé, de donner dans les possessions de la France le même cours légal à la pièce de cinq francs qu'en France. Il y aurait là un acte d'autorité fait pour contenter des politiciens ; cet acte d'autorité serait une faute. En effet, en circulant au cours de 4 fr., la pièce de 5 fr. circule à sa valeur réelle, comme les autres monnaies d'argent dans l'Indo-Chine. Toutes les transactions ont lieu sur le même pied. Dans tout, l'aléa de la baisse est calculé. Il n'y a rien de factice dans la circulation monétaire. Le stock argent des divers États du groupe indo-chinois ne peut perdre que la moins-value nouvelle de l'argent ; c'est la chance appréciée librement par chacun. Je vais montrer combien différente est la condition de l'Inde. En réalité, l'argent circule et fonctionne dans l'Indo-Chine sous la condition où il serait nécessaire qu'il circulât partout, puisque sa valeur intrinsèque est profondément menacée par un amoindrissement d'emploi. La baisse de l'argent pour les États de l'Indo-Chine s'opère comme celle du blé ou du fer en Europe. Elle ne comporte aucun règlement ultérieur. Il n'y a à se préoccuper ni des 1,100 millions d'argent de la Banque de France, ni du milliard d'argent encavé par les États-Unis. Il n'y a pas de pouvoir quelconque en Indo-Chine pour attribuer à l'argent une valeur légale supérieure à sa valeur réelle.

On peut se figurer, au premier abord, que la confusion monétaire doit être extrême, on se méprend ; la balance égalise tout. Il n'existe qu'un embarras, c'est celui du cours. Combien la confusion serait, au contraire, extrême, si, dans l'Indo-Chine, la France s'avisait d'attribuer en Cochinchine, en Annam, au Tonkin, au Cambodge, une valeur légale quelconque à la pièce de 5 fr.! Si les autres États indo-chinois en faisaient autant, sans prendre les mêmes bases que la France, s'ils différaient entre eux, la confusion deviendrait inextricable et l'on serait ramené par la force des choses à recourir à la balance et au cours.

Par suite, la crise de l'argent n'a qu'une influence indirecte sur les transactions. Les États de l'Indo-Chine n'ont pas à faire des remises comme l'Inde, la Russie, l'Italie, l'Autriche-Hongrie, les républiques de l'Amérique du Sud; ils sont réglés pour leurs exportations en or ou en argent au cours; ils règlent en argent au cours leurs importations; ils échappent ainsi au danger d'attribuer une valeur fixe à une monnaie qui varie toujours et qui, pour eux, a toujours varié. Si la baisse continue de l'argent exige une connaissance plus exacte des cours, cette baisse n'est pas sans compensation pour eux, puisque tous les peuples de l'Indo-Chine vendent plus qu'ils n'achètent et n'ont pas à faire de remises obligatoires. Même pour les ports des *Straits-Settlements*, qui ne sont que des entrepôts, les exportations balancent à peu près les importations : en 1884, importations, 20,043,943 liv. st. ; exportations, 18,673,646 liv. st. A Singapore, le mouvement des marchandises avec l'Angleterre a donné, en 1884 : exportations, 4 millions 612,414 liv. st.; importations, 2,682,872 liv. st.

Les supputations sur le stock monétaire de ces peuples sont extrêmement difficiles. M. O. Haupt évalue à 625 millions de francs le stock argent des colonies anglaises composant les *Straits-Settlements*.

§ 3. -- *La Chine.*

La balance et le cours sont, en Chine, les moyens séculaires de la circulation monétaire de l'argent. Le système monétaire de la Chine est en rapport avec la formation et l'organisation de l'empire. Chaque grande province jouit d'une véritable autonomie. A diverses reprises, le gouvernement central a essayé d'exercer une influence directe sur la circulation monétaire de l'empire, soit en frappant des monnaies, soit en réglant la circulation fiduciaire. Il a toujours échoué. Les provinces sont plutôt juxtaposées qu'unies; elles n'acceptent que la centralisation politique. Il n'existe pas en Chine de monnaie d'argent légale, pas plus que de billet de banque ou de papier-monnaie à cours forcé. La circulation fiduciaire, tout entière dans les mains des banquiers particuliers, se règle de province à province ; s'il existait des monnaies d'argent par province, la circulation monétaire serait pleine de difficultés, puisque a Chine comprend 18 provinces.

Chaque province est, en réalité, un État. La nécessité a conduit à la libre circulation de l'argent au poids et au cours. Il en résulte des désagréments dont tous les voyageurs ont rendu ou rendent compte; mais ces désagréments sont largement compensés par la situation monétaire actuelle de la Chine.

M. Haupt a évalué à 3,750 millions de francs le stock d'argent de la Chine. C'est le plus fort qui existe après celui de l'Inde, que M. Haupt porte à 5 milliards. A vrai dire, on ne peut faire que des suppositions sur ce stock. On sait seulement que l'argent circule en Chine avec une grande abondance et une grande rapidité, sous la forme de très minces lamelles que les Chinois mettent derrière les oreilles, comme certains commis français mettent leur plume ou leur crayon. La balance ne quitte jamais le Chinois. Il est toujours prêt à peser. Quant au cours, chacun le suppute et le défend de son mieux. L'habileté commerciale du Chinois tient en partie à ce que, dès ses plus jeunes années, il doit calculer la valeur de l'argent.

La révolution monétaire n'est, par suite, pour la Chine que d'un intérêt secondaire. La Chine pourrait beaucoup gagner à un relèvement de la valeur de l'argent ; elle ne peut plus beaucoup perdre par sa diminution. Aurait-elle intérêt à se prêter à un relèvement conventionnel de l'argent ? Très certainement non ; car elle échangerait une situation assise contre les aléas d'une politique monétaire contraire à ses traditions et à ses institutions. La politique monétaire de la Chine est réglée par le fait même de son système monétaire. Ce système est étranger au monnayage. L'argent n'est admis et ne circule que comme marchandise. Par suite, il n'entre dans la circulation que la quantité d'argent nécessaire. La loi de l'offre et de la demande s'applique sans limite. L'exemple de la Chine est la réfutation, sur une vaste échelle et en pratique, de la théorie favorable au maniement de la valeur des métaux précieux par des actes législatifs ou des traités diplomatiques.

L'influence monétaire internationale de la Chine dépend de la quantité d'argent qu'elle absorbe chaque année et du mouvement de son commerce. La plus grande incertitude règne sur les importations et les exportations d'argent en Chine. On ne peut les connaître qu'approximativement. Les documents les plus intéressants à consulter sont les relevés des importations et des exportations de métaux précieux entre l'Inde, la Chine, l'Angleterre et les États-Unis. J'emprunte les chiffres ci-après au dernier *Abstract Statistical*, pour l'Inde.

Échange de métaux précieux entre la Chine et l'Inde, 1875-1884.

ANNÉES.	ARGENT (liv. st.).		OR (liv. st.).	
	Importations en Chine.	Exportations dans l'Inde.	Importations en Chine.	Exportations dans l'Inde.
1875	102,537	353,303	77	1,083,584
1876	14,535	346,597	»	1,032,982
1877	753,735	610,472	200	406,029
1878	48,171	1,761,728	37	845,212
1879	3,442	1,811,873	»	832,970
1880	208,010	2,823,714	»	1,184,169
1881	37,950	169,599	»	1,548,684
1882	7,514	1,512,531	»	1,376,977
1883	18,963	1,265,778	173	1,167,916
1884	26,200	552,938	»	1,360,530
	1,221,057	11,288,533	387	10,839,053

Il résulte de ce premier tableau que la Chine exporte beaucoup d'argent et d'or dans l'Inde. Nous allons voir maintenant que cet or et cet argent lui proviennent de l'Angleterre et des États-Unis.

TABLEAU.

Échange de métaux précieux entre la Chine, l'Angleterre, les États-Unis, 1870-1884.

| ANNÉES. | CHINE ET ANGLETERRE. | | | | CHINE ET ÉTATS-UNIS. | |
| | Argent (liv. st.). | | Or (liv. st.). | | Argent et or réunis (dollars). | |
	Importations. Chine.	Exportations. Angleterre.	Importations. Chine.	Exportations. Angleterre.	Importations. Chine.	Exportations. États-Unis.
1870 . . .	134,681	481,882	»	61,579	5.923,685	62,960
1871	13,100	3,068,216	»	1,500	3,571,647	1,950
1872	38,760	61,893	»	»	5.999,335	700
1873	313,055	499,622	»	128,846	7.154,549	181
1874	24,890	371,741	»	282,586	9,381,041	39,772
1875	863,131	112,730	»	341,689	6,603,369	6,840
1876	1,240,729	46,072	»	898,018	7,929,589	6,908
1877	2,047,685	472	»	186,594	15,430,865	10,952
1878	1,620,756	1,449	300	429,675	16,212,575	7,759
1879	527,492	348,908	»	809,497	7.431,362	134,635
1880	1,125,552	23,948	150	14,121	6,512,823	90,991
1881	962,587	12,448	»	19,954	3,478,602	41,179
1882	430,775	34,828	10,000	6,243	»	»
1883	917,552	57,179	»	93,552	»	»
1884	761,134	»	»	68,521	»	»

Ainsi, la Chine reçoit des États-Unis et de l'Angleterre les métaux précieux qu'elle transmet à l'Inde. Elle vend à l'Angleterre et aux États-Unis des soies et des thés; elle achète à l'Inde de l'opium. Dans ce vaste mouvement d'échanges, très curieux à constater et à étudier, puisqu'il a lieu, sur les deux hémisphères, entre les plus grands États du globe, la Chine n'est exposée à aucun risque monétaire. Elle doit même bénéficier sur l'argent qu'elle livre à l'Inde. Elle prend l'argent au *cours réel* en Angleterre et aux États-Unis et le livre au *taux légal* dans l'Inde. Elle achète un métal déprécié qui redevient monnaie légale dans l'Inde.

Le mouvement commercial de la Chine avec les divers peuples du globe, après avoir grandi jusqu'en 1881, a éprouvé une certaine diminution. Les exportations se sont élevées, de 1872 à 1876, de 75,288,000 taëls à 80,551,000 pour revenir, en 1884, à 67,148,000. Les importations sont tombées de 93,883,635 taëls à 74,330,282 en 1884.

Ce mouvement commercial s'est réparti entre les principaux peuples.

| | 1881 (taëls). | | 1884 (taëls). | |
	Importations.	Exportations chinoises.	Importations.	Exportations chinoises.
Royaume-Uni. . .	23,738,198	22,730,683	16,945,086	19,465,553
Indo-Chine. . . .	33,002,397	19,190,453	30,734,698	19,414,855
Inde.	26,818,704	493,589	16,938,381	635,844
États-Unis	3,300,312	10,222,335	2,418,367	8,279,598
Russie.	112,766	4,553,298	259,304	5,488,681
Japon	3,782,574	1,764,401	3,655,552	1,795,815
Europe	2,473,354	9,806,629	1,752,222	10,070,522
Australie. . . .	426,462	2,147,919	118,180	1,665,631

Ainsi, sur tous les marchés, l'Inde et l'Indo-Chine exceptées, la Chine est créancière : on la paie en or, elle paie en argent; car elle est débitrice des peuples à argent et créancière des peuples à or.

A tous points de vue, soit circulation intérieure, soit commerce international, la situation monétaire de la Chine est excellente. Il n'en serait pas de même si l'argent, au lieu de n'avoir chez elle que sa valeur réelle, en recevait, de par l'Empereur, une factice. Toutes les transactions intérieures seraient exposées à subir le contre-coup de la baisse de l'argent et, d'autre part, dans ses transactions internationales, elle devrait recevoir ses propres monnaies, non plus au cours, mais au taux légal (1).

Joseph Garnier, qui avait étudié avec soin les questions monétaires, en était arrivé à se ranger à la pratique séculaire de la Chine. Cette pratique présente de sérieux inconvénients pour les États qui n'ont qu'un instrument monétaire. Ces inconvénients disparaissent lorsqu'ils en ont plusieurs.

§ 4. — L'Inde.

Tout est différent dans la condition de l'Inde. L'Inde est une dépendance de l'Empire anglais, gouvernée comme une conquête par un ministre responsable devant le Parlement anglais. Pour un peuple conquis, la responsabilité ministérielle est la plus dure forme de la servitude, parce qu'elle subordonne tous ses intérêts à ceux du peuple conquérant. Les colonies d'Athènes ne pouvaient souffrir le gouvernement des Athéniens.

J'ai déjà examiné la condition monétaire de l'Inde au point de vue intérieur; il me reste à montrer l'influence internationale de cette condition. Cette influence, très importante quant à l'Angleterre, a été singulièrement exagérée quant aux autres peuples. J'en trouve la preuve dans la statistique du mouvement commercial de l'Inde avec les principaux peuples.

Mouvement commercial de l'Inde, 1875-1884.

ÉTATS	IMPORTATIONS (1,000 liv. st.).				EXPORTATIONS (1,000 (liv. st.).			
	1875.	1878.	1881.	1884.	1875.	1878.	1881.	1884.
Angleterre. . . .	34,247	45,130	45,205	49,701	27,972	30,802	31,159	36,984
Chine	2,956	4,030	3.699	4,048	11,750	12,791	14,981	13,201
France	412	577	800	858	4,449	6,025	6,498	8,368
Indo-Chine. . . .	1,100	1,557	1,596	1,791	»	1,982	2,618	3,170
États-Unis	193	279	490	529	2,238	2,672	3,268	3,102
Australie.	233	384	406	2,477	135	455	533	596
Italie	279	434	1,575	800	1,112	1,410	2,781	3,720
Belgique	»	»	»	176	»	218	335	3,403
Autriche-Hongrie .	96	119	426	647	1,320	1,427	2,226	2,241
Allemagne	»	»	68	121	202	330	337	616
Égypte.	17	341	335	394	»	577	1,442	598
Perse	919	518	534	773	1,244	980	1,230	1,476
Turquie	»	595	385	490	31	452	395	400
Arabie.	396	691	985	603	358	800	1,073	778
Maurice	596	644	1,311	768	1,033	1,253	792	3,902

En réalité, l'Angleterre, la Chine, l'Indo-Chine et l'Australie sont les seuls peuples importateurs dans l'Inde. J'ai déjà montré comment s'opéraient les règlements

<hr>

(1) La Chine vient cependant de se décider à faire une nouvelle expérimentation monétaire. Le gouvernement installe à Pékin un vaste hôtel des monnaies pour fabriquer des dollars de 6 fr. 25 c., demi et cinquième de dollar. On n'est pas encore fixé sur le caractère juridique de cette monnaie. Si elle reçoit la force légale, la condition monétaire de la Chine changera peu à peu et se rapprochera de celle de l'Inde, *avec cette différence toutefois que la Chine n'a pas de remises à faire en Europe.* Le prix actuel de l'argent est favorable. L'argent ne paraît guère exposé à une très forte baisse. La frappe impériale soutiendrait les cours.

avec la Chine et l'Indo-Chine ; ils ne présentent aucun embarras. Les peuples exportateurs, ceux auxquels l'Inde vend ses produits, sont plus nombreux. Néanmoins, l'Angleterre distance de beaucoup tous les autres. Viennent après elle la Chine et l'Indo-Chine avec les deux cinquièmes du chiffre des exportations en Angleterre, puis la France qui atteint presque au quart. Les autres peuples sont tous loin de cette proportion.

Sur l'ensemble du mouvement commercial de l'Inde, qui s'est élevé en 1884 à 154,500,000 liv. st., l'Angleterre représente seule 86,600,000 liv. st. Elle domine le commerce de l'Inde, surtout quant aux importations dans l'Inde.

Le système monétaire de l'Inde consiste dans une circulation d'argent, mais très dépréciée. Il est facile de se rendre compte des effets de cette dépréciation sur les relations de l'Inde et de leur contre-coup sur les rapports internationaux des peuples.

L'Inde règle les importateurs avec la roupie qui perd actuellement 25 p. 100. Ces importateurs sont les Anglais, les Australasiens et les Chinois. Les Chinois achètent trois fois plus qu'ils ne vendent ; ils compensent. Il n'en est pas de même des Anglais et des Australasiens. Leurs ventes excèdent leurs achats de près de 400 millions de francs, sur lesquels la perte est lourde.

Tous les autres peuples, achetant plus qu'ils ne vendent, compensent comme les Chinois ; ils gagnent plus qu'ils ne perdent sur l'argent déprécié de l'Inde. Tel est notamment le cas de la Belgique, de l'Italie, des États-Unis. Quant à la France, la situation est exceptionnelle : elle achète pour plus de 200 millions de francs et ne vend que pour 20 millions. Elle paie comme elle veut, et la preuve est facile à faire, au moyen du tableau du mouvement des métaux précieux dans l'Inde ; aussi bien ce mouvement est-il nécessaire à connaître au point de vue général de la question monétaire (1).

TABLEAU.

---

(1) La condition économique et monétaire de l'Inde a été l'un des principaux objets traités dans la grande enquête ouverte en 1887 par le gouvernement anglais. Cette enquête a suivi son cours pendant que les diverses parties de cet ouvrage étaient successivement publiées dans le *Journal de statistique de Paris*. Les constatations de l'enquête appartiennent par suite à une époque postérieure. Il a paru préférable de présenter, dans l'introduction qui précède et complète mon livre, les résultats de l'enquête et les divers autres faits monétaires importants de 1887 à 1889, tels que le Congrès monétaire réuni à Paris au *Trocadéro* en septembre 1889. Il est donc renvoyé à l'introduction spécialement pour tout ce qui concerne l'Inde, comme pour tous les faits monétaires depuis 1887. Dans cette introduction j'ai comparé les résultats de l'enquête anglaise du Congrès international du *Trocadéro* avec les dernières discussions monétaires.

Mouvement des métaux précieux dans l'Inde, 1875-1884.

ÉTATS. — Années.	IMPORTATIONS (en 1,000 liv. st.)										EXPORTATIONS (en 1,000 liv. st.)									
	1875.	1876.	1877.	1878.	1879	1880.	1881.	1882.	1883.	1884.	1875.	1876.	1877.	1878.	1879.	1880.	1881.	1882.	1883.	1884.
Mouvements de l'argent.																				
Angleterre	4,376	1,979	7,305	12,719	2,838	4,715	2,804	3,767	4,390	5,457	23	48	83	105	132	78	151	17	43	11
Europe	116	282	1,177	203	60	471	1,240	445	1,843	611	15	46	62	73	5	14	5	73	73	66
Australasie	254	»	325	61	»	»	3	11	2	»	10	»	»	»	»	»	»	»	»	»
Chine	353	349	610	1,761	1,811	2,823	160	1,512	1,265	552	102	14	753	48	3	208	37	7	18	26
Indo-Chine	249	83	79	359	138	115	54	52	58	86	45	48	91	32	31	21	20	16	18	23
Perse	257	41	34	44	48	53	41	61	157	138	94	38	57	107	92	221	185	195	72	100
Turquie	»	86	69	72	85	203	110	119	195	85	»	»	»	»	»	»	»	»	»	»
Arabie	109	226	257	286	251	258	414	288	290	227	15	62	52	119	74	62	85	78	50	55
Ceylan	322	292	342	160	257	536	208	102	92	109	937	1,053	1,074	294	835	657	572	438	465	430
Aden	34	43	39	30	11	25	58	71	19	32	32	79	16	3	21	23	169	30	1	16
Afrique	207	67	61	48	40	161	119	26	39	93	105	418	493	170	296	319	140	301	58	201
Autres contrées	23	11	12	20	48	237	10	5	5	13	»	35	16	91	43	17	22	16	14	41
Gouvernement	»	»	»	»	»	»	»	»	»	»	32	85	87	55	86	106	31	2	61	28
Totaux	6,051	3,464	9,992	15,776	5,593	9,605	5,316	6,466	8,358	7,408	1,409	1,908	2,793	1,100	1,623	1,735	1,423	1,087	877	1,002
Mouvements de l'or.																				
Angleterre	451	267	480	203	205	302	1,047	1,098	1,393	1,328	207	248	1,200	1,033	2,351	287	»	2	147	3
Europe	24	7	16	10	13	61	55	93	144	120	6	42	28	»	»	2	»	1	9	»
Australasie	50	28	28	21	28	8	291	1,321	1,125	1,920	»	»	»	»	»	»	»	»	»	»
Chine	1,083	1,032	406	845	832	1,183	1,518	1,376	1,165	1,360	»	»	»	»	»	7	11	6	4	»
Indo-Chine	23	36	28	31	13	29	21	33	18	10	»	2	1	»	3	»	»	1	1	1
Perse	80	15	11	3	1	1	3	1	34	70	1	»	»	»	»	»	»	1	1	1
Turquie	»	50	52	10	11	9	93	95	205	182	»	»	»	»	»	»	»	»	»	»
Arabie	205	162	128	81	104	114	206	213	159	96	»	»	»	»	»	»	»	»	»	»
Ceylan	106	132	52	36	37	28	36	101	211	»	»	1	4	»	1	»	1	»	»	»
Aden	27	27	23	22	20	16	30	59	55	73	»	»	»	»	1	»	1	»	»	»
Afrique	29	74	216	321	193	292	318	334	279	303	»	»	»	»	»	»	»	»	»	»
Autres contrées	3	»	»	»	»	»	19	31	5	»	»	»	»	»	25	»	2	»	1	»
Gouvernement	»	»	»	»	»	»	»	»	»	»	»	»	»	»	»	»	»	»	»	»
Totaux	2,089	1,836	1,443	1,578	1,463	2,050	3,672	4,856	5,095	5,469	215	291	1,236	1,110	2,359	299	16	12	164	6

Il appert de ces deux tableaux (1) :

1° Que, depuis 1875, les importations d'argent dans l'Inde ont dépassé les exportations de 1,576 millions de francs et que les importations d'or ont dépassé les exportations de 572 millions de francs ;

2° Que les États européens n'ont pris dans ce mouvement qu'une part extrêmement restreinte quant à l'argent et presque nulle quant à l'or ;

3° Qu'il a été concentré, presque en entier, dans les mains de l'Angleterre, à l'exception de la Chine et de l'Indo-Chine (2).

Le mouvement monétaire de l'Inde dépend encore plus strictement de l'Angleterre que son mouvement commercial. Les chiffres des importations et des exportations de métaux précieux des peuples de l'Europe, autres que l'Angleterre, ne correspondant pas à l'importance de leurs affaires avec l'Inde, il en résulte qu'ils compensent facilement sur le marché anglais les sommes qu'ils doivent à l'Inde, car tous ces peuples achètent plus qu'ils ne vendent à l'Inde. Ces compensations se font soit au moyen des sommes que l'Inde doit à l'Angleterre, puisque l'Angleterre est sa créancière d'un solde annuel très important, soit au moyen des règlements que le gouvernement de l'Inde fait plusieurs fois par mois au gouvernement central de Londres.

Depuis 1862, l'Inde est devenue débitrice envers l'Angleterre de capitaux considérables que le gouvernement de l'Inde a empruntés sur le marché de Londres pour ses besoins, notamment pour les travaux publics, chemins de fer, routes et canaux. Les intérêts ou les annuités de ces capitaux ont dépassé, en 1884, la somme de 17,500,000 liv. st. Chaque année le gouvernement de l'Inde fait au secrétaire d'État de l'Inde des remises de valeurs sur l'Inde qui sont négociées à Londres par la Banque d'Angleterre (*Indian council bills*) et qui servent à acquitter la dette annuelle de l'Inde. Les exportateurs n'ont qu'à s'approvisionner de ces valeurs, qui se négocient au cours de l'argent métal à Londres sur chaque présidence de l'Inde en mandats directs ou télégraphiques, selon les besoins.

Voici le tableau de ces négociations de 1862 à 1884. Il en résulte qu'en 1884 la perte a été pour l'Inde de plus de 100 millions (3).

TABLEAU.

---

(1) Dans les deux tableaux ci-dessus, quelques totaux ne correspondent pas aux chiffres des colonnes, parce que les sommes inférieures à 1,000 fr. n'y ont pas été inscrites.

(2) Le *Bulletino sul credito* et la *Previdenza* (15 décembre 1886) ont reproduit deux tableaux importants dressés par M. Palgrave pour compte de la commission d'enquête sur la crise en Angleterre. Ces deux tableaux donnent les mouvements de l'or et de l'argent dans l'Inde de 1835 à 1884. En voici les principaux résultats en livres sterling :

Argent : importations, 319,183,600 ; exportations, 55,370,262 ; monnayage, 299,282,515 ;

Or : importations, 137,083,018 ; exportations, 9,191,915.

(3) On renvoie à l'introduction pour tous les chiffres complémentaires concernant l'Inde, ses finances, les pertes du change, les rapports avec l'Angleterre et les différents États d'Asie, d'Amérique et d'Europe. L'enquête anglaise de 1887 abonde, à cet égard, en documents et renseignements.

ANNÉES.	MONTANT des traites en roupies.	PRODUIT des négociations en livres sterling.	TAUX MOYEN de la vente de la roupie en schellings, à 2 schellings la roupie.			PERTES résultant du change en livres sterling.
	roupies.	livres.	schel.	den.		livres.
1862	1,20,03,592	1,193,749	1	11	867	6,630
1863	6,66,37,287	6,641,576	1	11	920	22,153
1864	9,01,41,740	8,979,521	1	11	907	34,653
1865	6,82.45,100	6,579,473	1	11	876	35,037
1866	7,04,71,747	6,998,890	1	11	835	48,276
1867	5,84,14,131	5,613,746	1	11	064	227,667
1868	4,28,18,177	4,137,285	1	11	190	144,533
1869	3,83,40,000	3,705,741	1	11	197	128,259
1870	7,20,00,000	6,980,122	1	11	267	249,878
1871	9,00,85,000	8,443,500	1	10	495	564,901
1872	10,70,00,000	10,310,339	1	11	126	389,061
1873	14,70,25,000	13,939,995	1	10	754	763,405
1874	14,26,57,000	13,285,978	1	10	351	980,022
1875	11,74,37,000	10,841,615	1	10	156	902,085
1876	13,75,00,000	12,389,613	1	9	625	1,360,387
1877	14,85,75,122	12,795,699	1	8	508	2,161,713
1878	11,69,85,000	10,134,455	1	8	791	1,564,045
1879	16,91,23,612	13,948,565	1	7	794	2,963,796
1880	18,35,00,000	15,261,810	1	7	961	3,088,190
1881	18,32,77,000	15,239,677	1	7	956	3,088,023
1882	22,21,09,350	18,412,429	1	7	895	3,798,506
1883	18,58,56,593	15,120,521	1	7	525	3,465,138
1884	21,62,15,462	17,599,895	1	7	536	4,021,741
1885	»	»	»	»	»	»
	2,68,64,17,915	238,063,002	1	10	460	29,978,789

Depuis 1835 la perte de l'Inde sur le change a été de 306,048,528 liv. st., soit 7,650 millions de francs. Cette somme est supérieure au montant net des importations d'argent de l'Inde pendant 50 ans. Elle représente pour l'Inde une perte colossale et pour l'Angleterre un bénéfice proportionnel; c'est ce bénéfice qui forme l'élément principal des dividendes des banques anglaises. Voilà le coût de la servitude (1).

La crise de l'argent tout à la fois onéreuse pour l'industrie anglaise et pour le gouvernement de l'Inde profite à la Banque. A cet égard, il importe de remarquer que les manufacturiers anglais, créanciers de l'Inde, n'ont pas la ressource de se couvrir de leurs pertes au moyen des *Indian council bills*. Ce sont les débiteurs de l'Inde qui les prennent, parce que seuls ils sont à même de compenser.

Par suite, la condition monétaire de l'Inde n'exerce aucune influence internationale directe; elle n'a d'effet que sur les relations de l'Inde et de l'Angleterre. Les autres peuples n'en éprouvent aucun préjudice. Et, de fait, aucun peuple ne s'en plaint, à l'exception de quelques importateurs allemands de Hambourg ou de Brême qui ont avec l'Inde un commerce assez considérable, quoique relativement secondaire.

CHAPITRE DOUZIÈME.

Conclusions générales sur les effets internationaux de la révolution monétaire.

De tout ce qui précède, il résulte que les effets de la révolution monétaire se concentrent sur trois peuples : les États-Unis, l'Inde et l'Angleterre.

---

(1) *Bullettino sul credito,* 15 décembre 1886.

Tous les autres peuples en sont indemnes ; la France entièrement. Aussi la question monétaire n'y préoccupe-t-elle que quelques maisons d'exportation et quelques banquiers habitués au trafic des métaux précieux. Les places de Hambourg et de Brême sont plus éprouvées, mais dans une limite restreinte. Anvers, Marseille, sont indifférents.

Parmi ces trois peuples, les États-Unis n'ont guère à formuler de griefs, puisque ce sont eux, précisément, qui, en très grande partie, sont les agents, les promoteurs de la révolution, en jetant, chaque année, sur le marché, une quantité d'argent tellement supérieure aux besoins qu'ils sont obligés d'en encaver une partie, c'est-à-dire de reconstituer les dépôts qu'ils ont extraits.

Comment l'Angleterre s'en plaindrait-elle ? Elle exclut l'argent de sa circulation monétaire.

En sorte que, comme l'a dit M. Cernuschi, la crise monétaire est une crise anglaise.

En réalité, elle est plutôt une crise anglo-saxonne. L'Angleterre n'y trouve aucun profit direct : il n'en est pas de même des États-Unis. On peut même considérer la crise monétaire comme une marque de l'influence que les deux Amériques sont fatalement appelées à exercer sur la civilisation générale.

Reste l'Inde qui en souffre directement, non seulement parce qu'elle possède un stock d'argent considérable, mais parce qu'elle n'est pas libre d'adapter sa législation monétaire aux circonstances. Cependant cette adaptation deviendra une nécessité inéluctable dans un court délai.

Pourquoi la Chine et l'Indo-Chine ne participent-elles pas aux difficultés monétaires de l'Inde, puisque, comme l'Inde, elles n'ont que l'argent pour instrument monétaire ? C'est que leur législation monétaire, quoique très imparfaite, est adaptée aux circonstances. Elles sont indépendantes (1).

(1) Le Congrès international monétaire de septembre 1889 a mis en évidence le caractère anglo-saxon de la crise monétaire actuelle. Point de doute à ce sujet. C'est un fait de la plus haute importance au point de vue de la politique et de la civilisation. Renvoi à l'introduction.

QUATRIÈME PARTIE.

Critique des théories et des solutions du problème monétaire.

CHAPITRE PREMIER.

Du terme de la Révolution monétaire.

La Révolution monétaire aura-t-elle un terme? Peut-on lui assigner un moment où elle cessera d'agir? on peut en douter. Le but de cette Révolution est la simplification des instruments monétaires par la substitution progressive de l'emploi de l'or à celui de l'argent. C'est, au surplus, une évolution, c'est-à-dire, tout autant un phénomène impersonnel, mécanique, fatal, qu'un acte volontaire, réfléchi, poursuivi avec préméditation. C'est un fait du même genre que celui de la substitution de l'acier au fer, du fer à la pierre et au bois, du métier à vapeur au métier à bras. Mais les évolutions monétaires sont encore plus lentes à s'effectuer que les transformations mécaniques proprement dites. Elles ont des oscillations bien plus étendues, des reculs bien plus accentués. L'histoire monétaire contemporaine en fournit la preuve. De 1865 à 1870 le gouvernement de la France a multiplié les efforts pour généraliser le système monétaire de la France et pour préparer les voies à l'adaptation de ce système à la Révolution monétaire. Il semblait poursuivre un double but. En fait, il n'en poursuivait qu'un seul, la modification de son système monétaire. Il est, en effet, difficile à une nation qui a des relations commerciales étendues de changer son système monétaire, même en l'améliorant, sans le concours des autres États. De là l'importance particulière de la conférence internationale de 1867 qui a planté des jalons destinés à servir plus tard. A beaucoup de points de vue la tentative de la France était heureuse; néanmoins elle devançait les besoins et les temps.

Quelques années après, l'Allemagne, avec une situation monétaire inférieure à celle de la France, mais sous l'influence de ses succès et disposant de ressources extraordinaires, a tenté le même effort, sans obtenir un succès réel. Aussi la France, bien que sa situation monétaire soit actuellement plus forte qu'en 1867, n'a-t-elle pas renouvelé ses tentatives en faveur de l'étalon d'or unique, et l'Allemagne a-t-elle dû s'arrêter elle-même dans ses projets d'adaptation.

D'où sont provenues ces hésitations, les causes de ces insuccès? Si on tient compte des faits avec soin, soit de la quantité d'argent produite de 1865 à 1888, soit des cotes des prix de l'argent, soit des variations dans ses cotes, on est obligé de constater que de 1865 à 1880 l'argent a continué à être demandé et que l'oscillation du pendule monétaire a incliné de son côté, de 1865 à 1880.

Il n'en est plus de même depuis 1880. L'oscillation du pendule monétaire a repris sa direction vers l'or. De nouveaux retours en sens opposé auront peut-être lieu.

J'ai constaté plus haut les grandes oscillations qui se sont manifestées depuis

Solon jusqu'en 1848. Néanmoins, toutes ces oscillations sont produites par une influence générale; elles expriment une tendance universelle, l'argent est moins nécessaire comme instrument monétaire; il perd de sa valeur monétaire. La valeur monétaire de l'or ne s'accroît pas *en intensité, mais en étendue,* parce que l'or se substitue lentement à l'argent.

Cette substitution est un fait constant, mécanique, fatal. Il y a, sans doute, des époques où l'argent semble plus demandé; c'est que son usage s'est répandu sur de nouveaux territoires ou qu'un élan nouveau a eu lieu dans l'activité économique des peuples; mais ces époques ont une durée de plus en plus réduite; l'or apparaît toujours pour seconder l'argent dans ses services monétaires, puis pour le remplacer.

Le terme d'une pareille évolution est inévitable, mais il ne se réalisera qu'à si lointaine échéance, qu'il n'y a pas lieu d'en tenir compte, parce qu'il n'est pas calculable. Ainsi, vers quel temps peut-on supputer la substitution de l'or à l'argent dans les États africains, où l'argent est encore inconnu, en Chine où, de temps immémorial, l'argent suffit aux mouvements monétaires d'un empire de 300 millions d'hommes?

L'évolution monétaire est par suite un fait permanent, avec des retours en arrière et des reprises en avant, des oscillations en sens opposés, avec une tendance constante. Elle a lieu par périodes. De 1750 à 1850 nous avons marqué une période d'une accalmie remarquable, bien que l'argent y ait encore perdu de sa valeur.

Depuis 1850 s'est ouverte une nouvelle période à laquelle nous appartenons. Cette période, on a essayé de la couper, de la scinder, d'en prédire les résultats. On n'y a pas réussi, parce que les périodes monétaires ont d'autres amplitudes. Cette période a été caractérisée, à ses origines, par une grande production d'or et, quelques années après, par une grande production d'argent. Ces deux productions continuent. Nous sommes dans une période de fort accroissement des métaux précieux. Or, l'histoire monétaire se résume dans un axiome: à tout développement parallèle de la production des métaux précieux a correspondu la baisse de la valeur de l'argent.

Je ne ferai pas entrer ici en ligne de compte, puisque je m'en suis déjà occupé, l'influence des nouveaux instruments monétaires; je suppose que cette influence a été compensée par l'augmentation du mouvement économique. Je considère exclusivement la condition des métaux précieux.

Donc, nous appartenons également à une période de diminution de la valeur de l'argent.

Ces considérations ne doivent jamais être perdues de vue quand on s'occupe de la Révolution monétaire, de ses résultats et des moyens plus ou moins empiriques d'y remédier. Il en est une autre non moins importante. C'est que, pour les divers peuples, la période actuelle de l'évolution monétaire ne se présente pas dans les mêmes conditions, qu'elle n'a pas les mêmes effets et qu'elle ne peut être appréciée de la même manière.

A cet égard j'ai déjà eu occasion, dans le livre précédent, de partager les différents peuples en cinq grandes catégories : peuples à papier monnaie, peuples à étalon d'or, peuples à étalon d'or avec monnaie d'argent, peuples à étalon d'argent avec monnaie d'argent et d'or, peuples à étalon d'argent; plus loin encore, les peuples, les tribus qui n'ont ni monnaie d'or ni monnaie d'argent.

Pour comprendre toute la signification de cette répartition, il faut se rappeler qu'au commencement du xviii° siècle, tous les peuples avaient l'étalon d'argent. Depuis environ cent ans, l'or a fait de tels progrès que deux catégories d'États l'ont adopté comme étalon et que tous les peuples, sauf la Chine, ont une monnaie d'or. Ces diverses catégories correspondent aux progrès de la substitution de l'or à l'argent.

Est-il possible d'entrevoir une époque où tous les peuples auront adopté l'étalon d'or? poser la question, c'est la résoudre. Cette indication échappe entièrement à nos regards. Elle y échappe d'autant plus que les progrès de la civilisation en Afrique sont rapides et qu'au siècle prochain la question de l'approvisionnement métallique de l'Afrique devra être mise au premier plan.

Par suite, il n'y a pas lieu de préparer ni d'attendre une solution complète de la Révolution monétaire. Elle traverse, depuis trente-cinq ans, une phase d'activité plus accentuée; cette phase constitue une époque dans l'évolution des faits monétaires. Mais nous n'en verrons pas le terme.

A ce point de vue, la situation présente change de caractère. Il ne s'agit plus de trouver des remèdes infaillibles à un état de choses qui n'en comporte pas ; il s'agit, au contraire, de s'y habituer et de tempérer ce que les oscillations monétaires peuvent avoir de trop brusque. Toute autre tentative serait chimérique.

CHAPITRE SECOND.

Des théories monétaires.

Toutes les théories monétaires proviennent de l'idée de mettre les États à l'abri des oscillations monétaires ; c'était le fond des opinions de Bacon, de Locke, de Newton. Locke peut être considéré comme le premier théoricien monétaire moderne. Il pensait que la préférence devait être donnée à l'argent. C'était un mono-métalliste. Newton inclinait, dans le même sens, avec plus d'hésitation, parce qu'observateur très supérieur à Locke, plus habitué à suivre les faits et à en calculer la portée, il avait pu constater les avantages de l'or. Néanmoins la théorie de Locke eut une grande influence sur l'opinion et la prépara à accepter le principe mono-métalliste. La supériorité de l'or, signalée par Newton, ayant été reconnue par l'immense public des banquiers et des merchants anglais, si considérable dès le xviii° siècle, ce fut l'or qui eut la préférence, mais le principe monétaire était le même, c'était le mono-métallisme. J'ai montré les difficultés d'application que ce principe a rencontrées en Angleterre. Ces difficultés se reproduisent sous nos yeux, nouvel exemple de l'étendue de l'amplitude des oscillations monétaires. En effet, dès la fin du xviii° siècle, l'Angleterre a adopté le mono-métallisme de l'or. Elle y a renoncé, puis elle y est revenue, tout indique qu'elle pourra être amenée à y renoncer encore.

L'Angleterre a donc devancé les autres peuples quant aux théories monétaires. Elle se croyait à l'abri de tout changement, en dehors des oscillations monétaires, assise sur le rocher d'or de lord Liverpool (1). Aussi, est-ce la France qui, en ce siècle, a eu la priorité des théories monétaires; c'est Michel Chevalier qui, dès 1851, a renouvelé le mouvement des théories monétaires, en se prononçant, comme Locke, en faveur du mono-métallisme de l'argent.

---

(1) En France, pendant tout le xviii° siècle, on a cru à la supériorité de l'argent. C'était l'opinion théorique de Mirabeau, empirique de Gaudin. L'or affluait déjà, du moins avant 1789. Néanmoins, l'argent était le grand instrument monétaire.

Cette théorie n'est pas celle qui a prévalu en France. La plupart des publicistes français l'ont combattue. Léon Faucher, M. Levasseur, M. Roswag, M. Landrin ; les travaux de M. Leber n'y étaient pas favorables. Une autre théorie lui a été opposée, celle du mono-métallisme de l'or, à laquelle M. de Parieu a particulièrement attaché son nom. M. Paul Leroy-Beaulieu, M. Victor Bonnet (1), M. Le Touzé (2) l'ont énergiquement défendue. On peut dire qu'elle a été la théorie monétaire du second Empire. Michel Chevalier s'y était rallié. De 1857 à 1870 le gouvernement impérial réunit plusieurs conférences et plusieurs commissions pour préparer l'adoption de l'étalon d'or. La grande conférence internationale de 1867 se prononça catégoriquement en faveur du mono-métallisme de l'or.

Toutefois, dès les dernières années de l'Empire, on put constater les premiers efforts d'un mouvement en sens opposé, d'un certain retour favorable à l'argent ; c'est l'apparition de la théorie bi-métalliste, propagée, dès cette époque, en Angleterre par M. E. Seyd et représentée en France par la Banque de France et le baron de Rothschild. M. Cernuschi devait plus tard se faire l'apôtre du bi-métallisme, mais il n'en est pas le père.

Quoique les chambres de commerce, les associations des banquiers et des changeurs se soient montrées favorables à la théorie bi-métalliste, cette théorie n'a pas fait de progrès réels en France, comme il est résulté des conférences internationales de 1878, 1881, 1885. L'Union Latine a été renouvelée ; sa liquidation, en vue de l'adoption de l'étalon d'or, a été préférée sans difficultés et votée en France, en Italie, en Belgique et en Suisse.

Ainsi, la France qui, à la fin du XVIIIe siècle, s'inclinait devant la supériorité de l'argent, reconnaît, à la fin du XIXe, celle de l'or ; de l'étalon unique d'argent, elle se dispose à passer, avec ses alliés monétaires, à l'étalon unique d'or.

Il n'en est pas de même en Angleterre. En Angleterre il s'est produit un violent mouvement contre l'étalon unique d'or. MM. Goschen, Barclay, E. Seyd, Barbour, Thorold Rogers, pour ne citer que les publicistes les plus en vue, sont favorables à une modification de la politique monétaire de l'Angleterre ; ils croient qu'il importe aux intérêts généraux, surtout aux intérêts anglais, de revenir au double étalon ; ils sont bi-métallistes. Les chambres de commerce de Londres, de Liverpool, Manchester, Glasgow le sont également. Le mouvement est sérieux.

La situation est à peu près la même en Allemagne. Malgré les préférences du gouvernement prussien, malgré les travaux de M. Soetbeer et de M. Neumann-Spallart, il s'y produit également un retour favorable à la théorie bi-métalliste.

Aux États-Unis, au contraire, le mouvement de l'opinion des publicistes et des banquiers est très accentué contre la théorie bi-métalliste soutenue avec enthousiasme par les *farmers* et les propriétaires de mines d'argent.

Cette lutte de théories ne se manifeste pas chez les autres peuples. Les peuples scandinaves demeurent fidèles à l'étalon d'or ; la Russie et l'Autriche sont dominées par le papier monnaie ; les associés de l'Union Latine ont récemment affirmé leur politique monétaire. Les raisons de ces modifications dans les théories monétaires,

---

(1) M. Victor Bonnet, *Études monétaires*.

(2) M. Le Touzé a fort bien expliqué la situation monétaire de la France de 1818 à 1880 et suivi les divers faits monétaires de cette époque, *Traité du change*, 3e édition. Voir également sa déposition dans l'enquête de 1870.

ne sont autres que les effets des oscillations du grand mouvement monétaire, de la substitution progressive de l'or à l'argent.

Les relations de l'Inde avec l'Angleterre et, jusqu'à un certain point, avec l'Allemagne sont sérieusement affectées par le fait que ce mouvement de substitution est retardé dans l'Inde par la volonté de l'Angleterre ; l'idée de rétablir l'étalon d'argent en Angleterre, de manière, dans tous les cas, à ce que l'Inde et l'Angleterre, reliées par d'immenses intérêts commerciaux communs, aient, au moins, un étalon monétaire identique, est la conséquence de cette opposition de l'Angleterre à la modification du régime monétaire de l'Inde, à la substitution de l'or à l'argent.

Il en est de même aux États-Unis. L'influence politique des propriétaires de mines d'argent, en contraignant le gouvernement fédéral à intervenir dans la production de l'argent, puisqu'il est obligé d'en acheter la moitié, retarde également le fait de la substitution.

Ainsi, dans l'Inde comme aux États-Unis, des obstacles artificiels sont opposés à l'oscillation monétaire contemporaine, qui est dans le sens de l'or. C'est le fond de la théorie bi-métalliste. Aux États-Unis, elle est le grand moyen de défense des propriétaires d'argent ; en Angleterre elle apparaît comme le résultat inévitable de la politique qui interdit à la fois la fabrication de la monnaie d'or dans l'Inde et de la monnaie d'argent anglaise.

Les théories monétaires correspondent donc directement à l'évolution des oscillations monétaires. L'une de ces théories, le mono-métallisme d'argent, est aujourd'hui complètement délaissée ; il est bien certain que l'argent ne constituera plus, avant une très longue période, le principal élément métallique des peuples ; les vues de Locke et de Mirabeau sont entièrement démenties par les faits. Il ne reste plus en présence que deux théories : le bi-métallisme et le mono-métallisme or.

CHAPITRE TROISIÈME.

Théorie du bi-métallisme.

Cette théorie est en rapport direct avec le mouvement de substitution de l'or à l'argent, comme avec l'histoire de la monnaie. Elle est l'expression même des faits. L'humanité est-elle en situation de remplacer partout l'argent par l'or ? La réponse est négative, l'emploi des deux métaux précieux est également nécessaire ; chacun d'eux peut et doit rester étalon. C'est ce que voulait exprimer le baron de Rothschild devant la conférence de 1869, quand il disait : « Les deux métaux ne peuvent « être séparés. » Il allait même plus loin, car il ajoutait : « Si demain la production « de l'or s'arrêtait et que celle de l'argent augmentât dans une proportion consi- « dérable, les transactions s'établiraient principalement sur l'argent. » Le baron de Rothschild faisait sa déposition devant un témoin fort compétent, Michel Chevalier. Michel Chevalier, opposé à la doctrine mercantile, opposé au bi-métallisme, avait, en 1850, penché du côté du mono-métallisme argent. Les faits l'avaient ramené au métallisme or. Michel Chevalier, ayant pris à partie la déposition de M. de Rothschild, il s'engagea, entre l'économiste et le banquier, une discussion pleine d'intérêt.

« Si les deux métaux, l'or et l'argent, sont produits en grande abondance, répli- « qua Michel Chevalier, ne craignez-vous pas que le rapport de leur valeur ne « s'altère et que l'argent ne soit déprécié ? » Michel Chevalier, en posant cette interrogation, revenait lui-même de Damas.

« L'abondance de l'argent, répondit M. de Rothschild, ne saurait créer d'em-
« barras; il n'y a pas de dépréciation de l'argent; la plus ou moins grande abon-
« dance de l'un ou de l'autre des métaux précieux peut avoir une action sur la valeur
« des choses, mais je ne vois pas qu'elle en ait sur le rapport réciproque des deux
« métaux en tant que monnaie. »

« Alors, concluait Michel Chevalier, faut-il conserver le rapport des deux mé-
« taux ? » Je ne fais pas de théorie, ajoutait M. de Rothschild; le rapport de quantité peut se trouver modifié; un changement de rapport dans la valeur des deux
métaux ne me paraît pas constituer un danger.

Presque toute la théorie bi-métalliste contemporaine est contenue dans la déposition de M. de Rothschild; c'est la théorie officielle de la Banque de France, dépo-
sitaire de 1,250 millions d'argent. M. Rouland, gouverneur de la Banque, était à
côté de M. de Rothschild. Sa déposition, quoique moins caractéristique, ne manque
pas d'à-propos. Représentant les intérêts de la Banque, M. Rouland défend avec
fougue le double étalon; il n'examine pas la question du rapport. Il est partisan de
l'extrême abondance des métaux précieux; il signale l'infidélité de l'or et la fidélité
de l'argent. « J'avoue, dit-il en finissant, n'être guère inquiet de l'accumulation de
« l'argent dans nos caisses. » Si M. Rouland vivait encore, il devrait être satisfait,
car, en 1889, la Banque détient plus de 1,200 millions d'argent.

La théorie de M. de Rothschild est exactement la théorie de Locke et de Mirabeau,
la théorie du métal le plus abondant. Elle cache une grave erreur monétaire, qui se
relie à la vieille doctrine mercantile, professée en partie par M. de Rothschild.
« Les deux métaux, continuait-il, sont le nerf et l'aliment du travail. La meilleure
« preuve en est dans le développement du commerce et de l'industrie à la suite de
« la découverte de la Californie. C'est à ses mines d'or que nous devons d'avoir pu
« accomplir tous ces grands travaux qui sont la gloire de notre époque. » Le baron
de Rothschild allait trop loin, c'est la vapeur bien plus que l'or qui a été la cause
productrice; l'or n'a été qu'un moyen de circulation. L'axiome de l'avantage de
l'abondance des métaux précieux est le fondement de la théorie bi-métalliste et
provient du système mercantile.

Il est exact que l'accroissement des métaux précieux peut concourir à stimuler
la production, mais ce concours a une limite, à partir de laquelle il est inefficace.

La France possède une encaisse or et argent double de celle de 1869; l'encaisse
or seule était en 1886 supérieure à l'encaisse or et argent de 1869.

Les faits qui avaient donné tort à Michel Chevalier en 1850 lui donnaient raison
en 1869. C'est qu'en 1850 il négligeait et qu'en 1869 il appliquait la loi régulatrice
de la monnaie, — la loi de Gresham.

Comment remédier à cette probabilité de dépréciation signalée par Michel Chevalier, laissée à l'écart par M. de Rothschild et dédaignée par la Banque de France?
Comment parer à ce fait fatal des oscillations monétaires?

Eh bien! il y a un moyen; c'est la seconde erreur de la théorie bi-métalliste.
L'État étampera à sa guise en vertu de son pouvoir souverain. Il faudra bien que
le public se soumette. On déchirera les contrats particuliers : *Salus populis su-
prema lex.* Voilà ce qu'on a entendu dans bien des occasions et lu dans bien des
livres; c'est précisément ce que prohibe la loi de Gresham; c'était le fond des édits
de Law, sinon de ses écrits; mais Nicolas Oresme, au xive siècle, et Copernic avaient
réfuté ce sophisme.

M. Barbour, en discutant la théorie bi-métalliste, a nettement reconnu la portée de la loi de Gresham ; mais pour mettre cette théorie en concordance avec cette loi, il altère le caractère de la théorie et il méconnaît les effets de la loi (1). La théorie bi-métalliste pose, en principe, que la valeur de la monnaie dépend des actes des gouvernements : principe que M. Barbour rejette dans un chapitre pour l'admettre dans un autre, en le dénaturant. Mais il ne suffit pas de dénaturer un principe pour en écarter les conséquences. Le bi-métallisme, soutient M. Barbour, n'accepte pas que, en aucun cas, le rapport de valeur entre l'or et l'argent soit établi par la législation ; mais les États ont la faculté et les moyens de fabriquer des législations qui, sans fixer ce rapport, exercent sur le marché une telle influence que le rapport demeure fixe. M. Barbour croit paralyser ainsi les effets mécaniques de la loi de Gresham. C'est une pure illusion. Si, sur un marché quelconque, en vertu de mesures quelconques, l'argent a plus de valeur qu'il ne lui appartient, il affluera par un procédé d'endosmose et l'or disparaîtra, et *vice-versâ*.

C'est à ce point de vue que s'est placé Joseph Garnier dans sa déposition si claire, si précise (2), devant la commission d'enquête de 1869. « Je suis, a-t-il dit, un dé-« fenseur de l'argent ; on ne peut proscrire un métal fourni par la nature. Il faut « maintenir la frappe illimitée de la pièce de cinq francs, la plus irréprochable de « toutes celles qui existent dans le monde entier. » Joseph Garnier tempérait ses idées monétaires en refusant aux gouvernements le droit d'indiquer, encore moins de fixer la valeur des monnaies. Il échappait ainsi à la plus grave difficulté des bi-métallistes. L'or et l'argent étaient, d'après lui, librement frappés et circulaient librement sous une forme convenue. Les pièces n'indiquaient que leur titre et que leur poids ; c'est à peu près le système séculaire de la Chine. Bien entendu, chaque métal précieux avait, au cours, pleine valeur libératoire. Le commerce seul était chargé d'établir le rapport de valeur entre les deux métaux précieux. Selon Joseph Garnier la liberté absolue de la frappe, sans fixation de valeur, mettrait fin aux théories monétaires. L'habitude se contracterait rapidement de connaître les cours de l'or et de l'argent et de manipuler les pièces d'après le poids. Joseph Garnier reconnaissait la suprématie monétaire de la France. Il l'attribuait à ce qu'en fait l'or et l'argent y avaient longtemps circulé en toute liberté.

Les idées de Joseph Garnier paraissent avoir gagné du terrain. On les retrouve au fond de plusieurs projets de réforme monétaire qui ont été produits dans ces dernières années et qu'il y aura lieu d'examiner.

Joseph Garnier n'était point un défenseur de l'argent dans le même sens que les bi-métallistes, puisque le fond de leur théorie est précisément la fixation, directe ou indirecte, de la valeur de l'argent par les États, ensemble ou séparément.

L'inconvénient d'une circulation métallique incertaine dans la valeur de l'instrument monétaire est considérable ; il s'aggraverait avec deux instruments métalliques ; les difficultés des échanges deviendraient parfois inextricables. Les particuliers seraient exposés à de graves surprises dans leurs conventions particulières. La tendance générale d'un marché où l'or et l'argent n'auraient qu'une valeur variable serait de donner la préférence au métal inférieur. On serait indirectement ramené aux effets de la loi de Gresham.

---

(1) *The theory of Bi-metallism,* chapitres III, VII et X.
(2) *Enquête monétaire,* 1870, 2e vol., p. 86.

CHAPITRE QUATRIÈME.

La loi de Gresham.

Le Japon a été ouvert au commerce européen en 1858, lors du traité intervenu avec l'Angleterre et les États-Unis. Il existait alors, au Japon, une monnaie, appelée le Kobang, consistant en un disque d'or, valant en monnaie anglaise 18 shillings et 5 pence et en monnaie japonaise 4 itzébus d'argent. L'itzébus valait en argent anglais, 1 shilling 4 pence. Les Japonais, en ouvrant leur pays aux Européens, négligèrent la question monétaire. Au Japon, l'or n'avait que le tiers de sa valeur en Angleterre. Les négociants anglais achetèrent, sans tarder, les kobangs en les soldant en itzébus et ils exportèrent les kobangs pour les fondre. Le bénéfice était énorme (1).

Lorsqu'à la fin du xvie siècle Thomas Gresham constata que *la mauvaise monnaie chassait la bonne,* il n'avait pas en vue une démonstration aussi palpable que celle de l'expulsion des kobangs par les itzébus ; il se contentait d'affirmer que les banquiers, les changeurs, les juifs triaient avec soin les monnaies, laissaient les pièces vieilles et usées en Angleterre pour exporter les pièces neuves et lourdes. Il appliquait ses observations aux monnaies anglaises, mais elles avaient une portée plus étendue (2).

La loi de Gresham est fondée sur la nature même de la monnaie qui ne vaut que par la quantité de métal fin qu'elle contient : donc moins la monnaie mise en circulation vaudra et plus grand sera le profit de celui qui la fera accepter. La loi de Gresham n'est, en réalité, que la démonstration du fait que la monnaie est une marchandise. De là le triage des monnaies, de là l'exportation des monnaies qui ont trop de poids et l'importation de celles qui n'en ont pas assez, de là, le contrôle des gouvernements sur les monnaies, la refonte périodique des monnaies usées et les installations de plus en plus perfectionnées des hôtels de monnaie.

Ce qui est vrai entre les monnaies du même métal est également vrai entre les monnaies de métaux différents. Banquiers, changeurs, spéculateurs de tout genre n'ont pas seulement avantage à importer les vieilles pièces d'argent qui n'ont plus le poids et à exporter les neuves qui en ont trop, ils ont aussi avantage à importer les pièces d'argent quand leur valeur légale, dans un État quelconque, est supérieure à leur valeur réelle, comme à exporter les pièces d'or quand leur valeur légale est inférieure à leur valeur réelle. Tel a été précisément le cas du Japon, tel le cas de la France, lors de la refonte des louis d'or en 1786.

---

(1) Il est facile de chiffrer les bénéfices des changeurs anglais : 4 itzébus, soit 5 shillings 4 pence, procuraient 1 kobang, qui valait 18 shillings 5 pence ; profit par kobang : 13 shillings 1 penny.

(2) M. de Molinari a pu constater sur place un autre exemple dirimant de l'application de la loi de Gresham : « Que faire à Panama, sinon gagner de l'argent ? Les banquiers, israélites pour la plupart, font l'escompte à 15 p. 100 et au-dessus, et le bi-metallisme, pratiqué dans toute sa pureté, leur permet de faire des opérations de change aussi lucratives que possible. Depuis 1857, la Colombie a adopté le système monétaire français. Seulement le monnayage de l'argent est demeuré illimité. Il en est résulté que la piastre, frappée au même poids et au même titre que notre pièce de 5 fr., est tombée à 4 fr. et que l'or a complètement disparu de la circulation. Une pièce d'or de 20 fr. se paie 34 piastres en argent et les commissions de banque, quand il s'agit d'envoyer des fonds à l'étranger ou d'en faire venir, s'élèvent à des hauteurs fantastiques, 10 p. 100 et au-dessus. » Lettre au *Journal des Débats,* 8 mars 1886. Il en est des piastres comme des itzébus.

C'est à cette loi de Gresham, loi fatale, que Michel Chevalier faisait allusion et c'est celle que M. de Rothschild laissait de côté dans ses réponses. Mais la loi de Gresham ne saurait être dédaignée. Son mécanisme est aussi simple que celui du piston mis en mouvement par la vapeur. Newton le premier l'a expliquée dans toute sa force dans son rapport aux lords de la Trésorerie : « Il est constaté par l'expérience « aussi bien que par la raison que l'argent s'écoule des places où sa valeur est plus « basse en proportion à l'or, comme d'Espagne en Europe, comme d'Europe dans « les Indes orientales, en Chine et au Japon, et que l'or est plus abondant dans les « places où sa valeur est plus grande relativement à l'argent, comme en Espagne et « en Angleterre. »

Les bi-métallistes, sans s'insurger contre cette loi, qui s'impose aussi bien par l'expérience que par la raison, en méconnaissent les conséquences. Tel est le fondement des controverses monétaires actuelles.

Pourquoi l'Angleterre a-t-elle progressivement adopté la monnaie d'or et démonétisé l'argent ? C'est que par la démonétisation de l'argent, elle se garait contre l'application de la loi de Gresham. Elle s'assurait la possession de l'or, monnaie incomparablement supérieure à l'argent.

Pourquoi l'Union Latine a-t-elle sévèrement limité la frappe de l'argent ? exactement par le même motif. Aussi qu'est-il arrivé ? C'est que l'or s'est précipité en France, centre de l'union, dès que le pacte a été renouvelé.

Même politique de la part des États scandinaves, du Dominion, de tous les peuples à or. Ils ne veulent pas courir la chance que banquiers, changeurs, spéculateurs leur soutirent l'or pour y substituer l'argent.

Ce soutirage, MM. Barclay, Cernuschi, Barbour le déclarent inévitable, si la liberté de la frappe, avec pouvoir libératoire, était restituée à l'argent.

Quelle est, au contraire, la crainte des Américains, non propriétaires de mines d'argent et ne spéculant pas sur la hausse temporaire des cotons, des maïs et des jambons, c'est que l'énorme frappage d'argent par le trésor fédéral qui possède plus de 200 millions de dollars d'argent, sans pouvoir s'en servir, n'expulse l'or des États-Unis et que la circulation monétaire des États-Unis ne devienne une circulation d'argent ?

Et enfin quelle est la plus grande difficulté contemporaine, quel est le nœud gordien de la crise monétaire actuelle, quelle est l'énigme à résoudre, si ce n'est le moyen de faire cadrer la solidarité qui relie l'Angleterre et l'Inde avec la loi de Gresham ? ainsi que l'a fait observer sir Louis Mallet dans une lettre publiée par le *Times* ?

La méconnaissance de la loi de Gresham est, d'ailleurs, l'origine de l'erreur la plus grave des bi-métallistes ; la monnaie, d'après leur théorie, n'aurait pas besoin d'avoir de valeur par elle-même. Le mécanisme compliqué, puissant, progressif des instruments de crédit les a conduits à cet axiome. Les moyens de crédit ont été inventés et multipliés pour économiser l'emploi des métaux précieux, nullement pour les remplacer. On est à bon droit surpris de rencontrer cet axiome dans le livre de M. Barbour.

M. Barclay ne va pas si loin ; il s'incline, bien qu'à regret, devant la loi de Gresham, mais il ajoute que c'est la loi du passé, que ce n'est pas la loi de l'avenir et qu'il y a moyen de remédier à cette loi par des conventions internationales. C'est ce qu'il y aura lieu d'examiner : mais la loi n'est ni nouvelle, ni vieille. Et l'état monétaire actuel des divers peuples ne semble laisser aucun doute sur la permanence de son application.

Cette première erreur des bi-métallistes les conduit nécessairement à une seconde : l'omnipotence monétaire de l'État. En effet, si la monnaie métallique vaut autrement que par la quantité de métal fin qu'elle contient, l'État peut imprimer à la monnaie la valeur qu'il lui convient de lui attribuer, c'est la doctrine particulièrement développée par M. Cernuschi, dans de nombreux écrits, remplis de faits, d'idées et de chiffres. Au point de vue de la monnaie métallique, cette doctrine est tellement contraire à l'histoire de la monnaie que je n'insisterai pas. Elle aurait étrangement surpris Newton qui, directeur de la Monnaie à Londres, était à même de constater à quel point le moindre grain d'argent ou d'or, en plus ou en moins, modifiait le courant des monnaies et à quel point les édits des Rois et Reines d'Angleterre, même de la reine Élisabeth, y avaient été impuissants, comme Bacon le lui avait prédit.

Il est vrai que, quant à la monnaie fiduciaire à cours forcé, il n'en est pas de même. Mais, d'une part, le cours forcé se paie toujours cher et, d'autre part, il n'est pas de durée si les gouvernements ne le restreignent avec soin. Leur pouvoir n'est pas illimité et l'exercice, même prudent, de ce pouvoir peut causer de grandes pertes. Chez les peuples qui jouissent de la monnaie métallique, l'État est privé de ce pouvoir ; par contre les particuliers sont à l'abri de ces pertes. En outre, tout papier-monnaie est limité aux frontières de l'État. D'où un agio qui, selon les temps, peut s'élever jusqu'à 50, 60 p. 100, même au delà. Le rouble russe papier perd 36 p. 100 et le billet argentin 59 p. 100.

Le principe de la toute-puissance monétaire de l'État a eu pour les bi-métallistes une autre conséquence. Ils ont admis que le rapport de valeur entre l'or et l'argent pouvait être arbitrairement fixé soit par un État, soit par plusieurs, *à fortiori* par tous.

CHAPITRE CINQUIÈME.

De la variation du rapport de valeur entre l'or et l'argent.

Il n'y a pas de fait monétaire plus constant et mieux établi que celui de la variation de valeur entre l'or et l'argent (1). Il résulte de la déposition de M. de Rothschild que les bi-métallistes le nient ou n'en tiennent pas compte. Au moment de l'enquête de 1869, le rapport avait une certaine stabilité ; les grandes variations ne s'étaient pas encore produites. M. de Rothschild pouvait répondre à M. de Parieu : « Qu'entendez-vous par métal déprécié ? Je ne comprends pas ce que veut dire un métal déprécié. » La réponse ne serait plus possible actuellement.

Néanmoins, M. Cernuschi a longtemps soutenu l'opinion que le gouvernement avait le droit et le pouvoir de fixer lui-même la valeur des monnaies métalliques et par suite le rapport de la valeur entre l'or et l'argent, quel que fût leur cours sur le marché des métaux.

Les progrès de la baisse de l'argent, les discussions mêmes ont obligé les parti-

---

(1) Ce point a été discuté avec soin par M. Giffen dans un mémoire lu à l'Association des banquiers de Londres (mai 1886). M. Giffen y a établi que, malgré les frappes de l'argent de 1820 à 1850, la valeur de l'argent était restée variable.

sans de cette théorie à la modifier et à reconnaître la nécessité du concours de plusieurs gouvernements, sinon de tous, dans une convention internationale, pour fixer cette valeur. Telle est l'opinion qui a été récemment soutenue, avec talent, par MM. Barbour, Barclay et les chambres de commerce de Paris et de Bordeaux. Elle représente la dernière étape de la théorie bi-métalliste.

Les détails que j'ai donnés chapitre VI et suivants du livre troisième, sur les diverses conditions monétaires des peuples, permettent d'apprécier, sinon la valeur théorique, du moins la valeur d'application de cette opinion.

Au point de vue de l'application, toute convention qui serait étrangère à l'Angleterre, à l'Inde et aux États-Unis, serait inefficace, et toute convention qui ne comprendrait que ces trois États serait efficace.

Au point de vue de la théorie, la portée d'une pareille convention ne peut être que temporaire. Les faits monétaires sont du même ordre que les faits économiques. Ils ne tombent que dans une certaine mesure sous la maîtrise humaine et, partant, dans la sphère des protocoles diplomatiques. Obtiendrait-on le concours de tous les peuples du globe, hypothèse qui ne se soutient pas, qu'il faudrait convenir de limiter la production de l'or et de l'argent, hypothèse non moins irréalisable. Même, sur le terrain de ces deux hypothèses, il pourrait se produire, et il se produirait, dans la distribution des métaux précieux, des fluctuations qui modifieraient leur valeur métallique et leur rapport. Une guerre, une disette, de grandes récoltes suffiraient.

C'est ce qu'ont très clairement entrevu MM. Cernuschi, Barclay et Barbour; aussi se contentent-ils d'une convention particulière entre les principaux États.

Plus pratique encore, M. E. Seyd se contente de modifier les systèmes monétaires de l'Angleterre et de l'Inde.

CHAPITRE SIXIÈME.

De la suprématie monétaire de la France.

M. E. Seyd a raison : car il ne serait plus possible d'obtenir le concours de la France, et partant de l'Union Latine. Leur indépendance monétaire est aujourd'hui complète. Avant la guerre de 1870, la supériorité monétaire de la France était reconnue par tous les peuples. Le mouvement en faveur de l'étalon d'or, les conférences en 1865 et 1867, la constitution de l'Union Latine, l'adoption par beaucoup d'États du système monétaire de la France attestèrent cette suprématie. Les pertes de la guerre de 1870 l'ébranlèrent; toutefois, dès 1876, la France disposait encore d'immenses ressources monétaires qui furent, il est vrai, entamées par les mauvaises récoltes et par la crise financière de 1882. L'encaisse or de la Banque de France fut réduite à 540 millions.

Depuis 1882, cette situation n'a cessé de s'améliorer malgré les difficultés politiques. J'ai reproduit les tableaux comparatifs des évaluations des statisticiens sur la situation monétaire (Livre I, chapitres V et VI) des divers peuples en 1884. La France vient en tête dans tous les tableaux avec une avance importante sur les États-Unis : *proximus, longo sed proximus intervallo.*

TABLEAU.

ÉTATS.	OR.	ARGENT.	CIRCULATION fiduciaire.	ENSEMBLE.
	dollars.	dollars.	dollars.	dollars.
France	848,000,000	694,900,000	548,061,912	1,990,961,912
États-Unis	610,500,000	262,000,000	873,426,556	1,745,926,775
Inde	»	1,037,772,000	62,383,126	1,099,383,426
Angleterre	583,500,000	95,000,000	197,818,169	876,318,169
Allemagne	334,420,000	211,480,000	279,573,023	825,473,023

En 1885-1886 les ressources monétaires de la France ont encore augmenté. Au 30 avril 1886 l'encaisse de la Banque s'est élevée à 2,424 millions dont 1,303 millions or. L'or circule en France partout ; il n'y a jamais été plus abondant. La France a reconquis la suprématie monétaire (1).

Cette suprématie, elle doit la conserver. Toute convention monétaire ne peut se faire qu'à ses dépens, afin de lui enlever une partie de son magnifique stock d'or et d'accroître encore son stock, trop considérable, d'argent. La France est, après l'Inde, l'État qui détient la plus grande masse d'argent. C'est elle qui en a longtemps soutenu le cours. Cette fonction est épuisée.

J'en conclus que la France n'a à intervenir dans aucun arrangement diplomatique. La crise monétaire lui est étrangère ; elle ne provient pas de son fait ; de tous les États, c'est elle qui a le plus contribué à en tempérer les effets.

J'ajoute que ses intérêts sont à peu près étrangers à cette crise. Pour le démontrer je décompose le mouvement des importations et des exportations de la France de 1876 à 1884.

Distribution du commerce général de la France d'après la condition monétaire des États.

(En millions de francs.)

ÉTATS.	IMPORTATIONS.			EXPORTATIONS.		
	1876.	1880.	1884.	1876.	1880.	1884.
1re catégorie. — Étalon d'or.						
Angleterre	811.2	798.7	733.1	1,288.3	1,167.3	1,024.6
Suède	59.1	87.9	42.9	14.8	8.6	8.0
Norvège	31.9	35.1	24.9	13.7	11.4	7.8
Danemark	0.5	4.8	2.5	6.4	6.8	8.1
Portugal	15.2	13.8	24.9	31.1	27.0	24.6
Australie	0.3	21.5	42.9	5.9	3.9	9.3
Cap de Bonne-Espérance .	5.8	4.8	9.3	8.0	9.9	11.7
Dominion	6.0	14.3	7.7	8.2	6.8	5.3
	920.0	980.9	888.2	1,346.4	1,241.7	1,099.4
2e catégorie. — Étalon d'or et monnaie argent.						
Allemagne	479.5	546.0	504.6	471.8	396.5	375.6
États-Unis	279.4	773.3	289.6	321.3	490.6	414.1
Turquie	»	146.9	137.3	»	80.0	75.9
Japon	94.9	30.4	40.1	31.6	13.2	4.9
Colombie	12.6	29.0	21.9	23.7	30.0	34.1
	856.4	1,525.6	994.5	848.4	1,010.3	904.6

(1) Sur les changements survenus depuis 1886, je renvoie à la préface de ce livre, ainsi que pour les discussions nouvelles.

ÉTATS.	IMPORTATIONS.			EXPORTATIONS.		
	1876.	1880.	1884.	1876.	1880.	1884.

3ᵉ catégorie. — Étalon d'argent et monnaie or.

ÉTATS.	1876.	1880.	1884.	1876.	1880.	1884.
Belgique	461.3	559.6	520.2	490.2	534.9	518.4
Suisse	337.1	412.2	346.7	377.8	358.0	309.5
Italie	505.0	537.5	437.7	366.6	309.9	262.6
Hollande	43.5	45.7	42.5	49.9	45.7	48.3
Espagne	123.9	367.3	328.7	245.1	245.2	241.7
Roumanie	»	22.4	12.1	»	4.7	9.2
Bulgarie	»	»	»	»	»	»
Serbie	»	»	»	»	»	»
Mexique	10.7	8.7	5.2	14.8	31.4	34.1
Chili	27.6	32.2	23.6	32.5	20.2	25.0
Pérou	59.5	20.0	37.3	20.5	6.3	11.7
Bolivie	»	»	1.3	»	»	»
Guatemala	1.3	3.5	4.4	3.4	3.9	1.9
Vénézuela	20.7	17.5	18.9	11.9	10.3	6.6
Cuba	26.8	17.0	11.0	18.7	22.3	6.5
Équateur	3.3	2.1	0.6	3.4	6.0	4.5
Haïti	49.3	40.0	31.8	14.5	12.9	7.8
Paraguay	»	»	»	»	»	»
Uruguay	39.8	33.8	32.4	22.0	24.5	27.7
Égypte	76.0	63.0	35.5	36.4	47.2	31.8
Maroc / Tunis	21.2	28.4	20.9	14.6	14.8	24.9
Philippines	2.3	5.5	5.3	1.0	2.2	2.7
Algérie	126.3	128.9	104.0	169.5	193.8	182.7
Autres colonies françaises	104.8	95.4	91.7	74.4	65.5	76.2
	2,050.4	2,440.7	2,105.5	1,975.9	1,969.7	1,933.8

4ᵉ catégorie. — Étalon monnaie argent.

ÉTATS.	1876.	1880.	1884.	1876.	1880.	1884.
Inde	155.0	171.9	252.3	15.6	13.5	17.6
Chine	157.4	158.6	143.7	6.5	20.5	16.8
Indes hollandaises	14.3	35.2	20.4	5.0	3.9	7.0
Siam	0.8	1.2	1.9	»	»	0.1
Indes françaises	5.0	11.1	21.6	0.8	1.3	0.4
Cochinchine	2.4	4.8	9.3	5.6	6.3	10.6
Madagascar	1.6	3.5	1.7	0.4	0.9	0.3
Nouvelle-Calédonie	»	»	1.7	»	»	8.5
	336.5	386.3	451.6	33.9	46.4	61.4

5ᵉ catégorie. — États à papier-monnaie.

ÉTATS.	1876.	1880.	1884.	1876.	1880.	1884.
Russie	198.7	340.8	223.8	41.3	41.1	15.7
Autriche-Hongrie	71.3	126.2	113.1	18.9	30.2	23.1
Grèce	5.2	30.3	35.4	17.8	20.1	16.0
Brésil	96.6	81.7	105.1	92.0	93.6	75.9
République Argentine	116.5	148.4	198.2	61.5	193.8	182.7
	486.3	727.4	675.3	232.4	278.8	313.4

Le mouvement commercial de la France s'opère avec les peuples qui se rapprochent le plus de sa condition monétaire. Il est remarquable que, dans ce mouvement, le contingent afférent aux États secondaires, qui appartiennent à la clientèle de la France et qui ont le même système monétaire qu'elle, soit aussi élevé que celui des deux premiers groupes dans lesquels figurent les États les plus importants.

Quant aux deux derniers groupes, leur contingent s'amoindrit beaucoup. Celui des exportations de la France dans l'Extrême-Orient est d'une modicité extraordinaire.

En 1884 les exportations de produits anglais en Extrême-Orient, non compris le Japon et les Philippines, ont représenté 1,225 millions et celles de la France 61 millions.

Le système monétaire actuel de la France est donc approprié à ses besoins. Pourvue d'un stock d'or et d'un stock d'argent important, elle est à même de faire face à tous ses échanges. Elle pourrait même adopter l'étalon d'or ; mais elle commettrait une imprudence en démonétisant l'argent. Il suffit de jeter les yeux sur le tableau de sa clientèle pour en acquérir la conviction. Il lui est loisible de passer de la troisième à la seconde catégorie des États, selon le tableau ci-dessus de leur condition monétaire ; il ne lui est pas loisible encore de passer de la seconde à la première.

Si on opère la même répartition du mouvement commercial en ce qui concerne l'Angleterre, comme il est facile de le faire sur le tableau plus haut, on remarque que la condition monétaire de l'Angleterre ne répond pas aux exigences de son commerce. C'est précisément la nation qui devrait avoir au service de sa clientèle la plus grande circulation d'argent qui expulse l'argent de son territoire. Voilà la plus grave cause de la crise monétaire actuelle ; voilà comment, voilà pourquoi cette crise est essentiellement une crise anglaise.

C'est donc à l'Angleterre à y remédier. La France n'a qu'à conserver, en l'améliorant, sa condition monétaire actuelle. La limite de la fabrication et de la circulation de l'argent lui suffit. Si elle se décidait à adopter l'étalon d'or, elle ne pourrait pas démonétiser son stock d'argent. Les peuples de sa clientèle ne sont pas en mesure de n'avoir qu'une circulation d'or. Mais il serait à propos de limiter le pouvoir libératoire de l'argent en France.

Toutes autres mesures seraient prématurées ; ce ne seraient que des expédients, inutiles ou coûteux, comme je vais l'établir.

La puissance monétaire de la France est telle que ses alliés et ses clients monétaires en profitent. Elle leur donne toute sécurité. Maîtresse d'un énorme stock d'or, conservant sans l'accroître son stock d'argent, la France maintient un véritable équilibre entre les deux métaux précieux. Elle remplit encore indirectement la fonction qu'elle a si longtemps exercée directement. Toute mesure de sa part amoindrirait son pouvoir monétaire et ses services. Démonétiserait-elle entièrement son stock d'argent ? elle aggraverait, sans profit, l'avilissement de l'argent ; lèverait-elle l'interdit sur la frappe de l'argent ? elle affaiblirait son stock d'or qui constitue sa force. Dans l'intérêt de tous les peuples, elle doit garder sa situation présente.

CHAPITRE SEPTIÈME.

De la situation monétaire et des devoirs de l'Angleterre.

Les difficultés que sa législation monétaire préparait à l'Angleterre ont été prévues et annoncées par le baron de Rothschild dans l'enquête de 1869. Déjà M. E. Seyd père soutenait que l'étalon d'or était un crime à l'égard de l'Inde. M. Hendricks, plus préoccupé de l'unification monétaire que de la question des étalons, acceptait le double étalon en Angleterre ; toutefois il préférait aux deux étalons l'adoption de la frappe de l'or dans l'Inde. Telle était l'opinion de sir Richard Temple, particulièrement au courant des affaires de l'Inde. M. Hubert Delisle, ancien gouverneur de

Bourbon, ajoutait que l'opinion réclamait dans l'Inde l'établissement du double étalon (1).

L'établissement du double étalon dans l'Inde a été très vivement critiqué par M. Bagehot d'après le motif que l'or ne pourrait être conservé par l'Inde. M. Hendricks a réfuté cet argument dans l'enquête de 1869. Il est certain qu'il existe un stock considérable d'or dans l'Inde et que le frappage en faciliterait la circulation. M. Bagehot, qui écrivait en 1873, admettait que la France ne conservait son or que grâce au cours forcé, établi en 1870. Le cours forcé a été aboli, jamais la France n'a eu une plus grande circulation d'or; l'Italie, elle-même, serait assurée de conserver désormais un suffisant mouvement d'or, quoiqu'elle n'ait pas la réserve d'or de l'Inde, si elle suivait une politique moins aventureuse.

La modification de la législation de l'Inde devrait, au surplus, être complétée par un changement analogue dans les lois monétaires de l'Angleterre. Le pouvoir libératoire de l'argent pourrait être relevé à 20 livres (500 fr.) et la circulation de l'argent augmentée dans une proportion convenable. D'après M. Burchard le stock d'argent du Royaume-Uni était, en 1884, de 95 millions de dollars ou 475 millions de francs, donnant par tête un prorata de 14 fr. (2). Le prorata est de 52 fr. en France, 23 fr. en Allemagne, 11 fr. en Italie. A raison des immenses relations commerciales de l'Angleterre avec l'Extrême-Orient, comme avec tous les peuples à étalon d'argent, tels que le Mexique, les républiques de l'Amérique du Sud, l'Espagne, les États de l'Union latine, la Hollande, ce prorata est inférieur aux besoins de la circulation.

M. Bagehot a traité cette question avec sa compétence ordinaire. L'Angleterre et l'Inde, dit-il, perdraient plus à adopter le double étalon qu'à conserver la situation présente. Rien ne pourrait les garantir contre une baisse nouvelle de l'argent et contre le drainage de l'or, en vertu de la loi de Gresham. Le raisonnement de M. Bagehot ne saurait s'appliquer à l'Inde, puisque sa condition monétaire ne peut être pire. Quant à l'Angleterre elle conserverait son or tout aussi bien que la France et serait à même de mieux employer son argent.

M. Bagehot ne paraît pas avoir tenu compte des causes qui tempèrent l'action de la loi de Gresham. A son avis, rien ne peut empêcher le métal produit à meilleur marché de remplacer le métal plus cher. A ce compte, comment expliquer l'énorme stock d'or de la France? Comment expliquer l'insuffisance des réserves d'or de l'Angleterre? L'or ne devrait-il pas être plus abondant en Angleterre, qui repousse l'argent, qu'en France où il est conservé? La première raison de ces contradictions, c'est la limitation de la frappe de l'argent en France. Toutefois cette raison ne résout qu'imparfaitement la difficulté, la France étant loin de posséder la totalité de l'argent qu'elle a frappé. D'où l'intervention de la seconde raison, qui est l'emploi. Les Français emploient l'or plus que les Anglais dans leurs échanges. Ils sont moins habitués au maniement des instruments monétaires auxiliaires. Il en résulte qu'en France la demande de l'or est constante. Cette demande modère l'influence de la loi de Gresham qui favorise l'offre de l'or. En Angleterre, il est vrai, l'or est moins offert qu'en France, mais il y est aussi beaucoup moins em-

---

(1) Consulter les dépositions et les délibérations de l'enquête.
(2) On a constaté, depuis 1884, l'accroissement du stock d'argent de l'Angleterre.

ployé (1), beaucoup moins nécessaire, beaucoup moins demandé. Si donc l'Angle-terre, en vue de faciliter, d'améliorer, de placer sur une base équitable ses rela-tions avec l'Inde, augmentait sa circulation d'argent, on ne voit pas pourquoi son or serait exposé à un plus grand drainage que l'or français. Il est bien entendu que parallèlement à l'accroissement du stock d'argent monnayé de l'Angleterre, la frappe de l'or devrait être autorisée dans l'Inde.

Tel est le sentiment de MM. Barclay et E. Seyd. Ils considèrent qu'une conven-tion internationale sur la condition de l'argent serait la meilleure des solutions, ce qui est contestable, mais qu'en tout cas l'Angleterre ne peut maintenir la situation actuelle. « Elle ne peut se jouer des intérêts de l'Inde », selon l'expression de M. Barclay.

M. Barbour, moins confiant dans un revirement de l'opinion en Angleterre, discute l'hypothèse d'un arrangement international entre les États-Unis, l'Allemagne, la France et l'Inde. Il n'y comprend pas l'Angleterre. Il consacre deux ou trois chapitres de son livre, fort bien fait au surplus, à démontrer que cette association serait de taille à faire remonter le prix de l'argent et à rétablir le 15 $^1/_2$. Je n'insisterai pas sur les illusions de M. Barbour et d'un grand nombre de bi-métal-listes à l'endroit d'un traité international ; j'ai montré combien les chances de ce traité étaient modiques ; j'ai montré qu'il ne pouvait se faire qu'aux dépens de la France. La France, tant qu'elle disposera librement d'elle-même, n'y intervien-dra pas.

C'est à l'Angleterre seule qu'incombent le devoir et la charge de mettre sa lé-gislation monétaire en rapport avec ses intérêts supérieurs dans l'Inde et dans l'Extrême-Orient. Le gouvernement de l'Inde par l'Angleterre a été, à plusieurs égards, un bienfait pour l'Inde. Ce bienfait l'Inde l'a payé et le paie au delà de toute mesure. « L'Inde est à notre merci, disait sir Charles Trevelyan, dans une circons-« tance, nous pouvons l'imposer à notre gré. » Les deux législations monétaires de l'Inde et de l'Angleterre constituent pour l'Inde, sur laquelle elles retombent, une taxe accablante. Par un légitime retour des choses humaines les manufacturiers du Lancashire subissent le contre-coup de cette oppression. A eux de réparer l'injus-tice des lois anglaises.

L'opinion publique commence à s'émouvoir en Angleterre de cette situation. Divers projets ont été proposés et discutés. Je vais y revenir dans un des chapitres qui suivent. Tous ces projets se heurtent à la même difficulté, à celle indiquée par M. Bagehot, la condition présente du rapport entre l'or et l'argent.

La prétention des bi-métallistes de rétablir artificiellement le rapport du 15 $^1/_2$, provient de l'erreur qu'ils propagent de la fixité que ce rapport aurait conservée pendant près d'un siècle. Cette fixité était et a été chimérique. A peine Gaudin avait-il fait adopter la loi de l'an XI que le rapport changeait et il a toujours varié aussi bien de 1802 à 1848 que de 1848 à 1873. Il n'a rien d'immuable, n'a jamais eu rien d'immuable et ne sera jamais immuable. Il n'y a donc pas lieu de tenir compte des prétentions, pas plus que des espérances des bi-métallistes, contre-dites par l'histoire de la monnaie. Le gouvernement anglais opérera comme tous les gouvernements ont opéré avant lui, notamment comme le gouvernement de

---

(1) Sur l'économie de l'or en Angleterre, consulter un mémoire de M. Martin dans les travaux de l'*Institut of bankers* 1886-1887.

Louis XVI en 1786 ou les consuls en 1802, à ses risques et périls. Ni les autres États, ni surtout la France n'ont à intervenir dans des arrangements qui concernent, avant tout, l'Angleterre. Elle ne peut pas plus demander d'être relevée des risques de ses lois qu'elle ne s'est offerte pour supporter les risques encourus par les autres peuples. Dans une brochure publiée en 1881, M. Seyd père demandait que tous les peuples voulussent bien se mettre d'accord sur la question monétaire; il garantissait la perpétuité du 15 ¹/₂, mais il insistait sur la nécessité et la justice de laisser l'Angleterre entièrement à part. Elle aurait conservé tous les profits de sa législation monétaire et les autres peuples en auraient supporté tous les risques. « L'Angleterre, disait-il, a un autre droit qui doit être pris en considération. Elle a « été habituée depuis si longtemps à la circulation de l'or que c'est lui demander « beaucoup trop que de la prier d'ouvrir à l'argent la porte de ses hôtels de monnaie. « Il faut donc lui faire une situation particulière. »

C'est exactement l'inverse des nécessités actuelles. S'il ne s'agissait de matière si ardue, on pourrait prendre le conseil de M. Seyd pour une plaisanterie.

L'observation de M. Seyd repose cependant sur un fond réel. Le peuple anglais, confiant dans sa force, enorgueilli de sa richesse, s'est quelque peu laissé séduire par la théorie monétaire de l'attribution de l'or aux peuples riches et de l'attribution de l'argent aux peuples pauvres. Cette théorie laisse beaucoup à désirer, comme M. Ewarts, délégué du gouvernement américain, l'a fait remarquer devant la conférence de 1881. Le peuple anglais n'est plus le seul peuple riche; il n'est même plus aujourd'hui le peuple le plus riche. Il est très exact que l'or a une tendance naturelle à se fixer chez les peuples qui le paient le plus cher; mais il ne faut pas confondre la circulation des métaux précieux avec leur possession. Si l'humanité doit être partagée entre peuples riches et peuples pauvres, peuples à circulation d'or et peuples à circulation d'argent, les relations commerciales entre les deux groupes seront rendues précaires et difficiles. Mais telle n'est pas la distribution des peuples. Ils ne se divisent pas en deux groupes; ils en forment cinq, avec des gradations qui facilitent les rapports entre eux; et le problème à résoudre consiste précisément à faire passer l'un des peuples les plus importants du dernier groupe, l'Inde, dans le groupe immédiatement supérieur. Tout indique que, pour favoriser ce transfert, l'Angleterre sera contrainte, pour ne pas s'appauvrir et pour mettre un terme à l'appauvrissement de l'Inde, de passer du premier groupe dans le second. Elle s'y rencontrerait en fort bonne compagnie entre les États-Unis et l'Allemagne, probablement même avec la France qui accomplira, de son côté, son évolution du troisième groupe au second.

Déjà l'*Economist*, l'ancien journal de Bagehot, a discuté l'éventualité du monnayage d'un dollar anglais pour l'Extrême-Orient. Si ce dollar recevait, jusqu'à une certaine limite, valeur libératoire en Angleterre, les transactions avec l'Inde, l'Indo-Chine et même la Chine seraient sensiblement améliorées. La cause la plus grave de la crise monétaire serait, pour longtemps, conjurée. La frappe de ce dollar constituerait plus qu'un expédient temporaire.

D'autres plans, à portée plus vaste, mais d'une réalisation moins facile, ont été proposés et discutés en Angleterre, dans les clubs et les journaux. L'un de ceux qui ont le plus frappé l'opinion est celui que M. Clarmont Daniell a développé dans une brochure intéressante, *the Discarded Silver*. Le point de départ est excellent. M. Clarmont Daniell attribue, avec raison, en partie, la crise actuelle à la politique monétaire imposée à l'Inde par l'Angleterre. Il débute donc en ouvrant les hôtels de monnaie de Calcutta, de Bombay, de Madras à la frappe de l'or sous la forme de souverains, ayant complète valeur libératoire et en fixant la valeur respective de l'or et de l'argent à des époques périodiques. Il s'incline devant la loi de la variabilité du rapport; il fait entrer l'Inde parmi les États à double étalon; il rend à la circulation l'or qu'elle possède. Cette première réforme accomplie (son importance est considérable), M. Clarmont Daniell propose de constituer une réserve internationale d'or et d'argent et d'en faire le gage d'une émission fiduciaire. Cette réserve ne comprendrait que des lingots, ou du moins les espèces monnayées n'y seraient prises que comme lingots, d'après leur poids et leur quantité de fin. La valeur de l'or et de l'argent serait celle du marché libre. Chaque État, admis dans l'association, chargée d'administrer cette réserve, serait tenu de parfaire, eu égard à ses émissions de papier, le montant métallique de sa réserve, d'après les cours, comme il pourrait retirer les lingots en excédent. L'association délivrerait ou des certificats, ou des billets de toute forme et de toute somme, à la demande des déposants, à concurrence de la valeur de leurs dépôts et de la nature de ces dépôts. Ces certificats seraient transférables; le porteur serait assuré de pouvoir toujours retirer et recevoir, *au cours du jour du retrait, non au cours du jour du dépôt*, les quantités d'or et d'argent portées au certificat; quant aux billets (notes), ils seraient calculés et reçus *d'après l'étalon d'or* de l'État auquel appartiendraient les lingots d'or et d'argent.

Sous l'influence des idées de M. Daniell, lord Grey a formulé un projet qui présente l'avantage d'être exclusivement applicable à l'Angleterre; par suite il est moins impraticable que tous les autres. La monnaie d'or anglaise contient un grand nombre de pièces dépréciées par l'usage. Diverses propositions de refonte ont déjà été faites. Lord Grey rattache cette refonte à une modification plus générale du système monétaire de l'Angleterre. 1° Les propriétaires de souverains dépréciés seraient autorisés à les porter à la Banque d'Angleterre qui, sans tenir compte du frai, leur remettrait des coupons au porteur, d'une livre sterling par souverain; ils n'auraient qu'un certain délai pour faire cette opération; passé ce délai, les souverains dépréciés n'auraient plus cours. 2° Ces souverains seraient fondus et l'or vendu. Le prix serait porté au crédit de la commission monétaire dont il va être parlé. 3° La Banque d'Angleterre aurait la faculté de remettre aux porteurs d'argent des billets de banque (notes) en échange de leur argent, le montant de ces billets ne serait pas inférieur à 500 livres (12,500 fr.). L'argent serait accepté au cours du marché moyennant une commission de 125 fr. 4° Ces deux espèces de billets seraient remboursables en argent. 5° Chaque mois vérification serait faite du montant des billets émis et de la valeur, au cours du jour, de l'argent déposé. 6° En cas d'excédent, la différence serait placée en consolidés, — en cas de déficit, la quantité d'argent nécessaire serait achetée avec les fonds de la commission monétaire. 7° Une commission monétaire spéciale présiderait à toutes les opérations qui seraient exécutées par la Banque d'Angleterre; cette commission aurait à sa disposition des fonds provenant de la vente des souverains et d'un crédit ouvert par la Banque. 8° Le montant des notes à émettre serait limité.

L'un des représentants les plus autorisés de la diplomatie anglaise, sir Louis Mallet, a fait observer que la Banque d'Angleterre avait la faculté d'accepter l'argent en lingot à concurrence du quart de sa réserve métallique et d'émettre des billets de banque dans la même proportion, mais qu'elle n'avait jamais usé de cette faculté à cause de la tendance de l'argent à la baisse. Dans le projet de lord Grey, cette tendance est conjurée et l'émission rendue obligatoire par le fait de la démonétisation des souverains dépréciés. Les situations n'ont donc aucun rapport. On peut ajouter qu'au cours de 42 D. l'once standard, cours de l'argent à Londres au 1er mai 1889, la baisse de l'argent offre moins de latitude qu'à celui de 60 D., cours de l'argent à l'époque de la loi qui autorisait la Banque d'Angleterre à accepter les lingots d'argent.

Les combinaisons de lord Grey assurément fort ingénieuses sont, ce qui importe beaucoup, exclusivement anglaises. Elles préparent la transformation de la législation monétaire de l'Angleterre. Elles laissent à l'État les charges de cette transformation ; elles conservent entière son indépendance vis-à-vis des peuples étrangers ; elles limitent la quantité d'argent ; elles acceptent les variations de sa valeur. Néanmoins, elles ont deux vices essentiels : elles ne laissent pas l'argent circuler sous sa forme monétaire ; elles ne cadrent pas suffisamment avec les besoins des affaires dans l'Extrème-Orient. Ont-elles des chances sérieuses d'être discutées et plus tard admises par l'opinion publique ? C'est une question fort délicate.

L'honorable M. Giffen, qui a eu une si large part dans les débats monétaires contemporains, a de nouveau saisi l'association de l'Institut des banquiers de Londres (1) de plusieurs des difficultés du problème monétaire lors de la session annuelle de mai 1886. Sa communication a été suivie d'une longue discussion à laquelle ont pris part plusieurs des économistes les plus autorisés de l'Angleterre : M. Shaw Lefèvre, M. Grenfell, M. Palgrave, M. M. Fowler. Aucune allusion n'a été faite aux modifications à apporter dans la législation monétaire de l'Angleterre ni aux divers projets soumis au public. M. Shaw Lefèvre a maintenu que l'étalon et la circulation d'or étaient pour l'Angleterre, créancière du monde entier, une source de profits. M. Giffen a reproduit l'argument que si la France était demeurée un pays à argent, ce qu'elle avait été jusqu'en 1848, aucun changement n'aurait eu lieu et que toutes choses seraient demeurées en état. Il n'a pas hésité à blâmer la France d'avoir fermé ses hôtels de monnaie à l'argent, l'Allemagne d'avoir adopté l'étalon d'or, l'Italie d'avoir aboli le cours forcé, tous les autres peuples d'avoir approprié leur législation monétaire aux nouvelles circonstances. Il n'a pas eu de termes assez vifs pour reprocher au gouvernement américain d'intervenir dans la situation monétaire des États-Unis. De la législation monétaire de l'Angleterre, de la condition de l'Inde, de la nécessité de les mettre l'une et l'autre d'accord, ni dans le mémoire de M. Giffen, ni dans la discussion il n'y a été fait allusion.

Plusieurs orateurs ont déclaré que toute intervention des gouvernements dans la fixation de la valeur des monnaies ou de leur rapport constituerait un acte de protection. Personne n'a relevé l'argument que l'exclusion de l'argent de la circulation de l'Angleterre était la plus exorbitante des protections. L'un d'eux a été plus loin encore : « Que réclamer de l'Angleterre ? a-t-il dit ; on frappe librement l'or à « Londres et l'argent à Calcutta. C'est une pratique immémoriale qui convient aussi « bien à l'Angleterre qu'à l'Inde. »

---

(1) Voir le *Times* du 20 mai 1886 : l'*Institut of Bankers of London* compte 1,835 membres.

CHAPITRE HUITIÈME.

De la situation monétaire des États-Unis. — Le congrès de Chicago.

L'association des banquiers des États-Unis, l'une des plus puissantes sociétés américaines, a consacré deux séances du congrès qui a eu lieu à Chicago le 23 septembre 1885, à la question monétaire aux États-Unis. De nombreux orateurs ont attaqué ou défendu la politique monétaire du congrès fédéral.

Les États-Unis possèdent, depuis 1873, l'étalon d'or, représenté par le dollar d'or de 1^{gr},67185 valant 5 fr. 18 c. Mais une loi du 28 février 1878, connue sous le nom de *Silver Bland Bill*, a autorisé la frappe d'un dollar-argent au titre de 900/1000e de fin, de 412 grains et demi, lorsque l'ancien dollar-argent était de 416 grains et lui a donné pleine valeur libératoire des dettes publiques et privées (1).

Le rapport légal de l'argent à l'or est resté le même pour ce nouveau dollar que pour l'ancien : 15,99 à 1. Or ce rapport, en fait, n'existe plus et tous les changes se règlent aux États-Unis sur le dollar-or.

Cette même loi a prescrit la frappe mensuelle de 2 millions au moins et 4 millions au plus de ces dollars sans tenir compte ni du changement du rapport entre l'or et l'argent, ni de la baisse de valeur de l'argent. Ainsi ce dollar devait valoir légalement autant que l'ancien, quoiqu'il contînt moins d'argent et que l'argent valût moins. C'était un instrument destiné à amortir plus rapidement la dette en donnant moins qu'on ne devait aux créanciers de l'État. Restait à le faire accepter. En réalité ce dollar *malhonnête*, comme on l'a dénommé, ne circule que dans l'Ouest. Le Trésor est obligé, comme je l'ai indiqué plus haut, d'empiler et d'encaver les dollars qu'il frappe. Il a été conduit, par le désir de faire circuler ces dollars, à altérer la législation monétaire des États-Unis; ainsi il a admis ces dollars en paiement des droits de douane ; ainsi il a délivré des certificats d'argent. Les exportations d'or ont commencé ; mais les nouveaux dollars, dont la quantité n'est pas limitée et dont le poids est inférieur à l'ancien dollar, avec un rapport supérieur au rapport réel, ont été expulsés de la circulation.

C'est alors que le gouvernement des États-Unis a sollicité la réunion de conférences internationales auxquelles il a envoyé des délégués très compétents (1878 et 1881) pour obtenir une fixation internationale du rapport de valeur entre l'or et l'argent. Ses efforts n'ont pas abouti.

Ces deux conférences ont été deux tentatives pour faire, aux dépens des autres peuples, l'exploitation des mines d'argent américaines. Elles doivent être considérées comme le point de départ de l'immixtion des États-Unis dans les affaires européennes, comme l'indice de l'influence inévitable que les deux Amériques exerceront plus tard, notamment sur les États de l'Europe occidentale, l'Angleterre, la France, la Belgique. Il y a eu certainement dans les démarches du gouvernement des États-Unis une grande part d'illusion, d'illusion loyale. En a-t-il été de même de la part des *Silvermen*, des propriétaires de mines assez puissants pour imposer annuellement à leur pays l'achat de 120 à 125 millions de francs d'argent à un prix supérieur à celui du marché ? Dans la première conférence, l'absence des représentants de l'Allemagne, la réserve de ceux de l'Angleterre, la fermeté d'attitude des

---

(1) Sur le *Bland Bill*, ses causes, ses résultats, voir un article de M. Moireau. *Revue des Deux-Mondes*, 1er juin 1886.

délégués français ne laissèrent aux commissaires américains le moindre espoir de succès. M. Goschen, délégué anglais, développa avec soin les motifs qui ne permettaient pas à l'Angleterre de modifier sa législation monétaire. Il fit remarquer que l'Allemagne, la Suède, la Norvège, la Russie, l'Autriche étant dans des conditions analogues, et l'Union latine ne paraissant pas disposée à continuer la frappe de l'argent, tout accord était impraticable.

M. Tentow, l'un des délégués américains, soumit néanmoins à la conférence la proposition suivante : « La conférence croit désirable que le libre monnayage de l'argent et son emploi, comme monnaie légale ayant force libératoire illimitée, soient maintenus dans les pays où ils existent et, autant que faire se pourra, soient rétablis dans ceux où ils ont cessé d'exister. »

La situation s'était beaucoup modifiée lors de la seconde conférence. Les instructions du gouvernement français étaient incertaines ; ses représentants étaient acquis aux théories américaines ; l'Angleterre se déclarait disposée à aider de son mieux, mais sans rien préciser, au rétablissement de la valeur de l'argent ; les commissaires du gouvernement de l'Inde retraçaient le tableau affligeant de ses pertes et du surcroît d'impôts de l'Inde (1).

Rien de plus curieux que de relire les plaidoyers de tous ces délégués pour convaincre les États de l'Europe, surtout ceux de l'Union latine, de l'obligation internationale qui leur incombait de servir les intérêts de l'Angleterre dans l'Inde et ceux des *Silvermen* partout. La France a échappé alors à un grand danger. Elle le doit à ses associés de l'Union latine dont les représentants, mieux au courant des intérêts communs, plus habiles, plus clairvoyants, les défendirent, ainsi que M. Broch, avec une intraitable fermeté. Si la France eût suivi les conseils de ses agents, elle devenait la vassale monétaire des États-Unis et de l'Angleterre. Tout son or lui aurait été soutiré pour faire place à de l'argent. Elle tombait au rang de l'Inde. Elle aurait été réduite, après d'immenses pertes, à en venir à la condition monétaire de la Chine, c'est-à-dire à n'avoir plus de législation monétaire. C'eût été pour elle le seul moyen d'assurer son indépendance et d'échapper à la servitude monétaire. La suprématie monétaire qu'elle a reconquise lui échappait à jamais.

Les États-Unis se trouvent dans une situation monétaire qui, sans être la même que celle de l'Angleterre, présente néanmoins bien des analogies. Ils ont la prétention de changer, chaque année, le stock des métaux précieux par la production infatigable de l'or et de l'argent, tout en conservant la valeur relative de chacun d'eux, sans s'inquiéter de l'offre et de la demande, c'est-à-dire des besoins. Ils ne se rendent pas compte qu'il peut y avoir contradiction dans la double production de l'or et de l'argent. Qui vend de l'or ne peut vendre de l'argent, car plus il vendra d'or moins il y aura besoin d'argent. La prétention de l'Angleterre est d'être le plus grand agent commercial maritime du globe, tout en ne se servant que de l'or dans ses rapports, même avec les peuples qui n'ont que l'argent. Elle pousse le particularisme jusqu'à contraindre l'Inde à ne posséder que la monnaie d'argent. C'est, soit quant aux États-Unis, soit quant à l'Angleterre, l'application stricte de la doctrine de l'intérêt.

---

(1) M. Dana Horton, l'un des délégués américains, a publié tous les documents de la conférence de 1878, avec une série de pièces et de mémoires. Ce beau travail fait grand honneur au gouvernement américain : 1879, *International monetary conference Washington*, in-folio.

L'entente avec les États-Unis est cependant plus facile à faire et plus prochaine qu'avec l'Angleterre. Comme le déclarait M. Howe, l'un des délégués américains à la conférence de 1881, le gouvernement fédéral est étranger à la production de l'or et de l'argent sur le territoire de la confédération. Il serait extravagant de lui demander de l'interdire; par suite il est chimérique de tabler sur la réglementation aux États-Unis par autorité de la production des métaux précieux ; cette production ne peut être que libre. Il n'en est pas de même de la frappe. Aux États-Unis la frappe de l'argent n'a lieu que pour le compte et par l'intermédiaire du gouvernement fédéral. Il est seulement tenu de frapper à concurrence de 2 millions de dollars par mois.

Le congrès de Chicago a voté à une grande majorité un vœu au gouvernement pour faire suspendre cette frappe. Le président Cleveland a soumis au congrès de Washington une proposition tendant à suspendre l'exécution du *Bland Bill* prescrivant cette frappe. Cette proposition n'a pas été votée. La question de l'argent partage, en effet, les esprits ; elle est devenue l'un des sujets débattus sur les *platforms* des partis. Le parti républicain est favorable à la frappe, le parti démocrate y est hostile.

Les propriétaires de mines d'argent et les farmers du Far-West se sont coalisés, par les motifs que j'ai expliqués, pour le maintien de la frappe d'argent. Les farmers s'imaginent que l'entassement des dollars dans des voûtes maçonnées est de nature à favoriser les exportations et à consolider le prix. Il y a là une illusion appelée à se dissiper.

Toutes ces opinions se sont fait jour dans le congrès des banquiers de Chicago. La grande majorité des orateurs se sont prononcés pour la suspension de tout monnayage d'argent, notamment MM. Lacey, du Michigan, M. Georges Coë, président de l'association, M. Hague, du Canada, M. Williams, de New-York, M. Atkinson et M. Sylvester. L'opinion contraire a été soutenue par M. Dana Horton, ancien délégué aux conférences de 1878 et 1881, et par MM. Franke et Bohne, de Louisville. MM. Atkinson, Sylvester, Franke et Bohne ont fait suivre leurs discours de mémoires d'une grande valeur.

Tous les orateurs ont reconnu la nécessité de suspendre le monnayage du dollar de 1878. Le vœu du congrès de Chicago, sur ce point, a été presque unanime ; c'est un fait considérable, bien que la Chambre des représentants ait refusé d'en tenir compte. Le désaccord s'est accentué sur un autre point. MM. Dana Horton, Franke et Bohne admettent qu'une conférence internationale des peuples principaux pourrait restituer à l'argent la valeur qu'il a perdue et prendre des arrangements de nature à établir comme à maintenir un rapport de valeur immuable entre l'or et l'argent. Pour justifier leur opinion, MM. Franke et Bohne ont rédigé un mémoire qui a été imprimé dans le compte rendu du congrès. Ce mémoire, rempli de chiffres et de calculs, est d'un intérêt réel. Il démontre qu'il existe une solidarité monétaire entre tous les peuples, partagés en trois groupes, groupe des peuples à or, avec une population de 138,600,000 âmes, groupe des peuples à or et argent avec une population de 134,000,000, groupe des peuples à argent avec une population de 772,000,000. Il contient une statistique comparative de la population et des métaux précieux à diverses époques.

Les mémoires de MM. Atkinson et Sylvester ont été faits en de tout autres vues. MM. Atkinson et Sylvester ne partagent pas l'opinion qu'une entente internationale pourrait assurer le maintien de la valeur absolue ou relative de l'argent. Ils étudient, par suite, d'autres moyens de tempérer, sinon de résoudre la crise monétaire. Leurs idées présentent un certain rapport, tout en ne concordant pas entièrement.

M. Warner, de l'Ohio, qui occupe une position importante aux États-Unis, a proposé de suspendre la frappe de l'argent et d'autoriser le dépôt des lingots d'argent au Trésor. En échange de ces dépôts, le Trésor remettrait des certificats dont le montant serait fixé d'après la valeur de l'argent au cours du jour. Le Trésor accepterait ces certificats en paiement des taxes et impôts ; il en rembourserait le montant *en monnaie légale* au terme convenu. Ces certificats ne jouiraient du pouvoir libératoire que vis-à-vis de l'État.

Cette proposition présentait trois avantages : 1° la suspension du *Bland Bill* et la suspension de la frappe d'un dollar qui ne peut pénétrer dans la circulation ; 2° l'octroi aux producteurs d'argent d'un certain délai pour réaliser ; 3° la fixation de la valeur du lingot *au cours du jour*. M. Atkinson, entouré aux États-Unis d'une grande considération, aurait donné son concours lorsque M. Warner a modifié sa proposition, en attribuant à ces certificats pleine valeur libératoire.

Le projet de M. Sylvester se rattache à celui de M. Warner ; mais il est tout autrement étendu. M. Sylvester voudrait supprimer le monnayage de l'or et de l'argent. L'un et l'autre ne circuleraient plus, aux États-Unis du moins, qu'en lingots. On éviterait ainsi les pertes de la frappe et du frai. Ces lingots seraient déposés dans les banques ou au Trésor qui délivreraient en échange des certificats d'or ou d'argent.

Le montant de ces certificats serait établi d'après la valeur monétaire des lingots ou des pièces déposés, calculée : 1° sur le pied de 900/1000e de fin ; 2° sur le cours moyen de l'or et de l'argent de tous les marchés du globe, dans le mois précédent. Ces certificats auraient pleine valeur libératoire ; ils seraient remboursés intégralement, quel que fût le cours au jour du remboursement. La perte, s'il y en avait, serait supportée moitié par les banques, moitié par le Trésor. Cette proposition cadre, au surplus, avec les conditions de la circulation fiduciaire aux États-Unis. Lingots et monnaies seraient admis aux dépôts et recevraient des certificats en échange. Le montant de ces certificats serait divisé en petites et en fortes sommes, de manière à suffire à tous les besoins de la circulation et à se substituer entièrement à l'or et à l'argent.

M. Sylvester ne se dissimule pas que sa proposition contient le principe d'une révolution monétaire ; mais il considère cette révolution comme inévitable. « Le « monnayage, dit-il, est une institution du passé, qui, à divers égards, convenait « mieux au passé qu'au temps actuel. Il importe à la fois de diminuer la circulation « des métaux précieux et de garantir la circulation monétaire. »

Je vais montrer que, parallèlement à ces projets, d'autres ont surgi en Europe. Ils ne sont donc point isolés ; ils correspondent à un mouvement dans les esprits. Il est incontestable que les métaux précieux tendent de plus en plus à s'accumuler dans les banques ; cette tendance s'est même grandement accentuée depuis 1870. Néanmoins, il est difficile d'entrevoir l'époque où les métaux précieux cesseront de circuler matériellement sous forme de monnaies. L'état des rapports internationaux est un autre et très sérieux obstacle à cette transformation qui restera un des desiderata de l'avenir.

Il est remarquable que l'influence des faits monétaires conduise ainsi les législations de l'Europe vers des solutions qui se rapprocheraient à la fois des théories de quelques économistes et des pratiques de la Chine. Ces solutions sont entièrement contradictoires avec celles proposées par la doctrine bi-métalliste qui attribue à l'État le droit et le pouvoir de fixer, à sa guise, la valeur respective des monnaies sans tenir compte de celle des métaux précieux, tandis qu'il serait question de réduire les monnaies, comme en Chine, à de simples lingots déposés dans les Banques. L'usage aux États-Unis des certificats d'or et d'argent est un acheminement vers ces nouvelles solutions (1). Si on se reporte seulement en arrière d'un quart ou d'un tiers de siècle, il est facile de constater combien l'emploi de la monnaie directe dans les paiements a diminué, combien s'est propagé l'usage du papier, combien les habitudes des populations se sont modifiées. Ces changements ne paraissent pas avoir atteint leur terme.

Je crois pouvoir conclure de ce qui précède que si les intérêts particuliers le permettaient, le terrain serait suffisamment préparé aux États-Unis pour que le gouvernement fédéral pût renoncer à toute intervention dans la question monétaire. Il ne s'agit pas aux États-Unis de modifier la législation traditionnelle de l'État, comme en Angleterre ; on ne lui demande que de ne plus frapper de dollar perdant 30 p. 100. S'il persévère dans cette frappe, il devra bâtir de nouvelles voûtes, sans espoir de maintenir le cours de l'argent ; s'il y renonce, le prix d'argent tendra à s'établir à un cours normal, au cours résultant de la double influence des frais de production et des besoins.

M. Knox, ancien contrôleur de la circulation aux États-Unis, et M. Manning, secrétaire des finances, se sont prononcés pour la suspension du monnayage de l'argent, comme le seul moyen de prévenir l'exportation de l'or aux États-Unis et la transformation de la circulation monétaire des États-Unis en une circulation d'argent. Ici nous retrouvons l'influence mécanique de la loi de Gresham. Il est aussi nécessaire pour les États-Unis de ne plus frapper d'argent qu'il a été indispensable pour la France de fermer ses hôtels de monnaie. La situation serait même plus grave aux États-Unis, s'ils ne produisaient pas une quantité d'or proportionnelle à leur production d'argent. Plus ils encaveront d'argent, plus ils rendront impossible tout arrangement monétaire.

La politique monétaire des États-Unis avait été définie en des termes remarquables par M. Tentow, l'un de leurs délégués à la conférence de 1878 : « L'expérience de « l'humanité a confirmé l'emploi des deux métaux précieux comme la monnaie du « globe et dans une longue suite de siècles l'un et l'autre ont occupé une place « honorable dans l'économie de son développement matériel. Ils ont été de fidèles « serviteurs. Il nous semble, tel est du moins l'avis de notre gouvernement, préfé- « rable d'utiliser l'un et l'autre quoiqu'ils n'aient pas toujours marché du même pas. « A cet égard les enseignements de l'histoire, ainsi que l'importance et les résultats « de leur coopération, nous apprennent que, dans un grand espace de temps, l'é-

---

(1) La Chambre des représentants de Washington, sur la proposition de M. Bland, a autorisé (juillet 1886) le Trésor à payer les divers engagements de l'État avec des certificats d'argent de 1 à 5 dollars à concurrence de 500 millions de francs.

Les *silver certificates* qui ne représentaient que 7,225,000 dollars au 1er janvier 1881, avaient été portés à 22,973,000 dollars au 1er janvier 1885. D'après le nouveau *Bland Bill*, ils pourraient être portés bien au delà.

« quilibre a été conservé entre eux. Quels que soient le flux et le reflux actuel de
« leur production, quelques différences qu'il y ait dans les politiques monétaires
« contemporaines, il faut bien reconnaître que les deux métaux précieux demeure-
« ront associés, aussi loin que nous pouvons porter nos regards, en proportions
« plus ou moins grandes, dans les systèmes monétaires des peuples. (1) »

Ces réflexions, aussi belles par le fond que par la forme, sont toujours vraies, mais
expriment-elles réellement la politique monétaire des États-Unis ?

CHAPITRE NEUVIÈME.

Des projets d'unions monétaires et de monnaies internationales.

Les plans de M. Sylvester impliquent la réalisation d'une union monétaire internationale. Cette idée est très répandue aux États-Unis. Elle est propagée de tous
côtés par les partisans des théories bi-métallistes. Elle se résoudrait dans ce qu'on
appelle le bi-métallisme universel avec frappe illimitée d'argent d'après le rapport
immuable de 15 $^1/_2$; elle aboutirait à entasser l'or dans les pays qui produisent l'argent et à entasser l'argent dans les pays qui n'en produisent pas. Elle partagerait
encore les peuples en deux catégories : les peuples à argent, les peuples à or. Les
États-Unis, le Mexique, la Bolivie, l'Allemagne, qui produisent l'argent, regorge-
raient d'or; tous les autres d'argent.

C'est montrer, tout de suite, combien cette idée est chimérique, irréalisable, malgré les efforts pour la vulgariser. Elle l'est d'autant plus que les rêves internationaux paraissent relégués au siècle prochain. Les principes de la liberté des échanges
sont maltraités; les peuples arment au lieu de désarmer, ils se préparent tous à la
guerre au lieu d'entrevoir et de désirer la paix. Les classes diverses dans l'intérieur
des États accentuent leurs dissentiments. L'union monétaire internationale ne rencontre pas des circonstances propices.

Les projets d'union, ou les plans de réformes supposant l'union, abondent néanmoins. Toutefois l'objet de ces unions n'est plus le même que celui proposé aux
conférences de 1867 et 1869. Il ne s'agit plus d'adopter l'or comme étalon monétaire universel et de trouver un type de monnaie d'or internationale, mais d'inter-
nationaliser l'emploi simultané de l'or et de l'argent (2). En Angleterre et en Allemagne il s'est même formé deux grandes associations ayant spécialement en vue la
réforme de la législation monétaire, la substitution universelle du double étalon à
l'étalon d'or. L'une et l'autre remontent à 1882, la première sous le titre d'*International Monetary Standard Association*, présidée par M. Gibbs, et la seconde sous
celui de *Deutscher Verein für International Doppelwährung* présidée par M. de
Kardoff. Ces deux associations ont multiplié les publications, tenu des congrès et
provoqué un mouvement d'opinion sérieux, surtout en Angleterre. Elles ont à peu
près le même programme : augmenter la consommation de l'argent, en autoriser
la frappe libre, rétablir l'ancien rapport de 15 $^1/_2$ entre les deux métaux. En Allemagne, le gouvernement a maintenu les vieux thalers en circulation. L'association

---

(1) *International monetary conference*, 1879.

(2) Sur les difficultés de toute monnaie d'or ou d'argent internationale, consulter l'étude de M. Victor
Bonnet, *Études monétaires*, 1870. Si les difficultés des étalons monétaires sont grandes, celles des monnaies internationales ne leur cèdent en rien.

anglaise a réuni une conférence à Manchester en mars 1886. M. Grenfell, ancien
gouverneur de la Banque d'Angleterre, y a pris la parole pour constater les préju-
dices que la baisse de l'argent infligeait à l'industrie anglaise et les progrès de l'opinion bi-métalliste en Angleterre.

Aussi divers projets de modifications aux systèmes monétaires des divers peuples
ont-ils été formulés.

Le mieux connu de ces projets est celui que M. Chevassus a développé devant
l'Institut des banquiers de Londres dans la réunion d'octobre 1885. M. Luzzatti a
examiné ce projet dans des articles publiés dans *Il Sole* de janvier suivant. L'idée
de M. Chevassus n'est que la généralisation et l'application de celle de M. Sylvester.
L'argent ne serait plus frappé et ne circulerait plus qu'en lingots. Ces lingots auraient le poids fixé par un traité international et porteraient la marque internationale.
La frappe, l'émission et le contrôle de ces lingots appartiendraient exclusivement au
gouvernement dans chacun des États associés. Contre le dépôt de ces lingots, il
serait délivré aux propriétaires des certificats portant toutes les indications nécessaires. Ces certificats seraient reçus comme monnaie libératoire. A l'expiration de
la convention, les lingots seraient échangés et les excédents réglés en or. Une commission monétaire internationale présiderait à l'ensemble des opérations. Le règlement des lingots d'argent en or aurait lieu d'après le rapport de 15 $^1/_2$. M. Chevassus
a reconnu que ce projet ne serait pas proposable en Angleterre. En effet, il a été
repoussé par la plupart des banquiers qui ont assisté à l'exposé de M. Chevassus.
M. Chevassus s'occupait de tous les peuples, sauf de l'Angleterre. Or, il ne s'agit
pas des autres peuples, mais de l'Angleterre. D'ailleurs la fixation du rapport de
15 $^1/_2$ condamnait ce projet par anticipation.

M. Raymond West, qui a appartenu pendant plusieurs années à l'administration
civile de l'Inde, a formulé un autre projet (1), applicable, selon lui, à l'Angleterre
comme aux divers peuples. 1° Il serait formé une association internationale dans
laquelle l'Inde, la Chine et le Japon seraient admis. 2° Cette association serait représentée par un conseil international auquel chaque État serait autorisé à envoyer un
nombre de délégués proportionné à ses intérêts monétaires. 3° La mission principale de ce conseil consisterait à fixer, de temps en temps, le rapport de valeur
entre l'or et l'argent. 4° Nul État ne pourrait se retirer de l'association avant un
délai de 5 ans. 5° En cas de guerre, les engagements pris continueraient à être
tenus entre les non-belligérants. 6° Les réunions du conseil auraient lieu toutes les
six semaines et ses décisions seraient transmises par le télégraphe. 7° Chaque nation ayant l'étalon d'or, comme l'Angleterre, devrait faire frapper des monnaies
d'argent du même poids et du même titre que la pièce étalon. L'Angleterre ferait
frapper des souverains d'argent. 8° Chaque nation ayant l'étalon d'argent ferait
frapper des monnaies d'or du même poids et du même titre que la pièce étalon. La
France ferait frapper des francs d'or et des multiples exacts du franc. 9° Les pièces
nouvelles seraient acceptées entre tous les États, pendant la durée de la convention,
comme monnaie légale ; la valeur respective et échangeable des pièces d'or et d'argent serait faite d'après le rapport fixé par le conseil international. 10° Des tables,
dressées à l'avance, donneraient les calculs pour toutes les monnaies des divers
États confédérés et des exemples d'application. 11° Les monnaies d'appoint ou de

---

(1) Consulter une longue lettre publiée dans le *Times* du 20 octobre 1885.

billon actuelles seraient réglées conformément à ces arrangements et serviraient au paiement des différences.

M. Raymond West admet que ces arrangements restitueraient à l'argent sa valeur, en augmentant son emploi et en paralysant l'influence du marché libre. Ils supposent un monnayage coûteux et inutile soit pour l'or, soit pour l'argent. Dès que des tables de calculs sont indispensables, on peut accepter toutes les monnaies actuelles d'or et d'argent et les admettre dans les paiements, d'après leur poids et leur titre, selon le rapport de valeur à fixer. Dans son projet, M. Raymond West n'a pas tenu compte de la situation particulière des États à double étalon, comme la France, ni des États où l'argent est admis avec sa valeur libératoire comme aux États-Unis. Il est évident que ces États n'auraient pas à modifier leur système monétaire. En définitive, M. Raymond West propose le bi-métallisme universel. Son projet s'applique, avant tout, aux peuples mono-métallistes comme l'Angleterre et l'Inde. Eh ! bien, on peut répondre que les peuples ne sont pas mûrs pour le bi-métallisme universel; il faut une période de préparation, de transition. Dans cette période de préparation, les peuples qui ont le double étalon ou la double circulation, n'ont rien à faire. Ils passent la parole aux autres. Sous la réserve de ces remarques, les plans de M. Raymond West respectent les principes monétaires fondamentaux. Le rapport de valeur entre l'or et l'argent est reconnu variable. La solidarité monétaire est acceptée.

Voici un autre plan qui suppose des progrès encore plus généraux dans la condition des peuples européens. Il s'agirait, d'après M. Tswett (1), de créer une rente d'or internationale et d'en faire l'unité, l'étalon monétaire international. D'après M. Tswett cet étalon serait plus stable que l'or, surtout que l'argent. La constitution, le contrôle, la gestion de l'étalon de la rente or internationale seraient confiés à une banque internationale, qui apprécierait, en dernier ressort, les ressources budgétaires de chaque État pour faire face à ses engagements. L'or et l'argent ne circuleraient plus que comme monnaie divisionnaire. Ils seraient déposés à la Banque internationale. Ils seraient remplacés, ainsi que les billets de banque, par les billets de la Banque internationale qui seuls circuleraient et qui s'échangeraient contre les titres de rente or internationale.

Il y a beaucoup de rêve dans les plans de M. Tswett ; néanmoins un administrateur fort expert a déjà signalé le principe de l'internationalisation des diverses rentes des États. M. Knox a émis l'opinion que les Banques nationales des États-Unis pourraient être autorisées à accepter en garantie de leur circulation des titres de rente des divers États.

C'est également à une entente monétaire internationale que M. Léon Walras, qui continue ses belles études sur l'application des mathématiques à l'économie politique, demande l'appui nécessaire pour trouver une solution à la crise monétaire (2). De nombreux travaux, des calculs longs et compliqués ont conduit M. Léon Walras à reconnaître le fait d'ordre supérieur d'où émane cette crise : l'accroissement du stock d'or et l'amoindrissement d'utilité de l'argent. Il réduit donc l'argent à la fonction de billon régulateur dont la quantité en circulation est augmentée d'après les besoins. « Un système tel que le mien ne saurait être pratiqué par une nation

---

(1) *L'Argent au xx* siècle*. Guillaumin, 1886.

(2) *Revue scientifique*, 10 et 17 avril 1886. — *Théorie mathématique de la richesse sociale*, 1883.

« isolée, ni même par une union limitée de nations comme l'Union latine ; il doit
« être universel dans une certaine mesure. Autre difficulté très grave. L'Allemagne
« et les États-Unis sont déjà, de fait, comme l'Union latine, au régime de la mon-
« naie d'or avec billon d'argent complémentaire ; l'ancienne pièce d'argent de 1 tha-
« ler qui circule encore, aussi bien que la nouvelle pièce de 5 marks, la pièce
« d'argent de 1 dollar, toutes pièces dont la frappe est ou suspendue ou limitée,
« sont du billon comme la pièce d'argent de 5 fr. Il faudrait que l'Angleterre con-
« sentît à reprendre la pièce d'argent de 1 couronne ou de 5 shillings comme billon
« spécial, et que l'Angleterre, l'Allemagne et les États-Unis fussent d'accord avec
« l'Union latine pour faire de ce billon spécial et complémentaire un billon régula-
« teur qui serait frappé en quantités déterminées pour chaque pays par des conven-
« tions internationales. Autrement, si l'Union latine reprenait seule la frappe des
« écus, le premier effet de cette reprise serait de faire passer tout son or à l'étran-
« ger. Tous les effets de la circulation de papier à cours forcé se produiraient. Ce
« n'est pas tout : il faudrait aussi que les principales puissances monétaires s'en-
« tendissent pour réglementer leurs émissions de monnaie de papier et surtout de
« billets de banque à cours forcé ; autrement toute régularisation de la variation de
« la valeur de la monnaie serait illusoire. »

Ce passage que j'emprunte à une étude publiée par M. Léon Walras dans la *Revue
scientifique* résume exactement les idées de l'auteur et la situation monétaire. Il en
marque toute la complexité ; il indique à quel point est difficile, sinon impraticable,
toute union monétaire, impraticable puisqu'elle aurait à régler le crédit des États.
Les peuples seraient réduits pour de longues années aux tâtonnements de l'empi-
risme, en fait de systèmes monétaires. C'est la condamnation du billon argent régulateur. Qui serait chargé de déterminer les moments, les quantités, les lieux ? Qui
opérerait les retraits après avoir ordonné les afflux ? On peut proposer le billon
régulateur comme un but à atteindre : pour le moment, il n'est pas réalisable.
Mais il faut retenir des études consciencieuses de M. Léon Walras que, parti du principe bi-métalliste, le raisonnement l'a conduit à une solution qui est un terme moyen
entre les théories qui se disputent et à une très sage appréciation de l'état de choses actuel. De quoi s'agit-il, en effet, si ce n'est d'opérer, dans la législation monétaire des États, des changements conformes aux faits ? Quels sont ces faits : l'abondance de l'or, l'extrême abondance de l'argent — d'où baisse de valeur du moins
apprécié des deux métaux. Cependant M. Léon Walras reconnaît que l'argent serait,
comme monnaie, supérieur à l'or. Je ne partage pas son opinion ; mais ce qui
est autrement grave, c'est qu'à toute époque l'humanité a eu pour l'or une préférence qui certes ne s'est pas amoindrie.

Cette abondance de l'or et de l'argent, M. E. de Laveleye (1) la conteste. « L'or,
« maintient-il, est en quantité insuffisante dans presque tous les pays. Partout il fait
« une prime plus ou moins forte. L'Angleterre seule, grâce à sa suprématie com-
« merciale, peut conserver encore, quoiqu'avec une difficulté croissante, l'or dont
« elle a besoin. » Les faits ne justifient pas le point de départ de M. E. de Laveleye.
La France et les États-Unis possèdent un stock énorme d'or. L'Allemagne et l'Italie,
les États scandinaves, le Portugal, conservent leur or. Beaucoup d'autres États ont

____

(1) Consulter notamment l'article déjà cité, publié dans la *Revue des Deux-Mondes*, en août 1878.
— *Le Marché monétaire et ses crises*, 1865. — *La Crise et la contraction monétaire*, 1885.

une monnaie d'or. Par suite, M. de Laveleye attribue à la rareté de l'or (*Scarcity of gold*) le marasme des affaires; il pense que la baisse des principales marchandises a pour cause la plus-value de l'or, la rareté monétaire. Il faut donc rendre à l'argent toute sa valeur et rétablir le 15 $^1/_2$ au moyen d'un arrangement international. M. E. de Laveleye est un des économistes les plus autorisés de notre époque; c'est l'un de ceux qui, avec Michel Chevalier, Wolowski, ont suivi de plus près le mouvement monétaire. Les idées de M. E. de Laveleye sont tellement répandues que je n'ai pas à les faire connaître. M. E. de Laveleye n'a pas formulé de projet spécial pour les réaliser.

Il n'en est pas de même de M. Cernuschi (1). M. Cernuschi a soumis à la conférence internationale de 1881 un projet de convention en onze articles, précédé de considérants qu'on peut retenir comme la substance de ses nombreux travaux, comme le catéchisme du bi-métallisme doctrinaire. Je n'ai pas à revenir sur les théories exposées et appréciées plus haut. Quant au projet d'application, il est utile d'en connaître les principales clauses, afin de montrer qu'elles sont encore moins acceptables pour la France qu'il y a huit ans. 1° Les États-Unis et la République française constituaient une *union bi-métallique*. 2° Les États de l'union ouvraient librement et gratuitement leurs hôtels de monnaie au monnayage de l'or et de l'argent en adoptant la proportion de 1 à 15 $^1/_2$ entre le poids du métal pur contenu dans l'unité monétaire en or et celle en argent. 3° Ces monnaies avaient cours légal. 4° Chaque État restait maître de régler comme il l'entendait sa circulation fiduciaire. 5° Cette union devait durer jusqu'en 1900.

On frémit à la pensée que ce projet si simple a eu des chances d'être adopté. M. Cernuschi a dû avouer plus tard qu'il aurait eu pour résultat de réduire la France à la condition de l'Inde, tandis qu'aujourd'hui la France tient dans ses mains la clé monétaire du globe. Elle possède plus de 4 milliards d'or et à peine 2 milliards d'argent.

C'est que M. Cernuschi n'a vraiment consenti à s'incliner devant la loi de Gresham que bien tard. Mieux vaut tard que jamais, sans doute; mais, en 1881, le péril a été grand, surtout en présence de diplomates monétaires aussi redoutables que MM. Dana Horton, Howe, Ewarts, sir Louis Mallet, Chapmann, représentants des États-Unis et de l'Inde. M. Pirmez, délégué de la Belgique, et M. Broch, délégué de la Norvège, ont, à cette époque, rendu un éminent service à la France. Ils ont, avec la plus grande énergie, tenu tête à toute la conférence et réveillé, en France, l'opinion publique. La conférence a été fermée. L'encaisse or de la Banque de France était, au 1er juillet 1886, de 1,385 millions. C'est un rocher d'or qui soutient tout. Où en serait notre pays, si ce rocher d'or était un rocher d'argent? La condition déplorable de l'Inde nous le dit catégoriquement.

Ces faits suffisent pour montrer les dangers des conférences internationales et les impossibilités des unions monétaires. Aussi ne faut-il pas s'étonner de la politique de l'Angleterre à l'endroit de ces conférences. En 1878, elle s'abstint; en 1881, elle laissa parler les délégués de l'Inde. Le discours de sir Louis Mallet, premier dé-

---

(1) *Le grand Procès de l'Union latine*, 1884. — *Les grandes Puissances métalliques*, 1885. — *Procès-verbaux de la Conférence de 1881*. — M. Cernuschi a publié depuis 1875 plus de 15 brochures, toutes fort curieuses. *La Danse des assignats métalliques et le mono-métallisme bossu*, 1885, accusent un notable changement dans les théories du délégué français en 1881.

légué anglais de l'Inde, est un véritable monument monétaire. « L'Angleterre ne
« veut pas entendre parler de monnayer de l'argent ; mais ce n'est pas une raison
« pour ne pas venir au secours de l'Inde. » Inutile de s'appesantir sur des arguments déjà réduits à ce qu'ils valent.

Dès lors s'explique le dégoût du gouvernement allemand à l'endroit des unions
monétaires. Il s'est comporté, dans la conférence, à peu près comme le gouvernement anglais. « Que les autres peuples se disputent l'argent ; que la France s'en-
« tende avec les États-Unis, ses alliés séculaires, l'or nous suffit ; tout au plus con-
« serverons-nous ce qui nous reste d'argent. » Interpellé sur ce que le gouvernement
allemand avait en vue, M. von Scholz, ministre des finances, a répondu au Reichs-
tag (janvier 1886) en donnant lecture du projet d'union monétaire de 1881. Cette
lecture a coupé court à toute discussion.

L'échec des unions monétaires et du bi-métallisme universel avait été prophétisé,
avec une haute sagacité, par un homme politique suisse de beaucoup de valeur,
M. Feer-Herzog, dans sa déposition devant la commission de 1869. On relit encore
ce document, comme la plupart des travaux de cette remarquable enquête, avec un
vif intérêt (1). M. Feer-Herzog a parfaitement compris que les systèmes monétaires
des peuples traversaient une très longue crise, caractérisée par les deux faits que
certains peuples devaient passer de l'étalon d'argent à l'étalon d'or, et qu'il fallait
adapter ce changement à la condition des autres peuples. Il a également montré,
point essentiel, qu'il s'agissait moins de fabriquer une monnaie internationale que
d'accommoder les monnaies anciennes aux temps nouveaux, que le rapport de
15 $\frac{1}{2}$ était fictif (il parlait en décembre 1869), qu'il n'avait jamais été ni stable ni
universel, que le double étalon, par ses alternances, ne préservait pas des crises de
hausse ou de baisse ; enfin, il a probablement, un des premiers, dressé la répartition monétaire des États, répartition essentielle pour avoir une idée exacte du problème monétaire.

La lutte était déjà ardente entre les théories : on n'avait aucun pressentiment des
événements qui se préparaient. MM. Levasseur, Leviez, Juglar, Blaise des Vosges,
Hendricks, Hirsch, témoins d'une grande compétence, se prononçaient pour l'étalon
d'or ; MM. Wolowski et E. Seyd, MM. de Rothschild et Rouland pour le double étalon. Les juges du camp étaient eux-mêmes des autorités : Michel Chevalier, Dumas,
de Parieu, le maréchal Vaillant. J'ai résumé la lutte qui s'engagea entre Michel Chevalier et M. de Rothschild. Dans une autre séance, la déposition de M. Léon, in-
génieur en chef, économiste distingué, provoqua une controverse générale. La déposition de M. Léon est la plus importante de l'enquête, à tous égards. « Il est
« impossible, dans l'état présent des systèmes monétaires, que la France adopte l'é-
« talon d'or unique ; il faut s'en tenir à l'état actuel ; il faut suspendre la fabrication
« des écus ; l'essentiel est de ne pas augmenter le stock argent, mais il est néces-
« saire. » Ces idées soulevèrent la commission ; mais elle avait affaire à très forte
partie et M. Léon resta maître du champ de bataille. Il ajouta : « Les révolutions
« monétaires sont lentes et très longues à se faire. La France adoptera plus tard
« l'étalon unique d'or et l'argent ne sera plus que sa monnaie d'appoint. » C'est exac-

---

(1) Voir une brochure intitulée : *La France et ses alliés monétaires*, 1870, Guillaumin ; cette brochure contient les diverses dépositions de M. Feer-Herzog et plusieurs documents importants.

tement la situation présente. C'est également celle à laquelle M. Léon Walras a été amené par la théorie pure.

Le maréchal Vaillant, commissaire des plus sagaces, répétait que les ventes d'argent que la Prusse allait faire (la conférence avait lieu en janvier 1870) devaient entraîner une forte baisse de l'argent.

Les partisans de l'étalon unique d'or marchaient trop vite. De là, la force des arguments que MM. Wolowski, Seyd, de Rothschild leur opposaient en démontrant la nécessité monétaire de l'argent; seulement ils affaiblissaient la portée de leurs arguments en se refusant à reconnaître la diminution de valeur de l'argent (1). M. E. Seyd se tenait, à cet égard, dans une réserve plus prévoyante que d'autres témoins. Il insistait particulièrement sur la condition de l'Inde et sur ses contre-coups. Il annonçait une baisse énorme sur l'argent, de 10 à 80 p. 100 ; et par une sorte de divination à laquelle un démenti immédiat allait être donné, mais qui se vérifie sous nos yeux, il exaltait la grandeur monétaire de la France, basée sur le système métrique. « La France occupe la position la plus importante dans la question de l'uni- « fication des monnaies, elle peut attendre qu'on vienne à elle. »

La France qui, en moins de 20 ans, a réuni trois conférences monétaires internationales, n'est donc pas disposée à en accepter d'autres. Elle a conservé le premier rang, malgré les événements, malgré ses fautes et contre toute attente. Elle n'a rien à demander à personne. A l'abri de tout mouvement monétaire par la puissance de ses ressources, elle peut donner des conseils, elle n'a pas à en recevoir. Les autres États sont hors d'état d'améliorer en quoi que ce soit sa condition monétaire; mais ils peuvent la compromettre. Tout arrangement international monétaire lui est interdit.

Les chances d'une union monétaire ont donc sensiblement baissé; cependant l'Angleterre aurait intérêt à se consacrer à cette tâche ingrate. Elle a des alliés, des sujets monétaires qui lui en seraient fort reconnaissants. Ses relations avec les États-Unis, le Mexique, l'Inde, l'Indo-Chine, la Chine sont immenses. Le marché des métaux précieux est à Londres. Son empire colonial lui assure des ressources particulières, en lui imposant des devoirs formels. C'est donc à elle qu'incombe la mission de relever, si faire se peut, la valeur de l'argent par une union monétaire. La France n'a aucun rôle à y remplir; mais son système monétaire n'y apporte aucun obstacle.

Bagehot (2) ne voyait de terme à la baisse de l'argent, dont il signalait avec mélancolie l'étendue, que lorsque le prix de l'argent serait tombé au-dessous des frais de production. La fermeture des mines d'argent (hypothèse irréalisable) lui paraissait le seul moyen de donner quelque stabilité au rapport de valeur entre l'or et l'argent. C'était renverser la théorie de Ricardo sur le principe de ce rapport. L'or, avait dit Ricardo, vaut 15 fois plus que l'argent parce qu'il représente 15 fois plus de travail. L'expérience actuelle est contraire à la théorie de Ricardo. Le rapport de valeur de l'or et de l'argent n'a pas pour base le prix de revient : il a pour bases l'utilité et la quantité, d'après le théorème de Condillac. Il est donc essentiellement variable, puisque l'utilité varie d'après la quantité. D'où la conclusion que l'immu-

---

(1) *The Monetary conference in Paris and England.* 1881. London.

(2) Le livre de M. Bagehot : *On the depreciation of silver,* Londres 1877, est encore l'un des plus remarquables à lire sur le problème monétaire. C'est un livre négatif, mais il contient une critique excellente. Consulter notamment le chapitre : *The remedies for the fall of silver* et ceux relatifs à l'Inde.

tabilité du rapport est une erreur. Les bi-métallistes répondent à ce raisonnement que la variation de valeur n'est que le résultat de la diversité des marchés et que dès qu'il n'y aura qu'un seul marché, il n'y aura qu'un seul prix et qu'un rapport : *Erunt unum ovile et unus pastor*. C'est sir Louis Mallet qui a développé ces arguments dans une polémique avec lord Grey (1). La prétention de supprimer les chances de baisse de l'argent, qui demeure la loi constante, la constante, si l'on veut, de toute la période monétaire actuelle, en supprimant les marchés, semble des plus extraordinaires, étant donné l'état actuel du monde. En tout cas, cette expérimentation ne peut être faite que par l'Angleterre. Elle seule exerce une action assez considérable sur les marchés pour la tenter. La faire sans elle serait une témérité, contre elle une extravagance, avec elle une faute.

La crise monétaire est une crise anglaise ou plutôt anglo-saxonne ; elle provient de la contradiction qui existe entre les intérêts divers des admirables colonisations de l'Angleterre et l'Angleterre elle-même. Il est au pouvoir de l'Angleterre de faire cesser ces contradictions ; c'est même son devoir. Aucun autre peuple n'a à s'ingérer dans les affaires de l'Angleterre.

L'Allemagne exceptée, aucun peuple de l'Europe ne souffre de cette situation. L'Allemagne est assez habile, assez forte pour se défendre elle-même. La Russie et l'Autriche-Hongrie y sont étrangères ; le papier-monnaie les couvre comme un bouclier pesant. Tous les autres États sont abrités derrière le rocher d'or de la France.

En Angleterre certains intérêts seuls sont atteints par la baisse de l'argent : ce sont les exportateurs de produits dans l'Inde et les manufacturiers. Le commerce de l'Angleterre avec l'Inde ne représente que le huitième de son commerce général. L'Angleterre est, en outre, créancière de tous les peuples. Son intérêt particulier, seul pris en considération, c'est que ses débiteurs la règlent en or. Toute convention internationale modifierait cet état de choses. L'Angleterre n'a aucun profit à attendre d'une union monétaire quelconque. Il peut lui suffire d'approprier la législation monétaire de l'Inde à la sienne pour tempérer, quant à elle, les effets de la crise monétaire actuelle.

Faut-il renoncer à jamais aux espérances d'unification monétaire qu'avaient fait naître la conférence internationale de 1867, les diverses enquêtes, lois et travaux qui l'ont suivie? Ce serait se méprendre sur les conclusions de cette étude.

La conférence de 1867 a planté un jalon dans une voie nouvelle, dont les circonstances ont interrompu la construction ; mais le jalon ne disparaîtra pas. Les faits monétaires, de même que les rapprochements internationaux, ne comptent pas avec le temps, on ne peut les étudier qu'à de très longues distances.

Si, quant à notre siècle, l'unification monétaire a perdu toute chance de réalisation, sur d'autres points d'importants rapprochements internationaux ont eu lieu dans la législation des chemins de fer, des postes, des télégraphes, des poids et mesures, de la propriété littéraire, du droit commercial et maritime.

L'opposition des formes de gouvernement, la réaction protectionniste, les divergences dans les intérêts politiques sont, quant à présent, un obstacle non moins dirimant à toute unification monétaire, à tout projet quelconque de convention et d'union monétaire que la différence des intérêts et des législations monétaires.

(1) *Times,* 24 février 1886.

Les événements fourniront plus tard à la France, quand l'expérience l'aura de nouveau désillusionnée sur les tarifs de prohibition et sur les impôts de classe à classe, quand elle sera elle-même redevenue plus favorable à la liberté dans toutes ses institutions, l'occasion de rouvrir les discussions de 1867 et de 1870.

Remise en possession de la suprématie monétaire, disposant de plus de 6 milliards de métaux précieux, dont deux tiers or, et avec ses associés de plus de 6 milliards or, la France n'a qu'à laisser venir vers elle les autres nations, sa législation ne préjudicie à aucune d'elles et peut servir de modèle à toutes. Aucune ne peut lui infliger de perte; elle ne prélève sur aucune de profit monétaire.

Elle est donc désintéressée dans les questions monétaires présentes. Elle peut dire avec le poète :

« *Suave mari magno turbantibus æquora ventis*
« *È terrâ magnum alterius spectare laborem ;*
« *Non quia vexari quemquam sit jucunda voluptas,*
« *Sed quibus ipse malis careas quia cernere suave est.* »

Nancy, imprimerie Berger-Levrault et Cⁱᵉ.